雷军传

陈 润◎著

团结出版社

图书在版编目（CIP）数据

雷军传 / 陈润著 . -- 北京 : 团结出版社 , 2019.9
ISBN 978-7-5126-7375-5

Ⅰ . ①雷… Ⅱ . ①陈… Ⅲ . ①雷军—传记 Ⅳ . ① K825.38

中国版本图书馆 CIP 数据核字（2019）第 206816 号

雷军传

陈　润　著

出　　版：团结出版社
　　　　　（北京市东城区东皇城根南街84号　邮编：100006）
责任编辑：郑　纪
电　　话：（010）65228880
发　　行：（010）51393396
网　　址：http://www.tjpress.com
E - mail：65244790@163.com
经　　销：全国新华书店
印　　刷：三河市龙大印装有限公司

开　　本：145×210　1/32
印　　张：10.5
字　　数：250千字
版　　次：2020年1月第1版
印　　次：2020年9月第3次印刷

书　　号：978-7-5126-7375-5
定　　价：49.00元

丛书序

为中国标杆企业立传

古希腊哲学家柏拉图提出过人生三问:"我是谁?我从哪里来?我要到哪里去?"

"现代管理学之父"彼得·德鲁克有企业三问:我们企业是个什么企业?我们企业将是个什么企业?我们企业应该是个什么企业?

其实,无论个人还是企业,不同的个体、组织有不同的基因、命运和结局。对于个人来说,要有思想和灵魂,才能活得明白,取得成功。对于企业而言,要有愿景、使命、价值观,才能做大做强,基业长青。世间万物,皆有"灵魂",我们要不断地找魂、炼魂。

每个企业出生时都有"灵魂",但发展壮大以后就容易被忽视,往往当危机袭来才意识到"灵魂"不复存在,老板无力回天,毕竟灵魂人物也会在名利浮华中失去"灵魂"。企业的灵魂人物是创始人,他给企业创造的最大财富是企业家精神;管理的核心是管理愿景、使命、价值观,我们通常将其称为企业文化。有远见的企业家重视找魂、炼魂,其中效率最高、成本最低的方式是写作企业家传记和企业史,前者提炼企业家精神,后者重塑企业文化，以此重塑企业，找到企业复兴之路。

当今世界正处在百年未有之大变局之中，企业家面临空前机遇，也面临新的挑战：企业转型升级、品牌价值重塑、精神文化复兴。成功的企业家不仅要满足客户、成就员工、回报股东，更应该实现自我，以管理智慧、商业思想、人生哲学塑造人格品牌和企业文化，形成超越行业、引领未来的时代影响力。

"立德、立功、立言"，这是儒家追求，也是人生大道。在过去8年间，我所创办的润商文化秉承"以史明道，以道润商"的使命，汇聚一大批专家学者、财经作家、媒体精英，专注于企业定制出版和传播，为中国标杆企业立传。我们为招商局金融、华润、戴尔中国、用友、卓尔等数十家著名企业提供知识服务，策划出版过美的、碧桂园、小米、奇虎360等企业史类具有影响力的作品，将部分优秀作品版权输出到海外，而且出版了近百部研究顶级企业家智慧和企业发展模式的财经图书，堪称最了解中国本土企业管理水平和商业模式的知识服务机构之一。在我看来，人类总是在不断重复相同的错误，企业发展史亦是不断犯错的过程，而真正能够超越历史的企业才称得上"以史为鉴"。

正是出于对中国商业文明的专业研究精神和时代使命感、责任感，当我提出策划出版"中国著名企业家传记"丛书的倡议之后，得到了团结出版社的大力支持。2019年，我们启动"中国著名企业家传记"丛书的学术研究和出版工程，聚集业内知名财经作家组建研究团队，花费大半年时间进行专题研究和创作，作品陆续出版问世。为了高标准、高品质打造精品工程，我们首批仅选取李嘉诚、任正非、马云、雷军、董明珠、彭蕾等著名企业家作为样本,特别是董明珠和彭蕾两位女性企业家,让我们真切感知到这句话:"商业因女性而美好。"

一直以来,我们致力于实现文化工作者的梦想——为有思想的企业提升价值,为有价值的企业传播思想。作为中国商业观察者、记录者、传播者,我们将聚焦于更多中国标杆企业、行业龙头企业、区域领导品牌、高成长型创新公司等有价值的企业,将"中国著名企业家传记"丛书不断完善。为企业家立言,为企业立命,为中国商业立标杆,重塑企业品牌价值,推动中国商业进步。

通过"中国著名企业家传记"丛书的调查研究和出版工程,我们意在为更多中国企业汲取前行的智慧和力量,为读者在喧嚣浮华的时代打开一扇希望之窗:

在这个美好时代,每个人都可以通过奋斗和努力,成为想成为的那个自己。

"中国著名企业家传记"丛书主编 陈润

2019年9月1日

序

人因梦想而伟大，因规划而精彩

一

在中国互联网行业，雷军从来没有洞察时势引领风气之先，也没有站在风口上飞升腾达一夜成名，他总是规划先行，小步快跑，顺势而为。

贯看中国互联网行业史：1997年5月，丁磊创办网易，开创中国免费邮箱先河。1998年2月，张朝阳成立搜狐，中国进入门户网站时代。1998年11月，马化腾启动腾讯，中国人的通讯社交方式从此改变。1999年3月，阿里巴巴诞生，马云成为"中国电子商务之父"。2000年1月，李彦宏创办百度，以搜索引擎改变了中国人的知识获取方式。

当同龄人在互联网浪潮中创业奋进，并开创中国互联网史上群星闪耀的光荣时刻，雷军却在与微软、瑞星、卡巴斯基在软件市场缠斗，那时候他刚担任金山公司总经理，在中关村以任劳任怨的"IT劳模"著称，前后花费16年在金山这块盐碱地种草。

2007年12月19日，雷军退出金山，做天使投资。2010年4月6日，雷军创办小米，40岁重新创业。全球商业史上最狂飙突进的成长故事由此书写：仅用一年半时间，小米估值10亿美金；2014年年底，小米估值450亿美金；2015年，小米销售额突破100亿美金。一时间，小米作为现象级公司名满天下，雷军的名言"站在风口上，猪也能飞起来"家喻户晓，许多创业者被激励追逐理想，也有不少人被误导跟风投机渴望一夜暴富。

其实，移动互联网的风口早已到来。2007年1月9日，乔布斯携iPhone智能手机横空出世，到小米诞生时，iPhone4手机即将发布，此时全球智能手机出货量达到3亿台，中国移动互联网用户达到2.77亿户。雷军并非站上风口，而是找准切口，小米取代山寨手机成为屌丝疯抢的"iPhone替代品"，这才是其高速成长、强势崛起的真正原因。虽然雷军并没有站在移动互联网的风口上，但他确实提前抓住了中国消费升级和产业转型的机会，至今小米仍在享受消费升级带来的红利，不仅后来居上一骑绝尘，还成功复制小米模式打造生态产业链。小米成为全球伟大企业的理想无限接近可能。

2017年，小米度过"七年之痒"。经历创业头五年突飞猛进的高速增长之后，雷军在2016年承受了人生最痛苦的煎熬和蜕变，质疑和非议从未间断。创业如炼狱，从灰烬中涅槃腾飞才是凤凰，飞不起来就是烤熟的火鸡。左冲右突，东奔西走，蓦然回首，雷军发现中国消费升级的风口依然还在，新的红利即将爆发。小米的核心价值就在于提高效率，降低成本，成为国民品牌。就像当年索尼之于日本、三星之于韩国，小米也会改变全世界对"中国制造"的印象，成为全球品牌。

2018年7月9日，在经过八年曲折坎坷的发展之后，雷军带着小米再一次站在了港交所的大厅里。相比11年前，这次的雷军一改往日牛仔裤加运动鞋的闲适形象，一身合体西装尽显精英范儿。"11年前我带着金山软件在香港上市，11年后的今天，我带着小米集团申请在香港公开上市，"雷军说，"我觉得一家优秀的公司往往首先考虑的是利润，一家伟大的公司首先考虑的是人心，考虑的是用户怎么想的。我们希望小米在未来十年的征程上，一步一步变成一家伟大的公司。"

雷军不是未卜先知的天才，却是擅长布局的围棋高手，顺势而为，行棋无悔。自小米创办以来，雷军历经沉浮兴衰，尝尽毁誉褒贬，终于从找准切口到站上风口。如今的小米已不是我们熟悉的手机公司小米，也不是纯互联网公司小米。

创业九年，小米已完成凤凰涅槃，浴火重生。

二

雷军骨子里不是一个锋芒毕露、高调张扬的人。从小时候起，他就是一个遵规守纪的听话孩子，学习成绩优异，18岁时毫不费劲就考入著名学府——武汉大学。23岁加入金山软件，29岁升任总经理，真可谓少年得志。"好孩子"总是讨人喜欢，无论在金山内部还是互联网界，雷军"劳模"与"老好人"的名声人尽皆知。

那时，雷军的理想已不满足于"老好人"或"劳模"的名头。自从大学时读到一本名为《硅谷之火》的书，雷军就注定将度过誉满天下、谤满天下的商业人生。书中的乔布斯简直像神一样伟大，令雷军心驰神往，多年后他对媒体描述理想时曾深情说道："那年我18岁，我也想像乔布斯一样办一家世界一流的企业。"这故事就像电影《功夫》中周星驰拿到"武林秘籍"的桥段，充满励志意味。

"世界一流"的凌云壮志是雷军离开金山的导火索之一。2007年10月16日，八年间五次冲击IPO的金山终于在香港联交所挂牌上市，众人欢呼雀跃，雷军黯然神伤。他发现自己和同伴16年、5840天日夜奋斗的青春，只换来6.261亿港元的市值，这与同年在香港上市的阿里巴巴的15亿美元天差地别，离2005年在纳斯达克上市的百度的39.58亿美元更是十万八千里。眼看着比自己出道晚的小兄弟们功成名就，雷军不服气。两个月后，他在隆冬季节离开金山，一句"我的青春，我的金山"道尽无限惆怅。不料，坊间关于"逼宫"的流言甚嚣尘上，媒体说"雷军挟上市之功要求董事长一职"，传言多年未息，直到2011年7月初雷军重回金山时，旧事重提，再生波澜。

这应该是雷军最早遭受舆论的困扰，但一切才刚刚开始。2010年4月6日小米科技成立之后，雷军便受到来自各方的质疑。他不管不顾，将创办小米视作此生最后一次折腾："成了，自己也就踏实了；不成，那就退出江湖吧！"

2011年8月底，雷军接受《创业家》杂志专访时豪气冲天地说："乔布斯有一天也会死，我们还有机会。我们生存的意义就是等他挂掉。这个世界没有神，因为新一代的神正在塑造。"那时雷军春风得意，他在半个月前亮相"小米限量版工程机"新闻发布会时，台下竟有人高喊"雷布斯"，能与偶像齐名自然令他豪情满怀。

2012年，小米的另类营销方式在业界引起轰动，销售量超过700万台，但不少人指责雷军以"饥饿营销"愚弄消费者。雷军一改早年面对批评"沉默是金"的态度，断然回应道："饥饿营销就是一个伪命题。有货压着不卖意味着什么？一台小米手机售价2000元，50万台就是10亿元，频繁断货，还会给消费者带来坏的体验，对哪个公司来说都是违反商业逻辑的。"

在中国，颠覆意味着叛逆。雷军用互联网方式做手机，既是对20年商业武功的一次颠覆式实践，也会对传统工业造成颠覆。叛逆者的行为和语言闪亮而光鲜，比如孙悟空，大闹天宫，舌战群仙，雷军显然不属于这个类型，他更像布道施咒的唐僧，在小米手机发布会上接受顶礼膜拜。他或许对万众欢呼的拥戴有所顾虑，但为了推销新产品，营销新话题，也难免说些豪言壮语，却被媒体一再放大，还打上"乔布斯"的烙印。

2015年，高速发展了五年的小米遭遇到最大的危机。小米当年手机出货量超过7000万台，而这个数据并未达到雷军在年初定的8000万到1亿台的目标，小米手机销量因此跌出全球前五，关于小米公司"盛极而衰"、"大势已去"的论调也甚嚣尘上。20多年的江湖闯荡，雷军早已习惯站在风口浪尖紧握轮盘的姿态。紧急时刻，雷军迅速对小米做出了调整，通过业务聚焦和补课，并加强黑科技的探索和海外业务的发展，最终让小米在2017年重回全球前五。

正如雷军所说："这个世界没有神，因为新一代的神正在塑造。""神"是虚无而短暂的光环，所有大神都会在互联网上被亿万双眼睛解构，如昙花一现。站在风口上，无论毁誉，雷军说："最本质的是你要懂自己。"

三

雷军曾调侃说："改革开放30多年，有无数次这样的机会，比如90年代去深圳炒股票，去海南岛炒地皮，比如一大堆，可惜我一个都没有捞着。"

在离开金山之前，他确实一个都没捞着。别人在互联网点石成金，雷军还在"前有微软后有盗版"的软件夹缝中低头探路。"为什么有人付出100%的努力只能换回20%的增长？反之，有人付出20%的努力，却能获得100%的回报？""金山软件有中国最优秀的一批工程师，大家都很团结，执行力也非常强。但为何最后上市依靠的反而是网游业务？"雷军痛彻心扉地仰天叩问，也是对16年金山岁月的深刻反思，"金山就像是在盐碱地里种草。为什么不在台风口放风筝呢？"他自问自答，"站在台风口，猪都能飞上天。"

离开是新的启程。金山上市给雷军带来巨量资金，加上2004年卓越网作价7500万美元出售给亚马逊所获回报，雷军可谓腰缠万贯。"退休生活"让他有足够多的时间和心怀梦想的创业者交往，在此后的3年时间里，雷军一口气投资了17家公司，涵盖移动互联网、电子商务和社交三大领域，易凯资本董事长王冉则感慨"全中国都是雷军的试验田"。

雷军是围棋爱好者，他的投资风格也如同下围棋，讲究谋篇布局，注重集体作战。布局往往决定成败。雷军做天使遵循了围棋的"金角银边"理论，移动互联网是金角，电商是银边，在移动互联网和电商领域，雷军先后投出了乐讯、UCweb、凡客、乐淘、尚品网等多个企业，小米则是雷军决战中盘的大龙。有人曾估值"小米系"资产约150亿到200亿美元，将成为继腾讯、百度、阿里巴巴系之后的第四股力量。

但投资并非雷军的理想事业，他说："如果有志于赚钱，天使投资会很愉快，但我志不在此，可能这么说别人会觉得我矫情，但的确如此。""像乔布斯一样办一家世界一流的企业"的信念从未遗忘，雷军已经站在风口上，即将开始一段将成败荣辱置之度外的冒险。

2009年年底，雷军40岁生日那天，他对自己说："开始干吧！"2010年4月6日，小米公司诞生。雷军底气十足地说："苹果和乔布斯，几乎已经无人能超越，但是并不意味着爬珠峰只有北坡一条路，我觉得小米要做爬南坡的典范。"雷军心目中的"典范"就是要有让用户喜欢的好产品，让用户成为发烧友，他说："中国真正有粉丝的公司不多，我想把小米办成一个有粉丝的公司。"

后来的事实证明，雷军做到了。作为全球第一家以成本价定价的手机厂商，小米在37小时内就卖出40万台手机，销售额达到8亿元。2012年出货量为719万台，销售额达到126.5亿元，公开数据显示，这在全球创业型公司中绝无仅有。早在2011年10月，小米第二轮融资就拿到9000万美元，估值达10亿美元，投资者告诉雷军，谷歌花了七年，Facebook花了六年，小米只用了一年半。2012年6月，雷军宣布小米第三轮融资2.16亿美元，整体估值达40亿美元，约为诺基亚市值的一半，短短8个月估值翻四倍，业界一片沸腾。2014年12月29日，雷军宣布小米完成F轮11亿美元融资，公司估值450亿美元。按照美国《华尔街日报》的说法，小米已经成为全球估值最高的科技创业公司。

小米不仅颠覆了人们对手机的认知，刷新了中国互联网企业的成长速度，而且开创了一种全新的商业模式和战略路径，值得研究与借鉴。至于外界对小米可持续发展能力的质疑，雷军希望小米早日成为世界500强公司，自我证明。

斯蒂芬·茨威格在畅销书《人类群星闪耀的时刻》中欣喜描述道："一个人生命中最大的幸运，莫过于在他的人生中途，即在他年富力强的时候发现了自己生活中的使命。"这句话鼓舞过许多人，对于雷军而言，既贴切又牵强，他的确是在"年富力强的时候"找到"小米"这个"风口"，但使命却发现于捧读《硅谷之火》的青春岁月。

甚至更早，当雷军还是湖北仙桃汉江岸边下围棋的懵懂少年时，他就学着如何布局，并耐心观察大势。

四

雷军崇拜乔布斯，并梦想自己能成为像乔布斯一样的人物。2011年8月16日，在798艺术中心北京会所的舞台中央，雷军与梦想无限接近，在粉丝"雷布斯"的疯狂呐喊与欢呼声中，有那么一瞬间，他或许有种穿越时空的错觉，仿佛乔布斯站在台上接受万人敬仰。这种满足感转瞬即逝，雷军突然中止演讲，朝声音喧闹的方向远望数秒，然后目光游移别处。

在此后很长一段时间内，"中国为什么出不了乔布斯"成为媒体最火热的话题，就像当年著名的"钱学森之问"——"为什么我们的学校总是培养不出杰出人才"一样，令无数人面红耳赤，无言以对。

雷军愿意谈论乔布斯，他说："人还是会希望有一些永恒的东西。永恒的是真善美。乔布斯崇尚的是美，他把工业品和IT产品做成了美的东西，这是永恒的。美的东西能永恒，这至少是乔布斯在追求整个工业设计的极致的过程中告诉我们的。"雷军所领悟的远不止这些，他在2010年7月自称"用手术刀将自己解剖了一遍"，得出五条体会："第一条：懂得顺势而为，绝不要做逆天而动的事情；第二条：颠覆创新，用真正的互联网精神重新思考；第三条：人欲即天理；第四条：广结善缘；第五条：专注，少就是多。"有人总结出小米商业智慧的三大核心：粉丝文化的深度开发和经营、互联网精神和方法的极致展现、不断超越用户预期。

不可否认，无论是"极致、永恒"还是"五条体会"、"三大核心"，都能清晰感受到乔布斯与苹果的痕印，难怪人们称雷军为"中国乔布斯"，但他对这个头衔唯恐避之不及，这位昔日程序员胸中的"硅谷之火"已燃烧二三十年，却始终保持着"中关村码农"式的低调与克制。

模仿、学习，这是雷军对乔布斯的致敬方式，也是"颠覆一个行业"的必经之路。在这个急功近利的浮华时代，人们认为创新可以凭空实现，异想天开与天马行空的"创新精神"总能收获掌声和鲜花，务实的尝试常遭遇打击，"邯郸学步"、"东施效颦"更是传统观念中任人嘲笑的愚蠢举动。

不仅如此，成王败寇仍然是人们评判人生价值的主旋律。对于创业者与企业家而言，不成则败、非生即死，泾渭分明的界限残酷至极，故而他们常如赌徒般将企业捆绑在身上，孤注一掷。孤独者悲壮上路，有人顺利找到"很湿的雪和很长的坡"，将"雪球"越滚越大，甚至登陆资本市场，从成功走向成功；有人一路磕绊，几度抗争，却难逃"亡也忽焉"的厄运，仰天长叹后黯然退场；还有人审时度势，"把企业当儿子养当猪卖"，华丽转身为资本家，成为以资金和经验来辅助更多创业者的风投。

雷军是少有的幸运者，他既找到"很湿的雪和很长的坡"，也作为资本家投资近二十家企业，却从未退场。更令人震惊的是，当众人以为他功成身退时，他却再度走上创业之路，步履坚定，无怨无悔。这种激情就像"上瘾"一样，雷军从未像乔布斯那样说过"活着就是为了改变世界"，但他的骨子里却流淌着"颠覆"的血液，改变与颠覆，都是伟大人物的生活方式。雷军不缺钱，也有令人瞩目的江湖地位，他所谓的自我证明，绝不是书生意气，更像是对乔布斯和传统观念的挑战。

这意味着雷军将在四十岁之后经受更大的磨难。雷军的师弟、千淘资本联合创始人李华兵说，有天晚上去找雷军，已经十点半了，后面还有十多个人等着见他。还有一次，雷军从外面演讲归来，回到办公室还没吃饭，桌上有一碗米饭和一碗粥，雷军举起碗，差不多一秒钟就把粥喝了下去。李华兵感慨："我从来没觉得他像现在这么累过。"

所有的伟大都是熬出来的,更是规划设计出来的。像雷军这样早已功成身退、亿万身家却毅然为梦想再战江湖的创业家尤其值得尊敬。九年风雨兼程,小米正在从优秀走向卓越。雷军已50岁,依然是斗志旺盛、初心不改的少年。他和小米已经取得足以证明江湖地位的成就,但他还应该取得更伟大的成就。

目 录

第一章 起点高也要站得稳

好学少年 / 003　　赚到第一桶金 / 008

确定一生所向 / 012　　青涩的创业初体验 / 015

第二章 选好毕业后第一份工作

用别人睡觉的时间工作 / 021　　人生驶向快车道 / 025

在残酷竞争中学会成长 / 029

扛起民族软件复兴大旗 / 036　　从程序员转向操盘手 / 040

WPS97 强势归来 / 044

第三章 兼容并蓄让金山多元化

杀毒就得"芯"黑 / 051　　三雄争霸 / 055

"病毒尸体"危机 / 059　　"安全革命"燃遍全国 / 066

打败宿敌"灰鸽子" / 070　　昔日好友反目成仇 / 074

第四章 审时度势进军电商平台

BBS 上度过人生低谷 / 079　　错失互联网良机 / 082

把卓越的人纳入卓越 / 086

有信仰所以无所畏惧 / 090　　"烧钱模式"开启 / 093

壮士断腕 / 096

第五章 精心铺就金山上市路

上市序曲 / 101　　力主延后 / 105

步子慢下来 / 108　　煎熬的黄金周 / 111

上市梦圆 / 115　　放手无憾 / 118

第六章 变身天使投资人

只帮忙不添乱 / 123　　只因他是陈年 / 129

养成真正的黑马 / 134

锦囊计换来千倍增值 / 140　　帮朋友"凑份子" / 145

第七章 为理想再踏征程

站在巨人的肩膀上 / 151　　打造最牛团队 / 155

秘密的开局 / 161　　为发烧而生 / 166

因为米粉,所以小米 / 172

像卖海鲜一样卖手机 / 176

第八章 扩张与变革

小米盒子是与非 / 183　　往低端走，市场更大 / 187
总要有人先种树 / 193
超越自己，颠覆小米 / 197　　"诚意之作"的反思 / 200
赚全世界的钱 / 204

第九章 小米，大棋局

联合更多的盟友 / 211　　小米可以更美的 / 216
从零开始 / 221　　牌都摆到桌面上 / 225
相信梦想的力量 / 229

第十章 艰难时刻

遭遇"拐点" / 235　　Are you OK？我不OK / 238
被"黑"的新品 / 241　　难撕的旧标签 / 244
收回拳头，为了再打出去 / 247

第十一章 回归初心，走出困境

反弹的起点 / 253　　新零售的奇迹 / 257
摘冠印度 / 262　　生态链反哺 / 266

第十二章　把人生活成一个传奇

跨越千亿 / 273　　雷军"食言" / 277
魔幻的估值 / 280　　我们的征途是星辰大海 / 284
归来仍是少年 / 287

附录

大事记 / 292　　名言录 / 306
参考文献 / 312

第一章

起点高也要站得稳

每个人都无法选择出生的家庭、地域和时代,但这一生活得富贵或贫贱、精彩或平淡,却绝对是个人的选择。从这个角度看,雷军从小时候起就是一个聪明好学、自律自知、目标明确的人。

好学少年

每个人都无法选择出生的家庭、地域和时代，一切都是命中注定的安排。富贵或贫贱，精彩或平淡，既受时代潮流和国家兴衰的大背景影响，也在于个人成长环境和自身性格的造就。我们固然无法选择"生"，却能决定如何"活"，这也是"生活"的魅力之处。换句话说，个人经历如果割离于他所处的国家和时代，讲述起来将会苍白无力，黯淡无光。

1969年12月16日，雷军出生于湖北省沔阳县（1986年撤县建市更名为仙桃市）剅河镇赵湾村一户教师家庭，尽管离开故乡30多年，雷军至今仍保留着浓郁的仙桃口音。仙桃属于古"云梦泽"之所在，位于江汉平原中部，雨量丰沛，农商发达，在湖北省县级市中经济实力名列前茅。不过，仙桃名扬全国却源于体操，每逢奥运年都热闹喧天，李小双、李大双、杨威、郑李辉、廖辉等体操冠军皆出于此，有"中国体操之乡"的美誉。

雷军注定不是干体操的料子。秀美的水乡，造就了雷军的灵气；纯朴的乡风，赋予了雷军耿直的性格；从师范学校毕业后一直在县城工作的父亲和勤劳朴实的母亲的教诲，深深影响着他的成长。他从小勤奋好学，对跑跳翻腾没有太大兴趣，一直梦想做一个有知识的人。

幼时的雷军思维活跃，喜欢搞"新名堂"。他看着母亲每天都忙到很晚才做饭，就产生了弄一盏电灯照明的想法。他买来两节干电池和灯泡，自制了一个小木盒子，再接上电线，盘弄一番，竟制成了一个可移动的电灯。从此，母亲每晚做饭时，他就提着自制电灯，围在母亲身边转。乡亲们羡慕极了，都夸他聪明，将来要成为发明家。

1984年，雷军从沔阳师范附属学校初中毕业考入沔阳中学（现仙桃中学）。在这所全省示范高中里，雷军一直是学校师生公认的品学兼优的学生。高中时期的雷军非常喜欢下围棋，还拿过学校的围棋冠军。他还喜欢读书，喜欢古诗词，最喜欢读《小说月报》，最喜欢词人李煜。

1987年，雷军从沔阳中学毕业，以超过重点大学录取分数线10分的优异成绩被武汉大学录取，开始了四年计算机专业的学习。"我们仙桃中学也还挺厉害的。6个班考了17个清华、北大，我高二的同桌上了北大，高三的同桌上了清华。"雷军回忆说。

武汉大学坐落于珞珈山下，东湖岸边，春赏樱花满园，夏看湖光山色，环境优美。在大学的第一堂课上，一位留学多年的老教授教导说："上大学的目的，是为了学会如何去学习。上研究生的目的，就是学会如何去工作。如果明白了这两条，就永远不会存在专业不对口的问题。很多DOS下面厉害的程序员为什么没有转到Windows平台上？除了惯性思维，还可能是在学习的突破性方向上存在没有解决的问题。"

那年九月，未满18岁的雷军正踌躇满志、如饥似渴地吸收着一切知识。为了能坐到最好的位置，每天早上7点，晨光初露，雷军就已经到教室占座位去了。周末他喜欢去看电影，但经常要自习到九十点钟后去赶第二场。从小到大，雷军的成绩始终名列前茅，可走进大学校园的第一个晚上就去上自习，他归结为"不自信"。

这一年，一本书让雷军找准梦想，他回忆说："王川给我一本书。两块——本，《硅谷之火》。从此，乔布斯给了我一个与众不同的梦想。我要追求的东西就是一个世界级的梦想。"

《硅谷之火》讲述的是言论自由运动时期，乔布斯、比尔·盖茨等人在硅谷发起的一场技术革命，带来整个电脑技术的变革。那些跌宕起伏的历史岁月，激动人心的创业故事，无一不成为一粒火种，彻底点燃了雷军的梦想，他希望自己有朝一日也能像"乔帮主"那样创办一家世界一流的企业。无独有偶，新浪网和点击科技的创始人王志东1986

年在北大学习时也曾被这本书彻底震撼,"从苹果公司的成功故事里,我第一次知道了风险投资,给我后来职业生涯带来了很大的影响"。

雷军原本很喜欢睡午觉,睡午觉也是一个人体自我修复的过程,但是当他看到其他同学不睡午觉看书的时候,他就会感到心慌,怎么也睡不着,不敢睡了。他担心其他同学在他午睡时学得更多,怕自己被他们远远地抛在后面。为此,他不仅戒了午睡的习惯,还严格执行以半小时为单位的学习计划。

> 我特别害怕落后,怕一旦落后,我就追不上,我不是一个善于在逆境中生存的人。我会把一个事情想得非常透彻,目的是不让自己陷入逆境。我是首先让自己立于不败之地,然后再出发的人。

好学是那个年代"天之骄子"的共同特征。1977年恢复高考之后,年轻人纷纷挤入史无前例的考试大军,试图彻底改变命运。在这样的大背景下,资源相对匮乏,竞争相对激烈,大多数年轻人都下狠命地学习,要想脱颖而出非常困难。与雷军同年考入武汉大学的人人网创始人陈一舟,当时甚至天天"蹲"在图书馆看书,将喜欢的书全都"翻"了一个遍,度过肄业生涯"最爽"的一段光阴。

勤奋、刻苦,是那一代年轻人特有的气质。上学的时候,雷军不是一个特别会搞关系的人,同学关系说不上差,也好不到哪里去。能在另外一个世界里快乐驰骋,对于他来说是一件幸福且充实的事情。特别是大一下学期开始学专业课之后,雷军有了上机的机会,更是毫无悬念就一头扎了进去。

雷军是一个自驱力很强的人,从来不把梦想停留在虚无缥缈的想象中。为了能像"乔帮主"那样成为与众不同的人,他学习的时候更刻苦。而聪明肯干的学生哪个老师都喜欢,不少老师都将雷军当成得意门生,喜欢让雷军帮着做课题,把自己机房的钥匙给雷军。最多的时候,他同时拥有三个老师的机房钥匙。

在那个年代，计算机还不像现在这么普及，武汉大学计算机系机房的 PC 机还不到 15 台，上机特别紧张，抢不到上机票的话机房管理员是绝对不让人进去的。能够在老师实验室名正言顺地"泡"机房，能够有机会安安心心地写程序，这对于雷军来说向来都是乐此不疲的好事情。

大一学年结束，雷军成绩全年级第一。但他很快就发现大学并不比考试成绩，计算机不是一门理论性很强的学科，如果没有实践，高分都是浮云，一切的一切只是高分低能、纸上谈兵。所以，从大二开始，他就经常上武汉电子一条街"混"技术去了。

他经常背着个大包，在街上帮人装软件、修机器、编写程序。由于雷军勤学好动，慢慢地技术也越来越娴熟，街上的很多老板都认识他，喜欢请他帮忙，也经常请他吃饭，雷军在街上"混"得很不错。

在"混"的过程中，让雷军最为纠结的就是，包太大、太重。因为那时最好的电脑是 286，只有 1M 的内存，雷军每次出去都需自备 20 张以上的软盘。由于那时还没有编程接口资料，没有电子图书，纸质书的质量不好、内容不全不说，还经常出现多处错误，雷军被迫同时带着三本大书互为参考。

整天背着那么多东西跑来跑去，雷军越来越烦，终于下定决心要写一本没有错误、内容全面的编程资料书，让所有程序员只带一本书就可以了。这本书就是 1992 年他和朋友合著的《深入 DOS 编程》，随后成为风靡一时的"红宝书"。

武汉大学是国内最早实施学分制的高校之一，学分制源自于哈佛大学，学生只要修完一定学分就可以毕业。雷军仅用两年的时间就修完了大学四年的课程，虽是速成，但雷军的水平远远超出读四年的同学，是系里拿过《汇编语言程序设计》满分成绩仅有的两个学生之一。早在大二时，他就已经是小有名气的反病毒专家，湖北省公安厅还专门请他讲过课。

射手座的雷军富有想象力，他从小就喜爱诗歌，对写程序也特别有感觉，总是有意无意地像写诗一样写程序，所以程序写得很好。雷军大一写的 PASCAL 程序，等他上大二的时候，这些作业都已经被编进大一教材里了。

靠着稿费和奖学金，雷军从大二开始就经济独立了。数年后，回忆起这段年少时光，雷军毫不掩饰自己的骄傲，"不是吹的，奖学金都被我拿遍了"。谈及对大学生活的评价，雷军的答案是——"没有虚度光阴"。

赚到第一桶金

1986年,互联网浪潮从北京奔流到武汉,"学海淀经验,建武汉硅谷"、"北有中关村,南有广埠屯"等口号开始火热起来。广埠屯IT数码一条街逐渐兴盛,从珞瑜路到广八路交汇的大片区域,几乎环绕武汉大学,突然间冒出大大小小上千家IT公司和电脑配件商。

大三时,雷军已经不满足于校园生活,迫不及待想要到他所渴望的广阔天地里自由驰骋。由于大学还没毕业,不急于择业,赚钱是其次,感兴趣、能学到东西是他最为看重的。尤其是当时电脑还没有现在这么普及,大学里设备简陋,电脑数量严重不足,尽管有老师们的"特殊照顾",可一星期下来也只能在电脑上"赖"两个多小时。多次"蹭"机房被赶出来后,雷军就去武汉电子一条街上去"蹭",那里有各式各样的样机和展示机。

为了能更好地"蹭"到电脑,雷军打着帮忙和兼职的旗号。在接下来的两年里,在跌跌撞撞的探索中,他的涉猎相当之广泛。写过加密软件、杀毒软件、财务软件、CAD软件、中文系统以及各种实用小工具,做过电路板设计、焊过电路板,甚至还干过一段"黑客",解密各种各样的软件。

凡是感兴趣的、有意思的,雷军都"玩"了一遍,跟武汉电子一条街上大大小小数百家电脑公司老板都混了个脸熟,自个儿也成了电子一条街的"名人"。同行们有任何技术难题,都愿意找他帮忙。

1989年,那是一个草长莺飞的春天,正在汉正街上独自闯荡的雷军认识了王全国。这是雷军人生中具有里程碑意义的事情。王全国比雷军年长四岁,是武汉电子街上的技术权威,后来的金山副总裁。当时毕业留校,在校办的一家电脑销售公司工作。

那时互联网还没有普及,没有软件正规流通体系,电子高手们只能聚在一起交流各自手中的软件。其中,王全国手里的软件最多,是各种软件的集散地。雷军经常跟他交换软件,随着沟通的逐渐增多,默契渐增。

当年7月,他俩就开始合作写软件了。雷军特别活跃,写软件一上来就直奔主题,速度很快;而王全国习惯先仔细研究一下,看看有没有窍门,然后再动手,速度有些慢,但可以避免出错。两个风格迥异的年轻人,刚好可以取长补短,优势互补。

他俩认识的时候,王全国正在做一个加密软件的界面,雷军此前正好写过一个加密软件的内核,俩人一拍即合,很快一起动手合作开发加密软件BITLOK。这个软件主要用来保护软件的知识产权,防止盗版。那时候的盗版非常厉害,软件想要卖钱,就必须有防止被拷贝的技术,要通过磁盘加密。

仅用两周时间,这款加密软件就完成了。恰好当时《神秘的黄玫瑰》正在热播,讲述一个叫黄玫瑰的强盗与腐败政客进行的殊死斗争。黄玫瑰酷酷的,枪法很准,他们都很喜欢,就以"黄玫瑰小组"来命名这款软件。"黄玫瑰小组",很快就跟神秘的黄玫瑰一样流行开来。不过,树大招风,BITLOK加密程序很快就招来解密高手的叫板。他们专门针对这个加密程序进行解密,双方开始了一场没有硝烟的战争。

到最后,雷军的加密程序做过20多种算法。这不仅是一个产品的功能升级,而且成为程序员之间技术与胆识的较量。这场较量仅发生在小圈子内,并不为大众所熟知,却见证了软件技术的另一种魅力,激发了雷军更多的野心和快乐。

无心插柳柳成荫,也许雷军和王全国都没想到,BITLOK后来卖得非常不错,用友、金山等知名软件公司纷纷购买,他们居然赚了上百万。这是雷军赚的第一桶金。看似偶然，实则必然：技术到家了，成功也就自然而然水到渠成了。

20世纪90年代，计算机病毒开始流行。美国电脑科学家Fred Cohen于1983年首次提出"电脑病毒"一词。它是一种恶意的电脑程序，以隐蔽的方式侵入电脑，并伺机对电脑中的信息进行破坏、盗取、修改、删除等恶意操作，与生物病毒有很多相似性，故称其为病毒。第一个可传播病毒发现于1986年1月，称作Brain的该病毒让20世纪90年代的大批黑客获得灵感，并因此衍生出一系列新型病毒。

实际上，1988年前后，随着软件交流的频繁，计算机病毒随软盘悄然进入中国内地。1990年，雷军和同学冯志宏开始合作开发杀毒软件"免疫90"。冯志宏与雷军同一届，后来被称为"中国工具软件开发之父"，跟雷军一样，也是很早就闯荡在电子一条街上的高手。

那时的条件并不好，他们利用寒假的时间在外面的公司找了一台机器上机。武汉的冬天特别冷，雷军和冯志宏都冻得脚底生疮，但是这并不影响两个年轻人的热情。很多年后雷军还很怀念冯志宏煮的波纹面，大赞"冯志宏煮的波纹面很好吃"。

尽管条件艰苦，在开发中也出现不小心把病毒扩散出去、因调试程序出错把硬盘冲了个一干二净的乌龙事件，但是正因为当时处于反病毒的初级阶段，一穷二白，没有同类软件可以作为参考，他们才没有受到路径依赖的束缚，可以自由发挥。他们做的病毒免疫程序非常全面，很像黑猫警长，遇事冷静，能够查、解当时发现的所有病毒。更难得的是，这款软件还做到了样本库升级，能够在英文环境下英文显示，在中文环境下中文显示。

令人欣慰的是，武汉大学的辅导员刘绍钢老师注意到了这两个在校外编写软件的学生，在他的推荐下，"免疫90"获得了湖北省大学生科技成果一等奖。

不过，正当他们做出样卡在市场上推广的时候，华星防病毒卡很快就上市了。因为当时的雷军和冯志宏都还只是学生，想法比较幼稚，他们认为不是第一个做出来的就没有市场,就放弃了。而这套软件仅在武汉卖出了几十套。时隔很多年后,当雷军学会把握机遇的时候,他才知道别人做出来了并不意味着自己不能做了。错过这次机会,雷军每每回忆往事的时候都难免有点纠结。

之后,雷军和冯志宏还合作开发了 RI 内存清理软件。当时的电脑内存很小,运行程序一多系统速度就慢,有的程序甚至因为内存被其他资源占用而无法运行。RI 能够将常规内存、扩展内存等自动释放,解决调试死机等问题。

为了与人方便,雷军将这款工具软件完全免费,并开放了源代码。很快,RI 就流行开来,成为那一代程序员人手一份的必备工具。

确定一生所向

"干得比驴累,吃得比猪差,起得比鸡早,睡得比狗晚,看上去比谁都好,五年后比谁都老。"很多程序员都曾这样感慨和抱怨过自己的生活状态,但是雷军却非常怀念写程序的日子。"从1987年到1996年,那是一段阳光灿烂的日子。"他说。

雷军年轻时的那个时代,是中国程序员最快意恩仇的江湖时代。那个时代的程序员,身上充满着个人英雄主义的浪漫情怀。那时IT业最耀眼的明星不是柳传志和马云,而是王志东、求伯君、严援朝和朱崇君。这些早一代的程序员创造的业绩激励了很多程序员进入软件开发。

雷军并非天生喜欢写程序,上大学前也没想过程序员的生活。可进入计算机系之后,学的东西逐渐多起来后,受那个时代的氛围影响,他发现自己特别喜欢写程序。那是一个辽阔、奇妙的世界,程序员可以掌控细微到每一个字节、每一个比特位的东西,它们都是建造幻城必不可少的材料。精雕,细琢,一座座宫殿,成为幻城里的王。那喜悦,那成就感,局外人没法体会。

> 编程的原因是喜欢,不是为了别的。从摸上电脑的那一刻,我就知道,这才是我的世界。我一心一意地想做个程序员,尽管知道很累。但我热爱编程这个工作,可以肯定我会干上一辈子。

雷军认为,只有真正喜欢才能写好程序。喜欢写程序,做程序员就是上天堂。大学刚接触了计算机,他就对这个领域产生了巨大的好奇,开始了无尽的探索。他不仅拿下了所有科目的最高分,还选修了不少高年级的课程,在他少年轻狂的世界里,满是电脑程序的符号在空中飘舞。

程序员是一种特殊的物种,好的程序员尤其是这样——很多人都试图把编程归入一种复杂的技术学科,但实际上编程更倾向于一种艺术。它实际上更接近数学、音乐或电视剧《Firefly》里的Kaylee魔法。

好的程序员有一种特殊的直觉,一种天赋,这种天赋很难描述,更不容易得到。大一下学期,从上第一门计算机专业课开始,雷军就迷上了电脑,热度远远超出他以前着迷过的集邮、围棋等。自那以后,雷军似乎没了其他爱好,电脑成了他当时生活中的唯一。他不再跟舍友们在宿舍漫无边际地侃大山,也不再到处东逛西看,为了学电脑甚至不惜经常逃课。

当时用的是Motorola68000(相当于Intel8088)、540K的内存,运行的UNIX操作系统,八个人一起用。到了大二学PC的时候,雷军就开始趴在电脑前写现在很多人用的RI内存清理软件,成为中国最早一批写共享软件的人。

雷军不仅热爱编程,还是一个完美主义者,他像写诗一样写代码,如行云流水,洋洋洒洒。雷军将程序当成艺术品,极其认真,每一行都认认真真、干干净净。他习惯先买几本比较经典的编程书作为模本,然后把书里所有例程逐个重新写一遍,逐个比较和书上范例的差距,一步一步改善自己的编程基础、风格和技巧。写多了,有时甚至可以比书上写得好。

程序员像木工一样,熟能生巧。雷军认为,程序员必须要写足够代码量的程序,才会有感觉,这是一个苦力活,没有任何捷径可走。雷军曾公开说:"我的一个学长是美国卡内基梅隆大学的博士,卡内基梅隆大学计算机系在全世界非常出名,他说每个博士生必须写十万行代码才能毕业,卡内基梅隆大学博士进任何一个大企业基本不用面试。而国内培养的大部分的研究生、博士生,动手能力都偏弱。没有写过足够的代码量,想成为高手是不可能的,只能纸上谈兵!"

写程序特别费脑子,也特别累。可也正是这种疲倦,每每让雷军编写出最好的代码。跟巴尔默峰值相似,疲倦能使人的精力更易集中。大脑疲倦了,没有多余的脑能量来三心二意,不得不集中精力。在与王全国合作开发软件的时候,他们经常工作到深夜两三点。有次他们从早上写到了傍晚,出门吃饭的时候,看到天边的夕阳,他俩同时笑了:"当我们见到太阳的时候,太阳已经下山了。"那个软件开发用了半个月时间,算是比较快的。可半个月下来,他俩都瘦了一大圈儿。

整个大学,雷军都在以各种形式如痴如醉地学习,践行编程的无穷乐趣。他的经验就是,多看 Linux 等系统级的源代码,多看高手是怎么写的,这样自己写起来的时候会比较有感觉。

大学期间,雷军经常给武汉电子一条街的商铺们编写程序。1989年底,计算机病毒刚刚在国内出现,就引起了他的兴趣。为了解决学校机房染毒的问题,雷军和同学冯志宏合作开发了免疫 90。计算机技术更新非常快,每年都会有各种各样的新技术出现。后来雷军总结自己几十年的从业生涯,仅编程语言,他就用过 BASIC、MASM、PASCAL、C++、VBA、DELPHI、JAVA 等。

雷军曾感叹,每个 IT 企业都为找不到好的程序员而苦恼,但是现在的大学、软件学院及各种培训机构每年培养的几十万程序员却为找不到好的工作而苦恼。他认为,企业需要的不是一个刚学会写程序的人,需要的是来了就能干活,能把活干好的人。因此,大学生应该多注意实际操作能力的培养,才能在毕业后找到满意的工作。

青涩的创业初体验

1973年,比尔·盖茨和克莱特同时考入哈佛大学。大二时,盖茨建议克莱特和他一起退学去开发32Bit财务软件。但是克莱特认为Bit系统默尔斯博士才教了一点皮毛,不学完大学的全部课程是不可能的。

十年后,克莱特成了哈佛大学计算机系的博士研究生。当他认为自己学到了足够的知识,有能力研发32Bit财务软件的时候,盖茨已经成为世界首富,并且已经开发出比Bit快1500倍的Eip财务软件。

盖茨的成功激励了无数大学生前仆后继投入创业大潮,华旗资讯集团总裁冯军、康盛世界CEO戴志康等IT企业家几乎都有大学创业的经历。但是雷军却不以为然。

> 我不提倡不鼓励大学生创业,因为中国跟美国的国情差别很远,我们的大学教育包括高中的素质教育和能力教育相对偏弱,这样出来创业的话,成功率非常之低。过去十年,很多大学都鼓励大学生创业,但结果几乎是全军覆没。而且我们鼓励学生创业还耽误了他应该有的学业,有点得不偿失。

雷军建议大学生首先要提高自身技能,甚至毕业初始也不该急着创业。最好先找个创业公司,或者是找个大公司先锻炼自己,有相应的商业网络,一切都准备妥当了再创业。

雷军的肺腑之言应该与他大学时苦中作乐的创业经历密不可分。

1990年的盛夏，武汉的太阳一如既往的毒辣，热得令人窒息，可这丝毫没有影响雷军的创业行动。那时他已经在电子一条街"混"了好几年，自我感觉良好，梦想自己写的软件运行在全世界的每一台电脑上，梦想着创办一家全世界最牛的软件公司。

刚好那时王全国有个同事和朋友想办家公司，就拉雷军和他入伙。于是，大家一拍即合，创立了三色公司（Sunsir，红、黄、蓝三色），寓意放飞创业梦想，创造七彩新世界。

如果说20世纪80年代是一个凭勇气创业的时期，摆地摊卖瓜子的都能赚得盆满钵满，那么，90年代就是"十亿人民九亿商，还有一亿在开张"的拥挤创业年代。很显然，雷军并没有看到这些。那时他还是个热血青年，创业团队正处于热血沸腾的状态，从来没想过开公司谁投钱、开张后做什么、靠什么赚钱等实际问题，真有点"人有多大胆，地有多大产"的无知无畏。

他们没有资金，也没有找投资人的意识，什么赚钱做什么，没有什么套路。直到公司接到的第一张单子赚了四五千元，公司才有了第一笔收入，也算是启动资金了。就凭着年轻人一股子的激情以及对未来的无限憧憬，白天跑市场销售，晚上拼命做开发，每天忙得热火朝天。后来，盲目干活的他们终于看到了一个方向——汉卡。

汉卡的利润很高，一套卖几千，成本往往不到一半。联想汉卡创造了利税上亿的辉煌，史玉柱也因为汉卡成为青年偶像。确定方向之后，雷军和同伴就在十几平方米的出租房里，摆上桌子和电脑，没日没夜地搞开发，困的时候就直接躺在办公室里睡一会儿。实在找不着地方躺的人，就只能坐在电脑前继续干活。

不久之后，李儒雄也加入了他们的团队。25岁那年，他因为雷军的一句话而"下海"。几年之后，雷军对他说："求伯君的今天就是我们的明天。"这句话促使他果断加盟金山北京开发部，为金山WPS文字处理软件的迅速推广立下了汗马功劳。后来，李儒雄成为连邦软件总裁。当然，这些都是后话。

可以说，无论雷军、王全国，还是李儒雄，都相当有技术实力，也非常自信。他们的汉卡很快就上市了，但是那时国内已经有很多山寨产品，他们提前遭遇滑铁卢——花费大量财力、精力研发产品，上市后迅速被跟风、同质化，如一场旋风吹过，迅速失去了竞争能力。

这让他们逐渐认识到自身所处的窘境，团队阵容里的成员基本都是当时技术比较过硬的牛人，公司人最多的时候有14个人，业务范畴也挺宽广，但是账户里却没有钱，连吃饭都是个问题。这有点像端着金饭碗要饭，为什么会这样？

其实，这也反映了技术型创业者的普遍缺陷。他们身上的技术情结，或许至今仍然闪耀着光芒。但是在商业世界的水土不服，也在他们身上无不应验。作为一个技术出身的创业者，一般对自己的技术能力都相当地有把握。对于技术的"路径依赖"，会让他们有意无意地往技术那头使劲儿。每当看到不如自己的产品销售量远远超过自己的时候，他们往往想到的是再开发一个更牛的功能或许就让对手望尘莫及了，而不是考虑一下自己在销售、产品推广、知识产权保护、财务管理等方面的短板。

当年的柳传志和倪光南就曾有过先技术还是先贸易的激烈争执，倪光南对技术有着近乎痴狂的迷恋，立志通过技术创新打造IT强国，这是科学家的思维。但柳传志则是企业家的思维，更为现实一些，他认为做贸易是实现高科技产业化的第一步，再好的高科技产品如果卖不出去这个企业就没法生存，因此坚决推行"贸工技"的道路，避免了被市场淘汰或者迅速枯死的命运。

比起柳传志四十多岁创业时的成熟阅历，当时的雷军还是个二十出头的小毛孩，其他成员也较年轻，自以为有雄图伟略，对所有的权威都不屑一顾，街上老板的吹捧也助长了他们的虚荣心。可实际上，除了技术和激情，他们几乎一无所有，被市场经济大潮打得够呛。困难的时候，甚至接过打字印刷的活。实在没钱的时候，就派个兄弟跟食堂师傅打麻将赢饭菜票。

除此之外，他们还面临很现实的内部矛盾，关于四个股份相同的股东谁做董事长的问题从一开始就争吵不休。雷军原本不想掺和这些不利于团结的事情，但却经常被他们从武汉大学的自习室里叫出来开会，一开就是一通宵。短短几个月，董事长就改选了两次。

市场销售没搞好，劳动成果（知识产权）没保护好，内部管理一团糟，内讧还如此严重。高涨的创业热情被一盆一盆的冷水渐渐泼没了，雷军也开始反思：作为一个还没毕业的大四学生，自己是否具备了创业所需要的能力与阅历？

翻来覆去想了好几夜，雷军提出了散伙。一个创业团队没有两三年的磨合期很难达成默契，但是他们一起创业的时间却只有短短半年。经过了创业的煎熬，回到校园的雷军有种久违的轻松。一个人走在武汉大学的樱花路上，觉得阳光很灿烂。

雷军后来总结说，创业就像跳悬崖，只有 5% 的人会活下来。"我不支持大学生创业，除非你优秀如盖茨，一般的大学生就不要试了。"不仅大学生创业难，对所有人来说创业都很艰难。"当你不具备社会资源，没有资金，不知道运营一个企业需要做哪些工作，只有满腔热血和冲动去创业"，结果只会被撞得头破血流。

第二章

选好毕业后第一份工作

年轻的雷军，一毕业就义无反顾地来到北京，因为这里是中国电脑业的圣地。为了共同的梦想，他踌躇满志地加入金山。从好学生到好员工，从好员工到好领导，入职时雷军青涩稚嫩，离开时已近不惑之年。

用别人睡觉的时间工作

北京是中国计算机行业的圣地,是梦想者的天堂。年轻时的雷军,为了胸中那个无法释怀的梦想,跟其他"北漂"一样,对北京有着飞蛾扑火一般的执著。他一毕业就义无反顾地来到北京,满怀着干一番大事业的心情进入一家研究所,参与大项目。

这家研究所在郊区,且工资微薄,但雷军并不在意。毕竟年轻人豪情万丈,也不怎么在乎条件艰苦。可让他比较惆怅的是,一直无法适应研究所那种氛围,找不到参与大项目的感觉,找不到发挥才华的绚烂舞台。

凡是遥远的地方,都对我们有一种诱惑。不是诱惑于美丽,就是诱惑于传说。现实与理想,总是存在着一定的差距。当初其他同学选择了深圳和广州,讲述那里的钞票盛况的时候,雷军都没有丝毫的心动,毅然独自前往北京。现在沦为软件生产流水线上的一小颗最不起眼的螺丝钉,多少总有些不甘。

正在无限迷茫、惆怅的时候,他认识了苏启强。苏启强比雷军年长7岁,后来以平均5年创办一个企业的速度令业内惊叹。除了很有特点的福建口音外,他最大的特征就是生物钟已经黑白颠倒,深夜上网已是常年习惯。他少年老成,低调却不甘寂寞,1988年从国务院机关事务管理局辞职下海后,和王京文创办了用友软件。

当时的苏启强已经是用友软件的副总经理,公务员的阅历使他对大局的把握有着先天的优势。不甘寂寞的苏启强告诉同样不甘寂寞的雷军，继续开发加密软件。他认为，"很多事情，定了一个方向，每天都在做事，不受干扰，最后肯定能有所收获"。

之前和王全国开发BITLOK，早已激起雷军开发商品软件的热情、信心。随着开发产品的增多，硅谷英雄的故事越来越灼热地燃烧着他的胸膛。冉冉升起的英雄的梦想，让他越来越看不上BITLOK，还自嘲它是"雕虫小技"。说实话，他心里早就不乐意再开发这些压根不入他"法眼"的小产品。

但是，人总得面对现实。想想也没别的选择余地，雷军就听从了苏启强的建议，继续开发BITLOK新版。此时，从雷军开发第一个版本到大学毕业，已经过了两年，水平自然有了一个飞跃的提升。回头看他过去的产品，居然有了"一览众山小"的感觉，他决定推倒重写。

相比其他互联网"刺头"，雷军的性格棱角并不突出。从好学生到好员工，他几乎都行走在一条符合传统价值观念的命运轨道上，每一步都中规中矩，水到渠成。可实际上，他身上还有着射手男最典型的特征——喜欢呼朋唤友、热热闹闹的生活。

规矩、爱闹，这两个相互矛盾的性格，像两股汹涌的血脉在他的体内冲撞，同时也在他这里得到了平息。白天，尽管办公室没多少事情可干，但也不能干别的，雷军跟其他同事一样规规矩矩。周末，雷军风雨无阻去中关村会朋友。于是，开发BITLOK新版的时间就只剩下周一到周五的晚上。

为了能全面协调好时间，各方面都有所兼顾，雷军在还未荣获"劳模"称号之前，就上演了"疯狂的石头"，经常用小时来安排晚上的日程表。通宵对于他来说，虽然很累，却也能让他的精神得到安慰。一个暂时不得志的年轻人，蜗居在黑夜的某个角落里，疯狂地写程序，有一种极大的精神在鼓舞着他："我在用别人睡觉的时间干活。"每每这个时候，嘈杂的电脑风扇和敲键盘的声音就成了悦耳的音乐。

对于用电脑的人来说，最崩溃的事情莫过于死机。有一次，雷军一直干到凌晨四点多，就在程序快要写完的时候，存盘时电脑死机，所有劳动成果毁于一旦。已经很难把整晚的工作全部重写，雷军瘫坐在电脑旁，一时有些呆滞。幸好，同宿舍的朋友醒了，看到他快要哭出来了，赶紧帮他从硬盘里的第一个扇区逐一寻找。花了整整两个多小时，终于将全部内容都找了回来，雷军感激到无言。

那时的雷军，每天都睡得很少。BITLOK新版在一个又一个深夜的辛勤劳作中悄悄地生根、发芽、开花、结果。等待花开的寂静，意味着寂寞。每每遇到难关，都得自己独自死磕、艰难闯关。与此同时，历经艰难的成功，独看花开的喜悦，也是难以言喻的。花费很大力气终于解决难题的时候，他经常像个孩子一样高兴得手舞足蹈。

寂寞，是一个人的狂欢。在无人分享的日子里，雷军独自完成了BITLOK1.0。让雷军欣慰的是，BITLOK加密后的软件在超过一百万台的计算机上使用过。

每一个研发者，对待自己的作品都像是对自己的孩子，愿意付出感情温柔呵护，助其茁壮成长。雷军也不例外。或许开发时不大情愿，但随着时间的推移，对BITLOK的感情却是越来越深。后来进入金山，雷军依旧利用业余时间继续开发、完善这套产品，将之成为盘古组件中的一部分。

物以类聚，人以群分。遇到志同道合的朋友，与之共唱"沧海一声笑"也是人生的一大幸事。在金山友爱的环境里，好多同事都给了雷军难得的帮助。例如，当雷军完成一个版本的时候，同事就会帮他试探解密。发现问题立即反馈给他，他再完善。这样反复修改之后，BITLOK1.2在集体的力量中定型。

此时，BITLOK已经是一套很完善的商品软件。在朋友的帮助下，BITLOK成为一个真正的商品，很快就赢得了不少客户。这也在很大程度上鼓励了雷军，在之后的日子里，他一直坚持开发，出了一系列新版。雷军是一只勤劳的小蜜蜂，不仅辛苦"采蜜"，还将用户的好建议酿成了"蜜"，坚持将用户的意见综合到开发中去，BITLOK也越来越受客户的喜爱。

但是，冷静分析 BITLOK 的整个商业前景，雷军认为：第一，加密软件只有开发者才用，市场很小，整个市场每年销量不到一千套。作为业余兴趣还能接受，作为公司开发项目的话，并不合适。第二，随着软件市场的繁荣，国内不少软件开始试探不加密销售的方式，这是软件市场发展的趋势。不少朋友觉得加密软件已经没有必要再做了。

这套软件雷军花了整整 7 年的心血，到底还要不要继续开发？雷军也感到非常困惑。不少朋友友善告知他一些新的解密方法、解密工具，老用户也持续不断地打电话来询问新版本的开发情况，并提出修改意见。雷军感到压力很大：这款产品没有商业前途，无法带来利润。与此同时，产品也属于用户，不是想停就能停得下来的。

思考很久之后，雷军还是决定将它作为兴趣爱好，愿意无偿付出更多的辛苦，写出一个全新的 BITLOK3.0，彻底解决过去用户提出的各种问题，让过去的用户有一次升级的机会。经过多年的修改，此时的 BITLOK 已经超过了三万行代码，作为一个业余程序，已经不算短了，也很难修改。全部修改程序，更是需要很大的勇气。

最后，在工作疲惫之余，雷军在原有的基础上使用了一些突破的技术，完成了 BITLOK3.0。雷军说：

> 不管 BITLOK3.0 写得如何，我尽心了。如果 BITLOK 还有人用，我就肯定会花时间来维护；如果没人用了，也就到了"寿终正寝"的时候，我也该"洗手"了。

人生驶向快车道

20世纪80年代末期,电脑作为一种跨时代的产品开始在中国出现。然而它的受众却极为狭窄,一是DOS的操作界面对于当时的大多数国人来说显得过于专业,二是在汉字处理方面,这款"神器"似乎并没有做好相应的准备。

为了在DOS模式下实现汉字输入,一大批科研工作者投入到了汉字处理软件的研究和开发中。那个时候,身为中国软件史上标杆性人物的求伯君还只不过是四通公司的一个普通程序员。

当时,四通公司的MS2401打印机凭借着自己的卓越性能,在销售市场上上演着一个又一个神话,可就在这个时候,求伯君却向公司提出了一个新的研发请求——开发兼容PC端的文字处理软件。对于四通高层来说,求伯君的这一请求是荒谬的,因为这个计划一旦启动,将会对MS2401打印机的市场形成强烈冲击,这无异于自己人抢自己人的饭碗。

遭到拒绝后,求伯君离开四通,在他茫然不知所措的时候,香港金山公司老板张旋龙出现了。张旋龙是四通的重要合作伙伴,求伯君在四通的那段时间,张旋龙就对他在软件开发上所表现出来的天分深深折服,因此在得知求伯君离开四通的消息后,张旋龙便马不停蹄地找到了他。

为了表达对求伯君想法的支持和诚意,张旋龙在深圳罗湖区的一家民营酒店为求伯君包下一间屋子,同时承担了他的所有生活费用。

没有了后顾之忧的求伯君,将自己的全部注意力都集中在了软件代码的编写中,由于过于专注,求伯君一度积劳成疾,先后三次因肝病突发被送进医院。

有道是"有志者,事竟成",一年零四个月的时间里,求伯君凭借超乎常人的毅力写下了十几万行程序代码,兼容PC机的汉字处理软件WPS1.0横空出世,那一年是1989年,后来的软件人将这一年称为"中国软件的元年"。

作为一款通用软件,WPS1.0与过往只支持打印机的汉字处理工具不同,它可以让操作者直接在PC端进行文字处理,这一点引起了人们的广泛兴趣。1989年,在金山公司没有投入一分钱做广告的前提下,WPS1.0刮起了一阵旋风,横扫当时的汉卡市场,仅用几个月的时间便占据了90%的市场份额。

在WPS1.0的强大攻势下,营销大王史玉柱携带着他的"巨人汉卡"且战且退,在经历过几次升级之后,毅然离开了被WPS垄断的汉卡市场。联想汉卡和方正汉卡因为有着深厚的国企背景,成为这场文字处理软件的战争中为数不多的幸存者。

除了对汉卡市场造成强烈的冲击外,WPS也对当时的软件编写者造成了十分强烈的震撼,在他们看来,这款由十几万行汇编语言编写完成的软件如同神作,身为同行,他们对求伯君以及他所在的香港金山公司充满敬意,雷军就是这些人中的一个。

雷军上大学时,已经是武汉软件圈里响当当的人物了,可在看到WPS1.0的华丽界面和强大功能后,他多少还是有些被震慑。雷军固执地认为国内不可能有人编写出如此完美的程序,所以他一直将WPS1.0看成是某位国外专家的"大作"。当人们告诉他,WPS1.0是比他大不了几岁的求伯君的作品时,雷军蒙住了,他一直认为自己是顶尖的程序员,可是和求伯君一比实在是小巫见大巫,从那个时候起,雷军对求伯君和WPS便有了一种无法抹去的情怀。

1991年11月4日,在一次计算机展览会上,雷军如同朝圣一般拜访了自己的偶像求伯君。那次见面，给雷军的触动更是深刻，以至于在20年后，他依然能够回想起当时的情景。"我看到的是一个很英俊的小伙子，全身名牌。我当时真是有些被震撼了，觉得那就是成功的象征。"雷军回忆说。在那次见面后，雷军发誓要做一个像求伯君一样的软件人。就在雷军将求伯君视为榜样，准备奋起直追的时候，求伯君却率先向雷军抛来了橄榄枝。

1992年1月，求伯君向雷军发出了邀请，希望他加盟香港金山公司，雷军不假思索地答应了。在雷军看来，同样的年轻，同样的爱好，同样的努力，让他们很容易就能开创中国软件史上的大场面。事实上，也的确如雷军料想的那样，在接下来的几年时间里，香港金山确实进入了一个顶峰时期。

加盟金山后，雷军成为北京金山软件开发部的实际负责人。为了招募更多的程序高手，雷军抛出一条极具诱惑力的广告："求伯君的今天就是我们的明天。"和雷军一样，求伯君式的成功是很多程序员所渴望的，所以几天之后，雷军身边就聚集了十几位当时业内数一数二的顶尖程序员。

工科生历来给人们留下呆板的印象，而雷军则不然，他身上除了兼具理科生的理性外，还兼具了一些文人的浪漫，这让他坚信WPS可以成为完美无缺的软件。最初几年，雷军和他的团队将更多的精力投入到WPS软件的升级和更新中，他要将WPS打造成中国软件人的一张名片，更要让它成为世界范围内通用软件的佼佼者。

在雷军这种精益求精的思想指导下，WPS和金山办公软件进入到一个高速发展的时期。尽管当时WPS的批发价格高达2200元，可金山公司依然能保持月售2000套以上的骄人成绩。这样算下来，WPS一年的销售业绩为三万套，为金山公司带来的营业额达6600多万元，对当时的软件销售行业来说，这是一个相当了不起的成绩。

WPS的高歌猛进，使得它成为了电脑办公软件的代名词，很多电脑初学者接触的第一款软件就是WPS，而电脑辅导班的教学者们则乐此不疲地将《WPS教程》《WPS使用指南》这一类图书推荐给自己的学生。在那个年代，如果你不懂得操作WPS，很难想象你能进入到与电脑相关的行业和领域中。

如果说WPS源于求伯君在深圳写下的那十几万行代码，那它却是在雷军的带领下走向辉煌的。那几年，金山和WPS的快速崛起让中国软件人看到了中国软件业的未来和希望。WPS承载的也已经不仅是金山的命运，从某种意义上来说，它也将中国软件人的民族精神和民族使命感折射得淋漓尽致。

然而计算机时代，科学技术的发展和进步可谓日新月异，软件行业的发展更是一日千里，雷军和他的开发团队几乎没有时间去享受WPS给他们带来的喜悦，就一刻不停地投入到新的工作中了。把WPS做成一流的通用软件是所有金山人的梦想。

可是，在前面等待他们的并不是鲜花与掌声，而是万丈深渊。

在残酷竞争中学会成长

当 WPS 在国内文字处理市场上做得如鱼得水、风生水起的时候，微软却在世界范围内一扫六合，问鼎软件市场，成为这个行业里当之无愧的老大。

1989 年，微软公司推出了第一款基于 Windows 平台下的文字处理软件——Word1.0。虽然初期这款软件饱受批评，但它还是给人们带来了极大的便捷。1990 年，随着 Word3.0 的推出，Word 软件销售量开始节节攀升，微软也借此在接下来的几年时间里成功地控制了个人电脑文字处理器市场。但在中国，他们对 WPS 的统治地位却无可奈何。

1994 年，微软携 Word4.0 进入中国市场。这位在国际市场上呼风唤雨的软件巨头在中国却表现得格外谦恭，他们没有在正面与 WPS 短兵相接，而是十分友好地向金山公司抛来了橄榄枝——希望 Word 与 WPS 在文档格式上保持兼容。

面对微软的这一请求，包括雷军在内的诸多金山高层持以赞成的态度。尤其是雷军，他甚至认为这是一次难得的向国际软件巨头学习的机会。于是双方很快达成协议，彼此可以通过中间层 RTF 格式来读取对方的文件。然而正是这一决定，将盛极一时的 WPS 推向了"死亡的边缘"。

早在 1992 年，雷军就意识到 DOS 系统操作下的 WPS 已经不再适应潮流的发展，研发适应 Windows 操作系统的文字处理软件迫在眉睫。在这样的大背景下，盘古组件的开发计划浮出水面。

盘古组件开发初期，雷军认为这款基于 Windows 系统下的汉字处理软件将成为金山历史上的里程碑产品，所以他主动放弃了早已被大众熟悉和接受的 WPS 这个名称，豪情万丈地将它称为"盘古"。之所以用这个名字，是希望它能够为金山在软件市场上开辟一片新的天地。

1994 年的中关村还远没有今日的繁华，但是川流不息的人群还是向人们昭示着这个地区的活力。一个年轻人带着一脸的倦容在早餐摊位前风卷残云般消灭了老豆腐、油条这两样标志性的北京式早餐后，话也不多说一句，将钱放在纸盒里便自顾自地低头离开。这个人便是雷军。

那段时间，雷军和他的伙伴们刚刚将办公地点从四季青迁到知春路 22 号，在那座红砖砌成的四层小楼里他们没日没夜地编写着盘古组件程序。经过一夜通宵达旦的忙碌后，雷军吃过早餐，然后一个人穿行在熙熙攘攘的小贩中间，他们有的在倒卖电脑部件，也有的在贩卖盗版光盘，但不管是做什么的，他们的吆喝声、叫卖声让中关村显得活力十足，那是雷军每天仅有的惬意时刻。

每天面对的是形形色色的小商小贩，但是雷军的眼界却没有被遮蔽起来，他看到了更广阔的未来和更广阔的市场前景，他相信金山和盘古一定会走出这熙熙攘攘的街道，走出中关村，走进所有的电脑平台，成为中国人自己的办公软件。

雷军对未来充满希望，但现实却远没有他想的那么乐观。首先"盘古"是一款基于 Windows 平台的文字处理软件，这与 DOS 系统下的 WPS 有着本质的区别，也就是说之前金山在文字处理方面的优势变得荡然无存。其次，微软携 Word 兵临城下，面对软件行业的龙头老大，金山在研发过程中不容有一丝闪失。最后，对于当时的软件创业者而言，盗版光盘无疑是他们的噩梦，金山和雷军也同样绕不过这个坎儿。

困难很多，但是雷军不打算放慢自己的脚步。1995 年 4 月，在经历了长达三年的研发和改进之后，盘古组件在众人的期待中亮相。在此之前的一个月，雷军动员了北京研发部的所有员工参与到了盘古组件的广告策划和销售宣传中去，他要带领着自己的团队打一场大胜仗。

软件开发的确是雷军和他团队的强项，但销售他们却并不在行。所以，那段时间他们做的唯一工作就是不停地做广告，在他们看来，广告做出去了，买家自然就上门了。殊不知，他们的广告内容恐怕也是十分糟糕的，因为在广告刊登了半个月后，人们打来电话问的不是盘古组件的价格，而是盘古组件是个什么东西。

没有丝毫市场经验的雷军打了自己人生中的第一场败仗，这场败仗让他败得溃不成军。当时基于 WPS 在市场上的统治地位，在盘古组件上市前，雷军乐观地认为至少能售出 5000 套，可是半年之后市场却无情地给他泼了一盆冷水。因为在这半年的时间里，盘古组件仅仅售出 2000 余套，而金山在这场战役中却已经耗费了 200 多万元的巨资。盘古没有给金山带来一分钱的盈利，还将金山过去几年的家底赔了个底朝天。

"盘古"没能像雷军想的那样开天辟地，相反却悲壮地倒下了。一直以来认为自己能够做一番大事业的雷军如同霜打的茄子，看不到方向，找不到出路了。更让他感到痛苦的是，他觉得自己对不住求伯君，也对不住金山，更对不起那些日日夜夜陪着自己奋战的伙伴们。那些天，雷军可谓是身心俱疲。

"盘古"兵败除了给雷军造成极大的打击外，也给其他金山人产生了消极的影响。他们最初加入金山，是为了像求伯君一样功成名就，可如今等来的却是这样的结果，从感情上来说他们无法接受这一现实，一些极端的员工甚至认为，自己选择软件开发这份工作本身就是错误的，他们决定离开金山这个伤心地，离开这个他们曾经钟爱的职业。

当时发生的一幕幕，雷军始终铭记于心，直到现在当他回忆起那段往事时，内心还是会无比苦涩：

> 当时有很多程序高手，都是为了梦想加入金山的，结果我们却做得一团糟。想想付出那么多，最后却没有一点回报，那种滋味是难以忍受的。当时有很多人离开了，我一点都不怪他们，要

怪只能怪我自己，毕竟在"盘古"的开发上，我的责任比谁都大，是我对不住他们。

"盘古"兵败的另一个消极影响是，金山北京开发部失去了往日的忙碌，曾经那支活力无限、豪情万丈的开发团队陷入了无所事事的状态之中。坚守下来的十几个人不用加班，不用熬夜，他们的工作格外清闲，可是他们却一个个焦躁不安，因为他们失去了清晰的目标。雷军也不知道脚下的路该如何走下去，那段时间他做得最多的事就是把自己锁在办公室里反思。

1995年，对于曾经承载了中国软件光荣与梦想的金山来说，无疑是充满噩梦的一年。但是对于整个中国软件乃至互联网行业来说，却是孕育希望的一年。那一年，宁波电信员工丁磊一纸辞职信，把自己的铁饭碗砸了个粉碎，在大学教书的马云也不安分地离开了三尺讲台……一个时代的大幕就要拉开。

俗话说得好，"福不双至，祸不单行"，盘古组件的溃败并不是金山公司噩梦的结束。随着微软公司对中国市场上的日渐熟悉，这个国际软件巨鳄的本性终于暴露了出来，它不再像以前一样彬彬有礼，而是转眼间变得无比霸道，它贪婪地吞噬着中国软件人的希望，甚至连曾经的合作伙伴都不肯放过。

通过与金山公司的格式共享，微软公司很快熟悉了中国用户的习惯，这个时候金山公司对于他们来说已经变得毫无价值。为了尽快在中国推广Word产品，财大气粗的微软公司投巨资研发出了一款符合中国消费者习惯的Word，并大力度地进行广告宣传，原本被WPS垄断的市场大门，就这样被微软叩开了。

此时的金山公司依然深陷于盘古组件的失败泥沼中，但是为了捍卫自己的市场地位，他们不得不筋疲力尽地迎战微软，由于后续资金的乏力，金山的反抗有些力不从心，虽然他们试图推出更加符合中国国情的稿纸格式，同时也对WPS进行了深度优化，但是他们所做的一切努力都如同螳臂当车，这个时候的微软已经不是他们所能抵挡得了。直到这个时候，雷军醒悟过来，他们当初上了微软的当。

客观来说，微软的 Office Word 产品在品质和稳定性方面，都远远优于同期的 WPS。1995 年之后，Windows 操作系统已经迅速地将 DOS 系统淘汰，基于 Windows 系统下的 Word 实现了非常好的兼容，在文字处理方面 Word 所体现出的人性化和多功能化也很快赢得了人们好感。

除了微软给金山带来了巨大的威胁外，另外一个致命因素也同样不容忽略。20 世纪 90 年代，电脑产品的兴起，使得盗版光盘如同蝗虫一般蚕食着正版软件的市场，再好的软件只要一上市，就会有大量盗版产品蜂拥而至。Word6.0 上市后，盗版商们海量生产，这对于家底雄厚的微软来说，无关紧要，但是对于想与微软打价格战的金山来说却是致命的。因为人们总是更愿意选择品质优良的盗版盘，它仅需要 10 元左右，这实在是一种莫大的嘲讽。

盘古组件的失败使得金山陷入了大萧条之中，而盗版市场给金山造成的重创则成为压垮它的最后一根稻草。1996 年，金山公司的账簿上陷入了难以为继的困境，WPS 跌到了历史的谷底。金山应该如何走下去，成为摆在每一个金山人面前的残酷问题，对于雷军来说，尤其如此。

1995 年底到 1996 年初，雷军度过了他一生中最难熬的几个月。原本规划好的"宏伟蓝图"被毁得惨不忍睹，曾经的志得意满、满怀信心到头来不过是一场空。雷军在短时间内无法接受这一现实，尤其回到珠海的金山总部，看到昔日热闹的办公室里只有稀稀拉拉的十几个人时，年轻的雷军崩溃了，他陷入难以自拔的自责之中。

为了给金山上上下下一个交代，雷军决定辞职。1996 年 4 月，接到雷军辞职申请的求伯君大吃一惊，其他人离开金山他可以接受，唯独雷军离开他不能答应。因为金山是一棵树，枝枝杈杈断了不要紧，但根不能折了，只要保住根，金山就有翻身的机会，如果连根都保不住了，金山就真的倒了。求伯君没有批准雷军的辞职申请,他给雷军放了六个月的假。

在那六个月里,雷军并没有因为离开金山而开心起来,他的情绪依然十分低落。起初他想去国外待一段时间,但最终没有成行。后来,他又一度想开一个小小的酒吧聊以度日,但是最后却发现自己根本不热爱那样的生活,就这样在百无聊赖中度过六个月之后,雷军想明白了,还是得回金山,跟着求伯君带着金山走出低谷。

做出这个决定后,雷军开始重新振作精神,对自己过去几年所做的事情进行了一次彻底的大反思,这让他有机会对自己和金山进行一次再认识:中国软件业兴起的最初几年时间里,金山公司凭借着一款品质还算不错的产品在市场上赢得了良好口碑,这让自己多少有些妄尊自大。待到国外的软件业的"豪强"们杀入这个市场,才发现人为刀俎,自己不过是鱼肉任人宰割。市场竞争是残酷的,理想主义的创业者不能仅凭自己的热血去蛮干,理想有时候过于脆弱。在意识到这一点后,雷军便不再紧抱着"盘古开天地"的雄心壮志不放,而是变得更加踏实,更加沉稳,虽然依然怀揣梦想,但是已然不像当年那样心比天高了。

1996年11月,雷军重新回到金山公司后,有几条路可供他选择:第一条是做保健品,在金山陷入低谷的那一年时间里,同样做过汉卡生意的史玉柱在保健品市场大放异彩,如果金山能够顺利转型,或许会在保健品市场上占据一席之地。第二条出路是做房地产,虽然海南的地产泡沫给世人敲响了警钟,但是这也让更多商人觅得了一线商机,金山公司可以抓住这样的机会进军地产业。第三条是继续做WPS,继续搞软件开发,这一行他们最为熟悉,但是他们所经历的一切也最为惨痛。

究竟是做保健品、房地产,还是忍着心中的痛扛起民族软件的大旗继续走下去,这让金山人进退维谷。就在大家左右为难、不知如何是好的时候,雷军拿定了主意:继续开发WPS,继续在软件这条路上走下去。

之所以做出这样的决定，除了雷军从内心深处依然对软件行业有着很深的感情外，更重要的原因是雷军意识到软件行业将成为下一个十年的先锋产业，他坚信会有越来越多的资金涌入到这个行业中来，只要金山人坚持下去，他们就一定能够回到中国办公电脑的桌面上去，重新扛起中国软件的大旗。

雷军的这一决定在当时很多人看来是不明智的，但是也正是这个决定让雷军成为软件行业里顶级的战略家和战术家。在接下来的几年时间里，金山以WPS为旗帜，又陆续开发出了多款实用软件。1997年，销声匿迹一时的金山再次重新回到了人们的视野之中，只是这次回归的脚步相对于之前来说更加稳健。

1996年，"回来"的不仅仅是雷军，远在国外的张朝阳回国创业，搜狐应运而生，边春晓、王志东这些后来的互联网大佬们也开始竭尽所能地为中国互联网大幕的拉开而做着各种准备，互联网与软件行业的春天即将到来。但是，他们都有一个不容回避的对手——微软。

扛起民族软件复兴大旗

雷军决定带领金山重新回到软件行业中的时候,做的第一件事就是重新审视自己的老对手——微软。这位国际软件业的巨头,凭借着Windows系统的优异表现,正在世界各地剿杀着自己的竞争对手,行业内甚至有了"微软之下,寸草不生"的俗语,微软公司的董事长比尔·盖茨更是放出了"即使盗版,也只能盗我们的产品"的狂言。

事实上,在软件行业里比尔·盖茨说出什么样的狂言乱语都不算过分。因为对于任何一个电脑使用者,或软件编写者来说,他都绝对是这个领域中真正的NO.1。在他的带领下,微软帝国在过去几十年的时间里,缔造了一个又一个的传奇,把中国软件人远远地甩在了身后。

与雷军相比,微软的创始人比尔·盖茨在编写第一款软件的时候更加年轻,那个时候他只有17岁,凭借着这款软件赚取了4200美元。19岁那年,大三在读的比尔·盖茨突然发现哈佛并不是一个能够实现自己梦想的地方,他对自己的老师说:"我要在三十岁时成为百万富翁。"然后就再也没有出现在哈佛的校园里。

退学后的比尔·盖茨找到自己的高中同学保罗·艾伦一起创建了微软公司,最初他们只是为一些中小公司提供简单的编程语言和软件服务,直到1977年,微软公司搬至西雅图的雷德蒙德后,他们才开始致力于电脑系统程序的开发。

1980年,美国最大的电脑制造商之一IBM公司委托微软为他们新PC编写关键的操作系统软件。对于当时微软这样的小企业来说,这绝对是一个千载难逢的机会，但是由于时间紧、任务重，盖茨自己没有进行研发，而是以五万美元的价格从程序编写者帕特森那里买下了操作系统 QDOS 的使用权。经过一系列的改写，盖茨将这款软件命名为 MS-DOS（也就是微软 DOS），并将它提供给 IBM 公司，从此微软迎来了企业发展的转折点。

20 世纪 80 年代初，IBM 的 PC 机在计算机市场上取得了巨大的成功，它的 MS-DOS 系统也因此受到了众多消费者以及计算机生产厂家的热烈追捧。短时间内微软公司扶摇直上，成为计算机操作系统的实际垄断者。

1983 年，MS-DOS 在操作系统市场上攻城略地的时候，微软公司的研发人员为了让它更加人性化，开发出一款文字处理应用程序，也就是 Word1.0。这款文字处理软件在推出后不久，便像 MS-DOS 一样受到了人们的热烈欢迎，更有甚者，一些 MS-DOS 以外的系统也纷纷引进这款文字处理软件，其中最具代表性的就是苹果公司。

20 世纪 80 年代后期，微软公司不断地尝试推出更加人性化的操作系统，Windows 系统呼之欲出。1985 年，Windows1.0 诞生，这款操作系统的界面被人们广为诟病，一时间恶评如潮，但是鉴于 MS-DOS 几近垄断的地位，微软公司并没有为此而受损，相反在接下来的两年时间里，微软还先后推出了 1.01 版、1.02 版、1.03 版和 1.04 版。

1987 年，微软推出了 Windows2.0，这同样是一款不成熟的产品，再加上高达 100 美元的售价，使得人们对它敬而远之。虽然 Windows 系统依然没有为微软带来可观的利润，但是在 Windows1.0 和 Windows2.0 的开发过程中，微软人积累了十分宝贵的经验和教训，这让他们距离成功越来越近。

1990 年，在经历了前两次的平淡之后，微软公司推出了 Windows3.0。由于在界面、人性化、内存管理方面取得了巨大改进，Windows3.0 在上市后不久就赢得了良好的口碑。微软公司也以它为基础，叩开了非英语国家的大门。

在开发 Windows 操作系统的过程中，微软并没有忘记他们的文字处理软件。早在 1985 年，在盖茨的牵线下，微软公司的一个开发小组为苹果电脑成功研制了可以展示不同字体、大小和粗细功能的 MAC-DOS Word。

随着 Windows 时代的来临，微软公司近水楼台先得月，早在 1989 年便率先研制了基于 Windows 系统平台下的 Word。在 Windows3.0 推出后不久，微软公司在文字处理软件的开发上迅速跟进，一款不同于 DOS 系统下的文字处理软件就这样诞生了。微软也凭借此举毫无争议地控制了个人电脑文字处理器的市场。

1993 年，Windows 操作系统迎来了革命性的发展，这一年 Windows3.11 加入了网络功能和即插即用技术，同时还多了一些局域网功能。然而，这也不过是微软帝国兴起的热身活动罢了。

1995 年 8 月 24 日，微软公司对外发布了 Windows95，这是一款支持 32 位的操作系统。相对于之前的操作系统来说，Windows95 所体现出来的性能优势是非常巨大的，它的桌面系统更强大、更稳定，同时也更实用。Windows95 的推出也彻底结束了计算机桌面的纷争时代，微软帝国正式形成。

在 Windows95 推出的过程中，MS-DOS7.0 作为最重要的主件之一也同时发布。从某种意义上来说，微软的这一系列举措，预示着一个全新时代的到来，而在中国市场上，雷军却依然在坚持盘古组件的开发，并且天真地认为它能够开创新时代。

但是我们不能责怪雷军的幼稚和轻狂，在盘古组件的开发上，金山公司可谓是倾尽所有，最大程度上提供了资源支援。在北京，包括雷军在内的数十名软件开发人员更是呕心沥血，一刻都不敢懈怠。但是，他们对抗的毕竟是动辄就砸几十亿、一个项目就有几千名程序员的微软帝国。从这个角度来看，我们完全没有道理对金山的失败求全责备，而是应该给予他们更多的敬意，因为正是他们坚守着中国软件人的阵地。

在接下来的十多年时间里，微软帝国依然稳如磐石，但是 WPS 以及金山的进步也是显而易见的。作为竞争了十多年的老对手，雷军已对微软当初所做的一切释然了，相反他还对微软心存几分感激，因为如果不是微软这个标杆在前面，他很有可能做得远不如现在这么好。

从程序员转向操盘手

兵败"盘古"后,雷军并没有像人们想象中的那样安然度过六个月。那段时间,雷军做得最多的事情恐怕就是反思与读书,那一年他也不过27岁,可是与大多数同龄人不同,他读的却是《毛泽东选集》。雷军就是从阅读"毛选"开始顿悟的。

盘古组件开发失败后,金山公司濒临破产。雷军回归后,面临的第一个大难题就是钱,没钱,任何慷慨激昂的回归都没有意义。为了解决钱的问题,求伯君毫不犹豫地将张旋龙给自己买的珠海别墅卖了出去,但是雷军心里明白,这点钱只能救急。从发展的角度来说,金山必须尽快盈利,只有这样WPS的开发才能继续下去。

1996年4月,在金山陷入困境时,一款播放器软件"金山影霸"成功地阻止了金山急剧下滑的颓势。"金山影霸"的成功虽然没有为金山公司带来暴利收入,但是却足够金山公司养家糊口,这也让金山公司保住了自己的最后一口气。

回到金山后,受"金山影霸"的启发,雷军决定全面出击,什么软件赚钱就做什么,哪怕是小软件。如果在正面战场上不能突破微软公司的全面封锁,那就努力地做好"敌后"工作,把微软公司不愿意做、看不上的小软件做精、做好,这样金山公司就能够"以战养战",逐渐壮大。与当初那个心比天高的毛头小伙子不同,现在的雷军已经成为一名出色的战略指挥家。

1996年年底,WPS重建计划仍在襁褓之中的时候,金山公司高调地推出了一系列小产品，其中就包括"中关村启示录"、"剑侠情缘"、"金山影霸"、"电脑入门"等。很多不明就里的人对此纷纷表示不满，在他们看来，销声匿迹近三年的金山公司身负中国软件人的寄托与希望，如今他们不把精力放在 WPS 的开发上，而是去做这些让人不屑一顾的小东西，实在是有些不务正业。可是谁又知道金山人背后的痛楚呢？

雷军"以战养战"的策略很快获得了成效，作为中国第一款商业游戏软件，"中关村启示录"的销售状况出人意料，虽然定价为 96 元，但是在很多销售渠道，它都呈现出一派供不应求的景象。在泥潭中挣扎了近一年的金山，开始逐渐走出泥沼。

但是，雷军的理想可不仅仅是这些。他经常告诫自己的开发人员，眼光不能局限在这款 96 元的小产品上，不能因为刚刚有了一点收获就心满意足，要把自己的眼界放宽、放长远，只有这样金山才能重新回到每一台电脑上。

为了了解客户的需求，雷军身先士卒，每天扎在店面里。在近三个月的时间里，雷军忘记了自己的身份，只把自己当作一个普通的销售员。每天他都要面对成百上千的顾客，然后陪着他们说成千上万句话。那段时间，雷军一度认为自己说的话比过去二十多年都多，很多时候看着别人唾沫横飞，雷军倒有些羡慕，因为口干舌燥是他的常态。

1996 年，电脑虽然远没有现在这般普及，但是学习电脑却十分热门，在"站店面"的过程中，雷军经常遇到打听电脑入门类软件的人。作为一个职业编程人员，雷军发现向顾客作这样的推荐竟然也是一件十分困难的事，因为大多数软件过于专业化，而入门级软件却少之又少，雷军敏锐地察觉到这是一块巨大的市场。

回到办公室后，雷军第一时间通知软件研发部门，要求他们在最短的时间内开发出一款电脑入门级的软件，就这样"电脑入门"诞生了。一个月之后，"电脑入门"轻轻松松地售出一万余套，取得了非常不错的业绩。

真正让金山打了翻身仗的是"金山影霸"。这款产品在 4 月份刚刚上市的时候,一天之内就售出了150套,这个数字让当时所有的人都大吃了一惊,因为这样的销售数字在之前是闻所未闻的。

回到金山后,雷军没有忽略这款功勋产品。考虑到当时更多的用户对电脑知之甚少,为了最大程度上为他们提供方便,"金山影霸"添加了自动播放功能,也就是说用户只需要将影碟放入光驱,"金山影霸"就会自动播放,而不需要用户再去选择文件。这样小小的改变,对于软件开发者来说不算什么,但这却标志着雷军市场意识的觉醒。从那以后,雷军便不再只是埋头于软件程序的编写,而是拿出精力做市场了。

凭借着"金山影霸"的精彩表现,濒临破产的金山公司在悬崖边上止住了下跌的颓势。这个时候,很多金山人开始弹冠相庆,雷军却明白这仅仅是金山重回正轨的第一步,他还在酝酿着更多精彩的表演。

1995年年底,雷军应邀到连邦董事长苏启强家中做客,酒过三巡,菜过五味,两人闲聊起来。苏启强建议雷军花60万买下当时畅销的"译林"软件——作为一款翻译软件,"译林"的市场前景十分广阔。但是雷军却不认同苏启强的观点,他认为金山公司能够用更小的代价,研发出比"译林"更好的软件。

1997年,做一款翻译软件的旧事重提。在雷军的主持下,"金山词霸"的研发提上日程。5月,"金山词霸Ⅰ"作为词典类工具软件正式面世,定价48元,短短几个月的时间里就售出五万套。雷军决定趁热打铁,在10月份又推出了"金山词霸Ⅱ",定价78元,虽然卖得不温不火,但是金山却在词典市场上后来居上,一举成为霸主。

在金山的小产品一路高奏凯歌的同时,金山的拳头产品WPS也在酝酿许久之后重新踏上了征程。这一次,雷军没有了盘古开天地的豪气,他们沿用了在中国消费者中早已建立起良好口碑的"WPS"品牌,将新产品命名为WPS97。在"盘古事件"后,雷军又一次回到了通用软件的平台上来,这一次,他希望自己能够走得更远。

1997年,作为一种全新的事物,互联网在中国迅速发展起来,在很大程度上带动了软件行业的飞速发展。一时间,形形色色的软件研发公司成立起来,各种各样的软件充斥在这个市场之中。这个时候,雷军和金山公司一样已经从幼稚走向成熟,等待他们的是一个全新的时代,可是他们依然任重道远。

WPS97 强势归来

1997年6月,WPS的程序员沈红宇带着WPS97的α版参加北京软件展览会。在这次展览会上,沉寂了几年的WPS再次引起了轰动,参展商家对WPS97好评如潮。直到这个时候,人们才发现,金山并没有忘记他们曾经所做的一切。

1997年10月,基于Windows平台下的WPS97横空出世。这是第一款运行在Windows平台下的国产文字处理软件。这一年,国内很多权威媒体将WPS的回归评为中国电脑界的十件大事之一。

WPS重归市场之后,昔日辉煌重现,在短短两个月的时间里,就销售出了13000多套,金山公司向当时的经销商连邦公司的店面派出了大批驻店人员。与此同时,很多国内软件厂商将WPS与自己的产品进行捆绑销售。一时间WPS97出现在各种软件套装之中,企鹅套装、联想套装、洪恩工具套装,各种各样的套装可谓层出不穷。这一年,金山公司还应邀为成都军区量身定做了WPS97军用版。

"金山影霸"在关键时刻保住了金山的身家性命,WPS的回归意味着昔日的王者归来,但是真正拉开金山重登王者宝座序幕的却是"金山词霸Ⅲ"。

1998年8月31日零点,为了顺利推广自己的新系统Windows98,微软公司在海淀剧院门前举办了名为"午夜疯狂"的露天发布会。这场发布会聚集了香车、美女,可谓夺人耳目,但是由于涉嫌扰民,被警方出面制止。

那天夜里，微软着实给雷军上了一课。早已专注市场开发的雷军第一次意识到软件推广可以这样做，他决定现学现卖。在接下来的两个月时间里，金山公司联系了歌手白雪、零点乐队，又联系了北京友谊宾馆，与此同时雷军还组织人手、加印海报，将"秋夜豪情——'金山词霸Ⅲ'首发仪式"的消息传遍北京的角角落落。

1998年10月10日晚8点，北京友谊宾馆的前广场上人山人海。两个小时的首发仪式高潮迭起，1000多套"金山词霸Ⅲ"被赶来的人们购买一空，10台"问天"电脑和15台LJ2110P激光打印机作为奖品也被参与活动的人们悉数抽走。这次活动后来被求伯君和雷军视为一次完美的、无懈可击的商业运作。

"秋夜豪情"发布会是金山第一次大规模的市场推广活动，当时市场反响十分强烈，很短的时间内就售出30000多套，但是当"秋夜豪情"的热情消散后，"金山词霸Ⅲ"的销售额归于平淡，在接下来很长一段时间里，仅仅售出30000套。

当"叫好不叫座"的现象出现的时候，雷军决定做一件大事情，那就是价格改革。长久以来，金山产品的价格并不像微软那样高高在上，当微软的Word动辄几百元的时候，WPS也始终奉行的是低价政策。"金山词霸"的销售价格更是低到了冰点，仅仅为48元。

1999年，"金山词霸2000"和金山公司的新产品"金山快译2000"相继推出，当时很多人坚持将销售价格定在48元，但是雷军提出了异议。他认为在盗版横行的市场大环境下，价格是用户唯一关心的，所以在经过长时间的调查和研讨后，金山公司将这两款新问世的软件价格定在了28元。

事实上，对于28元的价格雷军心里也不是很有底，毕竟盗版光盘的价格远比28元更便宜。如果两款产品上市后没人买账，金山将面临多种危机。为了彻底摸清市场，雷军前往石家庄，拜访了连邦公司的销售点。让雷军欣喜的是，这个价格得到了连邦的拥护，他们承诺购买20000套。有了连邦的承诺，雷军才把心放宽了一些。

1999年10月21日，金山公司正式通过媒体公布，在为期三个月的促销期内，"金山词霸2000"和"金山快译2000"的价格将从168元直接下调为28元。这个消息一经公布，马上在软件行业和电脑用户中掀起了轩然大波。

10月30日，"金山词霸2000"正式上市。北京图书大厦的销售现场火爆异常，购买者排起了长龙，在六个小时内就售出了3000套。当天，整个北京地区的销售量达到了27000套。三天之内，"金山词霸2000"首批软件销售告罄。这一结果大大出乎雷军的意料，等他反应过来的时候，"金山词霸2000"和"金山快译2000"已经在全国断货。

为了最大程度地满足市场需求，金山公司在11月6日，再度向市场供应了15万套"金山词霸2000"和"金山快译2000"，结果仅仅两天时间就再次断货。那段时间，雷军的电话每天都被各种各样的催货电话打爆。为了应付催货的经销商，雷军不得不亲自监督生产线，以保证货源的供给，金山的员工甚至不得不停下手中的开发任务，去充当搬运工。

一个月后，"金山词霸"的第100万套产品下线，作为国产软件史上零售最多的正版软件，国家图书馆对"金山词霸2000"和"金山快译2000"作永久珍藏。

2001年，在北京申奥成功后没多久，金山公司推出了"金山词霸2002"和"金山快译2002"。在发布会现场，雷军破天荒地给李阳颁发聘请证书，作为"疯狂英语"的创始人，李阳对软件开发可谓知之甚少。

这一年的10月20日，一场更大规模的营销活动在首都体育场拉开了帷幕。那天，当两万多名观众手舞足蹈地与李阳一起用英语高喊的时候，雷军感慨万千。然而好戏并没有就此结束。

2002年，为了让WPS适应新的发展趋势，金山推倒了过去14年积累下的500多万行代码，对WPS进行重新编写。这一次，雷军将竞争的目标直指微软。

2003年开始，WPS与微软在政府采购市场上大打出手，凭借着自身的优良性能和国家的政策支持，金山赢得了 56% 的采购份额，赢了与微软交手以来的第一个回合。2005 年，WPS2005 横空出世，与体积庞大的 Word 相比，它的体态可谓是无比轻盈，只有区区 15MB。这次 WPS 赢得了众多用户的支持，WPS 再下一城。

如果说政府采购带有一定的政策指导性，使得金山在中国市场创下高收益的话，那么 2006 年，在日本市场上，WPS2007 凭借自身的出色性能在登陆日本市场短短几天后，一跃成为日本最受欢迎的办公软件，可以说这是 WPS 在正面市场上对 Word 的一次完美狙击。时隔半年，WPS 在越南上市，在当地掀起了购买狂潮，金山也就此走出国门，开始在世界办公软件市场上与 Word 分庭抗礼。

作为一个理想主义者，看着这一连串高潮迭起的演出，雷军并没有迷失自己，他总是一遍又一遍地提醒自己，脚下还有很长的路要走。作为中国通用软件的带头人，雷军一路走来，的确要比大多数人更艰辛一些。

第三章

兼容并蓄让金山多元化

　　从 WPS 到词霸、毒霸，再到游戏，金山一次次闯进陌生的业务领域，在此过程中，雷军就像一根定海神针，他出色的战略思想和指挥能力在一次次大小战役中展露无遗。

杀毒就得"芯"黑

在雷军潜心研究盘古组件的那几年时间里,中国的计算机领域还发生了一件大事情,那就是互联网正式登陆中国。

1994年,中国加入国际互联网的要求获得批准,NCFC(中国国家计算与网络设施)工程通过美国一家名叫Sprint的公司成功地连接到64K的国际专线中,首次实现了与国际互联网的全功能连接,中国正式进入互联网时代。

互联网在中国虽然起步相对较晚,但是它的发展势头却格外迅猛。当时,在北京中关村白颐路南端的街角处,一个巨大的广告牌上写道:"中国人离信息高速公路还有多远——向北1500米。"这是中国"互联网第一人"张树新为自己的公司瀛海威打造的广告,这个广告在当时看来的确夺人眼球,可是现在回头去看,却发现在"1501米的地方",电脑病毒正如同饿狼一般,窥探着即将到来的一切。

早在互联网产生之前,病毒如同令人厌恶的寄生虫一般,盯上了老式计算机,虽然它的起源只是一个小小的恶作剧。1982年,一个叫里奇·斯科伦塔的9年级学生,为了戏弄自己的朋友,编写了一款恶意程序。当它在电脑上发作时,电脑屏幕上就会自动弹出:"it will get on all your disks."(它会占领你所有的磁盘。)"it will infiltrate your chips."(完全潜入你的芯片。)"yes,it's cloner!"(是的,它就是克隆病毒!)"it will stick to you like glue."(它会像胶水一样黏着你。)"it will modify ram too."(也会修改你的内存。)"send in the cloner!"(传播这个克隆病毒！）

　　与国外的病毒恶作剧相比，中国的第一款病毒"小球"略显调侃。这款 1988 年首次发现的国产病毒，会在整点或半点的时候触发。"小球"发作后，桌面上会出现一个活蹦乱跳的小圆点，它肆无忌惮地游走，如果有文字或者图片阻碍了它的前进路线，它会毫不犹豫地将这些拦路虎削个七零八落，直到系统彻底崩溃无法运行。

　　"小球"出现后不久，国外的一些病毒也开始陆陆续续地进入中国，这些病毒让中国的黑客大开眼界，在它们的启迪之下，国产病毒也愈发变得精致新颖。而那些遭遇病毒侵扰的人们，一边对病毒的编程技艺大加赞赏，一边却又为消除这些病毒而愁眉不展。杀毒软件就在这样的大背景下诞生了。

　　1988 年，"小球"横扫大江南北的时候，尚在大学读书的雷军对它的开发者佩服得五体投地，他甚至一度认为"小球"就是软件行业中的工艺品。不过年轻人的好胜心激发了雷军的斗志，你做的虽然好，但是你对人们无益，我做一款比你更好的，还能消灭你，于是雷军的第一款杀毒软件"免疫 90"问世，这款杀毒软件虽然谈不上成熟，但在那个年代，已然是很不错的产品了。

　　加入金山公司之后，雷军将更多的精力投入到了 WPS 的升级以及盘古组件的开发中。对于杀毒软件，雷军将它们尘封在了自己的记忆中。

　　1996 年 5 月，濒临倒闭的金山公司，凭借着"金山影霸"的出色表现给自己留下了存活的一口气。当时，在连邦公司的销售排行榜上，"金山影霸"长时间占据第一。江民杀毒软件公司的老总王江民对此耿耿于怀，多次迁怒于连邦公司，指责他们销售不利。为了改变江民软件销售不利的局面，王江民索性停薪留职亲自到中关村坐镇指挥。这一招十分见效，江民公司在短短几个月的时间里拿到 150 万套的订单，这是一个非常了不起的成绩。

　　起初，雷军知道这件事后，心里很不痛快，总觉得王江民这个人有点"轴"，金山都落魄到如此地步，竟然还有人落井下石。但是这种情绪并没有持续多久,在江民取得150万套的订单之后,雷军惊喜地发现了一块有待金山开发的新大陆——杀毒软件。

经过研究分析,雷军发现KV200虽然优秀,但是缺乏特点,只要肯做,金山公司一样能做出这样的产品,他的这一想法得到了金山程序编写人员的认可。他们从专业角度审视,一致认为KV200是一款极普通的杀毒软件,甚至可以说毫无亮点,并且信心满满地相信自己能做得比KV200更好。但是鉴于当时WPS97的推出刻不容缓,这件事情也就暂时搁置了。

1997年,WPS97在市场上捷报频传,低落了一年的金山公司重入正轨,开发新的软件、新的市场,成为雷军关注的重点,杀毒软件的开发提上日程。与一年前相比,金山公司在这个时候可谓是兵强马壮,要钱有钱、要人有人,万事俱备只欠东风。可让谁来做这件事呢?这是困扰雷军很久的问题,最后想来想去,雷军将目光放在了卢新冬身上。

卢新冬是金山公司的老员工,也是一个非常优秀的程序员,在金山陷入困境时,坚持下来的人并不多,而卢新冬则是这些人中最任劳任怨的那一个。WPS97成功上市后,卢新冬又马不停蹄地与求伯君一起研发WPS的NT版,所以当雷军突然说要他去金山反病毒小组做组长的时候,他多少有些不知所措。

1997年11月,金山反病毒小组在雷军的授意下正式成立,小组组长卢新冬,小组组员卢新冬,整个小组只有卢新冬一个人。脱离了WPS开发团队的卢新冬,一下子变得安静了很多,人们几乎忘记了这个人的存在。那段时间,卢新冬自己一个人静静地待在办公室的角落里,看着电脑发呆,看着电脑思索。

互联网兴起的最初几年时间,网络病毒还远不如现在这般泛滥,当时中国所有的流行病毒加起来也不过2000多个。卢新冬待在公司的角落里,很快就编写出了一款足够应付这些病毒的软件,其表现还真不比KV200逊色多少,连雷军这样的狂人都对它赞赏有加。

卢新冬交出了一份优秀的成绩单,但是雷军没有因此而满足。要想在杀毒软件行业走得更远、更好，仅仅靠卢新冬一个人是肯定不行的，必须尽快壮大这支队伍。那段时间，雷军成了祥林嫂，见了人就问"认识会开发杀毒软件的人吗，记得介绍给我"。一来二去，还真有人把这件事放在了心上。

1998年，连邦公司在泉州的一位老板给雷军打来电话，向他推荐了一名年轻人，叫陈飞舟。有人牵线，搭起桥来也就格外方便，雷军与陈飞舟很快取得联系，一来二去聊得很是投机。雷军主动邀请陈飞舟来珠海金山总部面试。

面试那天，金山公司的几位大佬悉数到场，章立新、董波、求伯君不惜放下手中的工作，亲自做主考官。面试进行得十分顺利，没用多久三个大佬就拍板定了下来，于是陈飞舟成为了金山反病毒小组的第二个成员。陈飞舟的加入，为"金山毒霸"的崛起打下了基础。

1999年，酝酿了一年有余的杀毒软件测试版即将推出。这个时候，人们犯了难，叫什么名字好呢？有人说"金山杀毒王"挺好，有人说"金山毒王"不错，也有人认为"金山除毒"更合适。各种各样的建议汇聚在雷军那里，可是雷军却一个也不满意。最后关头，雷军玩起了独裁，用了"金山毒霸"这个名字。

"金山毒霸"上市后，有用户调侃说："这名字真黑，真霸道。"雷军看了不以为然，在他看来，杀毒软件就得"芯黑"，因为只有"芯"够"黑"，才能把病毒杀干净，才能保护用户的根本权益。但更多的用户还是对"金山毒霸"持赞赏的态度，这个时候，雷军便总是自嘲："黑就黑吧！"

三雄争霸

从病毒诞生的第一天起，破坏属性就如影随形。到了20世纪90年代初期，病毒的破坏性开始加剧，破坏威力也远远超出了"小球"等初期病毒。为了遏制病毒的肆虐，最开始诞生的是硬件防病毒卡。1994年，病毒查杀工具从硬件开始向软件承载的形式过渡，一直专注于病毒防护的瑞星公司抓住了机遇，一跃成为中国杀毒软件行业无可争议的老大。

1996年，王江民在中关村叫卖KV200时，矛头指向并不是金山公司，而是一家独大的瑞星，而"金山影霸"被KV200从连邦销售排行的头把交椅上拉下不过是附带的。江民KV200销售出150万套之后，王江民凭借一己之力成功地狙击了瑞星公司，中国杀毒软件市场就此进入了群雄割据的时代。

这一年，江民KV200在杀毒软件市场上大放异彩，让很多软件开发商嗅到了其中的商机。华美星际、蓝盾、经纬、北信源等杀毒产品如同雨后春笋一般出现在市场上，它们凭借着各自的优势，在瑞星和江民的夹缝中抢得了一杯羹。那是一个混战的年代，每个人都梦想着能够在这个市场上成为下一个霸主。

群雄混战，还没来得及分出个高下胜负，金山携WPS97的余威进入了这个市场。1999年4月，作为当时最优秀的国产通用软件制造商，金山公司推出了他们的首款杀毒软件"金山毒霸"测试版，喧嚣了许久的杀毒市场，一下子归于寂静，因为没有谁傻到愿意和金山打一场免费仗。

1999年，互联网在中国的普及态势如同燎原的大火，一发不可收拾，短短几年的时间，中国互联网用户就突破了800万人。这是一个十分巨大的消费群体和市场，要想让人们认识"金山毒霸"，互联网无疑是最佳途径。可是对于雷军来说，这是一种与以往完全不同的营销模式，如何利用好这一模式是个关键问题。

当时市场上的主流杀毒产品价格多为258元或358元，"金山毒霸"测试版上市后，应该如何定价？"金山词霸"曾经以28元的低廉价格为金山打了一场漂亮仗，如今以28元的价格继续营销"金山毒霸"，网友会不会买账？金山在杀毒市场上终究是新产品，凭什么把瑞星、江民的固有消费群体挖过来呢？这次推出的仅仅是测试版，如果效果不好，恶评如潮怎么办？

这些问题十分现实，一旦考虑不周，很有可能将金山拖入到客户不满和竞争对手攻击的双重泥沼之中。但是作为一个决策者和战略家，雷军也清楚地明白"当断不断，必留后患"的道理。在经过长时间的深思熟虑之后，雷军顶着极大的压力，力排众议，决定做一笔与以往不同的买卖——免费推出"金山毒霸"测试版。

20世纪90年代末期，软件行业如日中天，正处于一个暴利时代，28元的价格已经低得触目惊心了，"免费"这两个字更是无异于天方夜谭，但是雷军将它变成了现实。1999年4月，"金山毒霸"测试版以免费的形式高调进入杀毒市场，在互联网和IT行业里掀起了轩然大波。

在金山的竞争对手们看来，这种做法与地痞流氓的巧取豪夺并无二致，他们一度联合起来围剿金山。但是，互联网和媒体却对金山的动作热烈欢迎，包括新浪、搜狐在内的200多家网站迅速在自己的网站上发布了"金山毒霸"测试版的下载链接。平面媒体也不甘落后，以《中国计算机报》、《电脑报》、《大众软件》为首的10多家媒体将"金山毒霸"测试版作为配套光盘，免费提供给自己的消费者。原本被瑞星、江民盘踞的，看上去固若金汤的杀毒软件市场瞬间土崩瓦解。

"金山毒霸"测试版免费推广期间，至少有150万网民参与了这次公测。期间，"金山毒霸"一度被各大媒体评选为最受欢迎的热门软件，在《大众软件》的用户评选中，更是位居杀毒软件的第二位。与此同时，金山还先后收到了两万多名用户的反馈意见，有效意见达到了1200多条。

人无远虑，必有近忧，虽然免费推广让"金山毒霸"取得巨大的成功，但雷军却一点也高兴不起来。公测中，看似美好的"金山毒霸"暴露出了很多的问题，其中杀毒引擎的缺陷尤为严重。与国外的杀毒软件相比，金山在技术积累方面的弱势一览无余，短时间内用户可能会为这次"免费的午餐"叫好，但说到底，用户真正关心的还是软件的品质。

雷军的担心不无道理。那几年，杀毒软件层出不穷，但是病毒的种类更是五花八门，杀毒软件的编程人员需要随时随地保持高度警惕，因为没人知道什么时候会有新的病毒冒出来。如果一个新病毒出现后，杀毒软件毫无还手之力，就意味着它被市场抛弃的日子不远了。

为了尽早应对可预见的危机，雷军决定扩大金山反病毒小组的规模。那段时间，金山陆陆续续招募了十几名国内顶尖的反病毒高手。随着毒霸研发团队的不断壮大，雷军将毒霸的命运交到了陈飞舟的手上。

深得信任的陈飞舟自然明白雷军的良苦用心。出任反病毒小组的组长后，陈飞做的第一个决定就震惊了所有人——停止对"金山毒霸"测试版的更新，从底层构架开始重新编写杀毒引擎。这意味着金山第一款杀毒软件寿终正寝，"金山毒霸"即将迎来全新的开始。

为了尽快推出"金山毒霸"的正式版，陈飞舟有一个月的时间没有走出过珠海的金山大厦。饿了到六楼的金山食堂吃点东西，累了到二楼的金山宿舍休息片刻，然后再打起精神重新回到四楼的研发中心。在所有反病毒小组成员的努力下，金山人自主创新研发的第二代杀毒引擎于2000年6月问世，同年11月"金山毒霸"正式版进入市场。

11月8日，雷军信心满满地出现在北京新世纪饭店召开的新闻发布会上。为了活跃气氛，雷军饶有兴趣地组织市场部表演京剧小品"三国演义"。表演结束后,雷军对采访他的记者朋友放出豪言:"明年现在,金山一定是市场上最受欢迎的杀毒软件。"这个时候的雷军多少有些霸气。对于一个软件公司的负责人来说,豪气和霸气都不是凭空而来的,它们皆源于产品的优良品质。

2000年前后,一些广为用户熟知的杀毒软件退出了历史舞台,再也没有回来。曾经风起云涌、群雄纷争的杀毒市场,只剩下了瑞星、江民、金山这三款杀毒软件笑傲江湖,雷军这次表演的不是小品,而是实实在在的"三国演义"。

作为金山公司继WPS的又一款拳头产品,"金山毒霸"正式版的上市,虽然吸引了众多媒体和经销商,但是他们对于"金山毒霸"的未来却保持了谨慎的乐观。他们的担心很有道理,因为在短短十几天之后,"金山毒霸"就让金山公司陷入了巨大的危机之中,雷军的心又一次提到嗓子眼。

"病毒尸体"危机

1995年左右,电脑生产技术迎来了高速发展的时期,486、586这样的老式处理器完成了自己的使命,取而代之的是性能更高的CPU产品。作为电脑最重要的组成部分,CPU的快速更新换代使得高居不下、动辄上万元的电脑价格开始松动,电脑进入寻常百姓家成为可能。

电脑产品的普及,使得刚刚进入中国的互联网,在短时间内受到热烈追捧,中国的互联网发展呈现出爆炸增长的态势。1999年,李彦宏、马云、陈天桥纷纷投身互联网事业,中国互联网迎来了疯狂的一年。市场上,网络科技股成为股市的领头羊,这给人们造成了一种"全民互联网"的时代就在眼前的错觉。

现实终究没有人们预计的那般乐观,电脑虽然已经逐渐进入百姓家中,但是互联网的真正普及却不是在短时间内能够实现的,它需要一个相对较长的时间。这种状况导致的直接后果是,很多家庭虽然有了电脑,但是它更多地在充当游戏机、学习机、工作机的角色,没有实现与网络的互联功能。

没有网络的电脑相当于一座孤岛,它们很少与外部世界交换信息,但是即便这样,它们依然无法保证自己的安全。无孔不入的病毒通过软驱、光盘等有限的途径在它们身上抢滩登陆,个人电脑的安全问题成为用户关心的话题。

发布"金山毒霸"时,金山公司考虑到单机用户无法在线实时更新病毒库数据，于是作为附件向用户提供了一张空白软盘，这样金山用户就可以到软件店拷贝离线升级包，从而实现"金山毒霸"的离线更新。这一想法的出发点是非常好的，它能为用户提供极大的便捷，可是让人没想到的是，这张附赠的空盘中却隐藏着一场祸事。

制作这张空白软盘时，金山公司的制造商由于设备所限，无法成功地对这些软盘进行格式化，因此他们决定借助一种空白的母盘来完成这一步骤。让人遗憾的是，制造商并没有对这张母盘进行严格的检查，以至于在生产过程中，这张母盘始终携带着一种已经失效的病毒残骸。由此造成的结果是，金山公司的所有附赠软盘无一例外地携带了这种失效病毒。

客观地说，失效病毒已经不具备病毒特性，它不会给电脑带来任何实质性的危害。但是作为一款杀毒软件，附赠产品竟然本身含有病毒——虽然仅仅是"病毒尸体"，这让广大的金山用户感到无比愤怒。一时间，市场上对"金山毒霸"的抵触情绪开始蔓延，甚至传出了"金山毒霸本身就是病毒制造者和传播者"的谣言，对金山的声誉造成了非常消极的负面影响。

这个消息对于雷军而言，简直就是一个晴天霹雳。盘古组件的失败至今记忆犹新，金山决不能因为这一点小小的疏忽，重新上演1996年的悲剧。庆幸的是，与四年前相比雷军已经成熟起来，这一次他没有选择逃避，而是直面问题，冲在了危机抢险的第一线。用最短的时间解决危机是他唯一关心的。

为了维护产品形象，防止客户误解引起的不利局面，雷军在北京主动向公安系统说明了情况，并向他们保证病毒残骸不会对用户造成危害。公安机关只能证明金山公司是无辜的，但是却没有办法帮他们保全庞大的市场。要想打动消费者，他们要做的工作还有很多。

2000年11月15日，雷军召开了紧急动员会，要求40多名市场技术人员马上出发，奔赴全国32个重点城市，对已经售出的4万余套产品进行截流。在这些技术人员离开之前，雷军再三叮嘱，让他们一定要对各级分销和零售商讲明事情的真相，因为只有这样才能有效地遏制谣言的扩散。

15日夜至16日凌晨，这40多名金山员工成了与时间赛跑的人，他们以秒为单位，一刻不停歇地从北京奔赴各地。很多人下了飞机之后，去的第一个地方不是旅馆，而是火车站。他们唯一关心的是，在运输金山软盘的火车到来时，能够成功截获这批产品，从而对"病毒尸体"进行处理。

在"金山毒霸"到达各分销点后，等待在那里的金山技术人员马上拆包，对附赠的空白软盘重新进行格式化或者更换软盘。18日，"金山毒霸"正式上市那天，很多金山的忠实消费者购买到的"金山毒霸"是被拆开过的。他们并不知道这个细节背后发生的故事，更不知道在过去两天时间里，金山人承受着怎样的煎熬。

16日晚，在各级渠道的通力合作之下，金山售出的首批4万余套"金山毒霸"附赠盘全部更换。一些"升级盘"也在技术人员的努力下全部回收。金山的技术人员完成了一件看似不可能完成的任务，然而这件事情并没有结束。

17日15时，度过了惊心动魄的两天之后，雷军和金山高层通过媒体向公众公布了"病毒事件"的真相，对此事件作出了详细的解释，同时向公众表达歉意。为了能够更直观地向产品用户说明问题，他们还公布了金山珠海研发中心的调查报告，告诉人们病毒残骸的安全性，证明它不具备任何病毒具有的破坏性和传染性。这次发布会后，"金山毒霸"的用户稍稍放宽了心。整个IT行业也在虚惊一场之后，重归平静。

11月18日，"金山毒霸"按计划上市，在经历了风雨之后，所有人都期望着彩虹的到来，可是他们没有如愿以偿。"金山毒霸"上市初期，金山公司的研发、渠道、市场人员全部24小时待命，生怕横生枝节。可是在接下来一个月的时间里，市场出奇的平静，原本预料中的火爆场面并没有出现。随后的三个月，这一状况依然没有改变。雷军敏感地意识到客户没有问题，说明市场有大问题。

正如雷军所料想的那样,"金山毒霸"在市场销售上确实出了不小的问题,人们对新上市的"金山毒霸"仍然保持怀疑态度。上市三个月的时间里,"金山毒霸"的销售额始终维持在一个相对较低的水平,这与雷军最初的预期显然是不相符的。

罗马不是一日建成的,在逐渐趋于成熟的杀毒市场上,"金山毒霸"作为小字辈,要走的路还很长。他们要做的第一件事就是揭掉"病毒尸体"这个屈辱的标签,只有这样才有机会与瑞星、江民直接对抗。为了尽快摆脱困境,雷军邀请远在珠海的陈飞舟北上商讨下一步计划。

一场声势浩大的"金山毒霸反击战"即将拉开帷幕。

与"金山毒霸"测试版免费发放时的热闹场面相比,"金山毒霸"正式版上市后门庭冷落,金山公司的营销人员一度变得十分消沉。同样是杀毒软件,而且性能更加优越,为什么"金山毒霸"得不到人们的认可,这是他们自始至终都在思考的问题,但是他们却无法给出答案。

相对于营销人员的情绪低落而言,金山的研发人员却个个斗志昂扬,他们坚信"金山毒霸"会成为最优秀的杀毒软件之一。就在金山的程序员们埋头苦干,试图证明自己的时候,上天给了他们一次绝佳的机会。

2001年7月,一款名为"CAM先生"的病毒开始在互联网上出现,它通过电子邮件的形式传播,中毒用户的电脑数据和资料会遭到破坏。但是,当时的杀毒软件都不具备网络查杀功能,所以在很长一段时间里,人们竟然对"CAM先生"无计可施。"金山毒霸"虽然已经具备这方面的功能,但是仓促上阵的话,显得有些不合时宜。

为了尽快歼灭"CAM先生",金山的程序员陈睿(后任金山毒霸技术总监)连续加班加点,编写了"CAM先生"专杀工具——也是中国第一款专杀工具。编写完成后,陈睿给雷军写了一封邮件,向他征求意见。雷军看过后十分满意,还特意叮嘱陈睿将这款软件命名为"专杀工具",同时要求陈睿将它火速免费推向市场。

"CAM先生"被金山的专杀工具消灭后,金山公司在市场上赢得了非常好的口碑，为"金山毒霸2001"的推出营造了良好的市场氛围。雷军认为事不宜迟，于8月8日推出了"金山毒霸2001"。在新闻发布会上，雷军豪气万丈地宣称，中国互联网时代即将来临，而"金山毒霸2001"无疑是互联网时代的杀毒利器，值得广大互联网用户拥有。

新闻发布会后，雷军紧绷的神经没有放松下来，他早已做好了带着"金山毒霸2001"打一场持久战的准备。8月18日，雷军在北京对外宣布金山公司即将在全国范围内举行一场"缉毒行动"。他的话音刚落，金山南京公司和广东公司纷纷响应，同时进行了"缉毒万里行"誓师大会，一场大规模的营销活动就此拉开序幕。

为了扭转"金山毒霸"在市场上的被动地位，雷军动员了金山公司的所有营销力量，让他们奔赴"缉毒万里行"第一线。当时，金山公司的营销人员可谓是上下一心，他们喊着"走遍千山万水，历经千难万险，说尽千言万语，走进千家万户，将毒霸进行到底"的口号，不辞辛劳地奔波在各个城市的软件销售点，竭尽所能地将"金山毒霸"介绍给每一位客户。

2001年，软件产品的销售还没有像现在这般依托网络，一款软件的销售量更多是要依靠销售渠道的地面推广能力。金山的"缉毒万里行"活动同时在华南、华东、华西、华北四个区域内点燃战火，可是在这四个区域之中，瑞星和江民都布控着重兵，一场没有硝烟的战役如火如荼地进行着。

在广东，瑞星公司和江民公司早早厉兵秣马、严阵以待。过去几年的时间里，他们在这里苦心经营才有了如此稳定的市场，如今金山想染指这块丰盛的蛋糕，他们是绝对不会轻易答应的。而性格颇倔强的雷军，恰恰把这里当做了对方的桥头堡，要广东公司的业务人员无论如何先将这里拿下。于是，广东的软件市场上演了一出激烈的攻坚战。

当时的广州，几乎到处都能见到"金山毒霸"的广告。地铁站里，"金山毒霸"的广告牌夺人眼球；电脑城门口，"金山毒霸"的巨型广告牌更是醒目；台阶上的提示标贴着"金山毒霸"的不干胶贴；代理商的电话上印着"金山毒霸"的标志;甚至各大软件零售店的员工也统一穿着印有"金山毒霸"字样的工作服。

广东地区捷报频转,大大鼓舞了其他区域的销售人员,他们也开始学习广东的广告战术。为了扩大影响,金山当时的广告几乎都是整版在做,然后在版面上用十分醒目的文字将当地经销商的地址和电话刊登出来。很多广告人对金山的广告策略嗤之以鼻,有的人甚至认为金山傻得冒泡,竟然在整个版面上刊登经销商的联系方式,而不是产品本身。可是他们哪里知道,这个小小的细节,在"金山毒霸"的销售过程中立下了汗马功劳。

当时的中国软件市场,盗版经常都是与正版结伴而行的。任何一款畅销软件,只要被盗版商盯上,不出几日,盗版产品就会堂而皇之地出现在各大软件销售市场。而消费者对于软件的鉴别能力非常低,他们往往花了正版的价格,买到的却是盗版的产品,这让他们深恶痛绝。金山在杀毒市场上攻城掠地的时候,盗版光盘也跟着浮出了水面。很多用户在购买"金山毒霸"时,都情不自禁地问一句:"你们不会是盗版吧?"这个时候,经销商们便拿出金山的广告对顾客说:"看到了吗?我们是货真价实的正版。"

在一些大城市取得成功后,一个新的难题摆在了雷军面前。在一级核心城市,金山完全可以通过广告的全覆盖冲击市场,但是在二三级城市却很难做到,因为一些大的经销商早已被竞争对手掌控。经销商不发货,那金山的产品再好,广告影响再大,消费者也依然无法成为金山的用户。

为了有效突破同行的封锁,雷军一声令下,要求金山营销人员实施大城市向小城市渗透的策略。接到通知后,金山各区域的营销人员进入二三级城市,他们走到哪里,就把活动搞到哪里,使得早已对金山有意的消费者欢呼雀跃。这些城市的二级经销商见"金山毒霸"卖这么好,马上与金山公司取得联系,希望能够成为金山的区域代理。也有一些索性联合起来胁迫一级经销商马上为他们供货,在这样的压力下,大的经销商们也只能就范了。

2001年9月底，在经历了短短一个月的营销活动后，"金山毒霸"初步奠定了自己的市场地位。在这次"缉毒万里行"活动中，金山公司上上下下的营销人员奔赴全国各地，进行了一次全国范围内的反电脑病毒的长征，行程达到4万公里，遍及全国100个城市。他们每到一个城市，就会全力以赴地宣传反病毒意识，免费发送反电脑病毒的VCD，进行电脑义诊活动，将金山这个品牌送入了广大用户的心中。

"缉毒万里行"虽然给自己的竞争对手造成了一定程度上的重创，但是雷军清楚，金山还没有到与他们分庭抗礼的时候。在这个战场上，乘胜追击是他们唯一的选择，于是一场更大范围内的"革命"风暴上演了。

"安全革命"燃遍全国

2002年,中国杀毒软件市场上呈现出金山、瑞星、江民三分天下的态势。但是,刚刚夺得大片江山的金山根基并不牢靠,尤其是被金山抢掉市场份额的中小杀毒企业,他们随时都有可能发动一场针对金山的反击战。例如,"东方卫士"为了收复失地,就在这一年四月掀起了"PC安全万里行"活动,把斗争矛头直指金山。

除了国内一些中小公司外,国外一些杀毒软件厂商也在虎视眈眈地窥伺着中国市场这块巨大的蛋糕,谁能成功进入这个市场,谁就能成功地在这里分得一杯羹。与中国中小公司的反抗相比,他们的技术优势十分明显,资金力量也格外雄厚,一旦主动介入,金山的地位势必会受到威胁。

如何稳固"金山毒霸"的市场地位,让雷军绞尽了脑汁。"缉毒万里行"这样的活动虽然十分有效,但是不宜反复实施,必须寻找一种新的推广方法,只有这样,刚刚取得辉煌战绩的"金山毒霸"才能在市场上站稳脚跟。为了尽快想出对策,雷军决定召集金山反病毒小组的管理人员开一次秘密会议。

2002年8月,在北京龙脉温泉一个餐馆的包间里,雷军、陈飞舟、时任毒霸产品经理的冯鑫、时任金山营销副总裁的王峰等人齐聚一堂。在这次会议上,大家对"金山毒霸"的产品质量达成了共识——与瑞星、江民相比,"金山毒霸"在杀毒功能上并没有处于劣势,相反在某些方面还占据优势。虽然与国外的大品牌杀毒软件还存在一定差距,但是这种差距已经微乎其微。有了质量这块基石做保证,雷军变得底气十足,因为这意味着不管怎么折腾,"金山毒霸"的品质都是经得起考验的,即使新的营销方案失败,那它也不会因此成为失败的产品。

在接下来的几天时间里,大家一直都在讨论,但是始终没有找到合适的营销方案。最后,冯鑫提出了一套"返璞归真"的方案,他认为金山当年以28元的价格曾一度在市场上掀起了红色风暴,说明消费者在追求品质的同时,也更看重产品价格,既然如此不如再来一次价格战,将优惠实实在在地带给消费者。

雷军最初对冯鑫的这一观点并不十分认同,因为降价促销实在是再普通不过的一种促销手法,没有丝毫新意。冯鑫却一直坚持自己的观点,金山毒霸在市场上占据了超过30%的份额,完全具备对市场的控制力,这次降价不应该仅仅是一次简单的促销,应该将它视为一次"革命"。

在经过反复讨论和争辩后,雷军开始认同冯鑫的观点。这的确是一场"革命",长久以来,国产杀毒软件价格居高不下,这实际上是给广大消费者设置了一个高门槛,很多人被挡在了大门之外。要想让更多人成为金山的用户,那就要进行一场"革命暴动",打破长期以来形成的价格坚冰。最后,大家一致赞成举行一场名为"蓝色安全革命"的营销活动,让金山走进千家万户。这次会议结束后,雷军要求所有参会人员对会议内容保密,即便是对最亲近的朋友和家人也不能透露,因为"革命"事业就要悄无声息,这样才能打敌人一个措手不及。

散会后,作为雷军的特派员,陈飞舟当即飞往武汉,准备从连邦公司的武汉销售处了解一些情况。让人没有想到的是,陈飞舟刚刚入住酒店,就有两个人跟了进来,他们问陈飞舟是不是连邦公司的人,陈飞舟一口否认。这两人离开之后,陈飞舟马上意识到大事不好,一定是竞争对手也找上门来。果不其然,那两个人正是竞争对手派来了解市场行情的,事后,陈飞舟一直暗自庆幸,如果自己提前几分钟会见了经销商,而经销商又不小心将这个消息告诉别人,那"革命"也就无从谈起了。

就在陈飞舟耐着性子在武汉察看市场、了解情况的时候，长沙的营销人员早已等不及了，他们率先举行了"起义"，"革命"风暴一触即发。

有了长沙的示范效应，广州、武汉等地也顾不得太多，纷纷举起了义旗，加入到"革命"队伍之中。2002年9月11日早9点，一幅巨大的广告牌出现在北京中关村海龙大厦的门口，上面写着六个大字"蓝色安全革命"。过往的行人纷纷驻足围观，金山的"革命"行动由此正式开始。

11日上午10点，中关村人山人海，金山公司的销售代表正式对外宣布，原价199元的"金山毒霸2003"降价至50元，原价129元的"金山网镖2003"也同时降为50元，而之前包含"金山毒霸2003"、"金山网镖2003"的安全套装组合则由原来的239元降至90元。

金山的价格"革命"一经宣布，现场马上被引爆了，一时间整个中关村都为金山而疯狂，尤其是海龙大厦，完全成了蓝色的海洋，楼梯间、墙壁上全部都被贴上了金山毒霸"蓝色安全革命"的海报，很多金山用户拿着刚刚买到的金山软件奔走相告，没有买到的人则排着长龙般的队伍等待着购买。

有"革命"的地方，就有"镇压"。在"金山毒霸"的"革命"活动举行得热火朝天的时候，一群地痞流氓冲进了海龙大厦，他们驱逐排队的人群，撕毁金山的海报，还对金山的销售柜台进行打砸。为了保卫"革命"成果，金山员工奋起反击，最后安保人员和警察悉数出动才得以平息了事态。

除了暴力相向外，媒体也开始对金山的"革命"行动提出了质疑，他们认为金山在破坏中国软件行业刚刚稳定下来的大好局面，"金山毒霸"的低价倾销看似给软件使用者带来实惠，实则对整个杀毒软件市场造成了致命的打击。金山公司看似在做一件好事，实际上却是在做一件"弊在当代，过在千秋"的大坏事。与此同时，金山的竞争对手们却显得格外安静,他们自始至终都保持沉默的态度,但是明眼人一眼就能看出,究竟是什么人在搞鬼。

"革命"期间,压力最大的还是雷军。一方面是怕"革命"现场有人捣乱,伤害金山员工;另一方面是因为媒体不断抹黑金山,对金山"革命"也带来了一定程度的消极影响。雷军虽然心急如焚,但最终还是选择了沉默,作为一个"革命者",这一切是他必须承担的。

不论外界如何评价,金山的"革命"最终大获成功。"革命"结束后,金山的知名度大幅度提高,市场份额更是水涨船高达到了46%。更重要的是,这场"革命"增强了全民的网络安全意识,也客观上带动了瑞星、江民等业内同行的产品销量,杀毒软件由此真正步入了良性循环的竞争轨道。

在此后的七八年时间里,中国杀毒软件市场保持了较长时间的相对稳定,瑞星、江民、金山各自称霸一方,直到360推出永久免费的杀毒软件,市场才再掀波澜,不过这都是后话了。

打败宿敌"灰鸽子"

2001年,在金山公司忙着推出"金山毒霸2001"之前,"CAM先生"的爆发给无数网络使用者带来了巨大的麻烦,为了帮助广大用户解除烦恼,"专杀工具"诞生。然而"CAM先生"却仅仅只是一个开始。

在随后的几个月里,红色代码、绿色代码、蓝色代码、尼姆达、尼姆达Ⅱ等网络蠕虫病毒先后爆发。在网络的世界里,这些病毒不受限制地四处游走,每到一处,都会给电脑用户带来极大的危害。这种现象甚至引起了中央电视台的关注,病毒爆发的高峰期,央视在一天之内三次对病毒信息进行报道,一时间人心惶惶。

为"金山毒霸2001"做准备的雷军对这件事情也极为关注,他要求金山反病毒小组更快、更好地开发出一系列的专杀工具,用来对付猖獗的病毒。接到命令的金山反病毒小组,义无反顾地冲到了反病毒的第一线。

在尼姆达病毒最为疯狂的时候,金山反病毒小组的成员几乎没有休息的时间,很多人24小时待在电脑前随时待命。最繁忙的时候陈睿一个小时就要编写一款专杀工具出来,为了节约时间,陈睿将测试人员安排在自己身边,往往是软件刚刚写完,测试人员就已经开始工作了,如果没有什么问题,两小时后这些软件就会出现在互联网上。

比陈睿更忙碌的是当时金山毒霸的产品经理刘海峰,他一度为自己赢得了"铁人"的称号。为了第一时间狙击蠕虫病毒,金山的研发人员习惯在电脑旁边架一张床,实在累了就在床上躺一会儿。可是刘海峰却从来不这样做,他总是硬扛着,晚上熬不过,就在座位上闭着眼睛休息会儿。在两个多月的时间里,刘海峰始终保持着这一状态。

有这样一群战士,金山在反蠕虫病毒的工作上取得了巨大的成就,最快的时候,他们一天之内能更新十次专杀工具,使得病毒根本没有生存的空间。竞争对手更是对他们望尘莫及。一些人甚至私下里说:"咱们不需要费心费力了,再怎么快也快不过金山那帮家伙。"

经历了两个多月的奋战之后,金山的专杀工具越做越小,更新的速度也越来越快,疯狂的网络病毒终于偃旗息鼓。但是,对于他们来说,战斗并没有结束。

与"CAM先生"、"尼姆达"等网络蠕虫病毒相比,2001年兴起的"灰鸽子"木马程序的危害性和持久性都更胜一筹。虽然金山反病毒小组在"灰鸽子"上花费了不少心血,但是它的变种周期非常短,变种方式也多种多样,所以金山的专杀工具一直没能彻底诛杀"灰鸽子"。对于这件事,雷军一直耿耿于怀。

2007年3月,连续三年染指"年度十大病毒"的"灰鸽子",再次出现了新的变种,从3月1日开始,短短十几天内"灰鸽子"的变种数量就达到了521个。雷军知道这件事后格外恼火,作为一个杀毒软件领导人,五年时间没能消灭一款病毒,这对于他来说无异于奇耻大辱。为此,雷军通过媒体正式向"灰鸽子"宣战,声称金山已经下定了一战到底的决心。

在雷军发出这样的狠话之后,金山公司全员进入了战备状态。北京的营销部门、珠海的研发部门,全部集结待命,因为,通过过去几年短兵相接的接触,他们知道"灰鸽子"幕后人员一定会对雷军的讲话做出反应,攻击随时都有可能发生。

3月14日夜,金山毒霸的市场部总监王欣在家中紧紧地盯着电脑,产品经理朱磊则没有回家的打算,负责运营维护的王振刚刚走进家门就打开了MSN和QQ随时待命,工程师李铁军则通过业内的一些熟人了解事态的发展情况,雷军则紧锁着眉头在办公室里一动不动地冥想着。

夜里 10 点，负责官方网站内容更新的谢勇军在打开首页时发现速度出奇的慢，一种不祥的预感开始笼罩在他心头，随后的几分钟里随着不断的刷新失败，这种预感变得越来越强烈："坏了，要出大事！"

等金山的工作人员像谢勇军一样反应过来的时候，金山的官方网站已经近乎瘫痪，只要一打开就会自动下载木马程序。与此同时，各种各样的垃圾数据和变种病毒铺天盖地而来。来自欧洲及中国台湾、香港、山西、河北，以及北京朝阳、昌平等地的上万 IP 对金山官网实施不间断的攻击。更高明的是，攻击者为了防止金山在短时间内追踪到他的地址，高速地切换被操纵的计算机，更新 IP 地址，战事一触即发。

北京柏彦大厦 21 层，早已专注于市场开发的雷军又一次回到自己工作的起点，他紧盯着屏幕，不停地敲打着键盘。虽然在病毒软件开发上他不是最专业的，但是作为一个指挥者，他依然希望自己能够为员工们尽绵薄之力，哪怕仅仅是给他们加加油、助助威。

真正的战场还是在珠海，负责毒霸研发的陈睿和戴光剑如同两个杀红了眼的指挥官，他们一边紧急组织程序员，一边时刻关注着"灰鸽子"的变种和程序更新。整个研发部的办公室里，能听到的只有四处响起的噼里啪啦的键盘声，这个战场将直接左右金山的胜负命运。

研发部之外，更多的人在为这次战役奔波着。王欣的电话从来就没有中断过，她不停地与办公室的同事联系，了解事情的最新进展，她最担心的就是服务器瘫痪，因为这将会引发一连串的严重后果。王振刚则指挥着运营团队不停地与各地的服务器供应商沟通。李铁军则用极快的语速向各个网监单位汇报情况。这一夜，金山的所有员工都是一名战士。

经过三个小时的激烈交火之后，"金山毒霸"的官方网页开始逐渐恢复正常，凌晨两点，奋战了几个小时的员工们伸伸懒腰，离开了自己的办公桌。这一夜对于他们来说，是非同寻常的一夜，刚刚发生的那惊心动魄的一幕，让他们明白了自己肩上的沉重责任。也就是那一夜，很多的年轻人决定将自己的前途交给金山，将金山的责任扛在自己身上。

  在"灰鸽子"战役中,以雷军为代表的金山最终胜出,雷军也格外开心。进入金山以来,他曾经度过无数个不眠之夜,但是从来没有哪一个夜晚让他如此欣慰。金山成熟了,这是一个成功公司的标志。然而,在与病毒做斗争的这条路上,金山要走的路还有很长。互联网时代的真正来临,让杀毒软件面临的环境变得更加错综复杂。

昔日好友反目成仇

在互联网普及之后的很长一段时间里，选择一款什么样的杀毒软件一直都是网络用户们关心的话题。2000年以后，随着金山毒霸的快速崛起，杀毒市场上呈现出了三足鼎立的稳定局面。但是在互联网走进千家万户之后，外国杀毒软件也顺势敲开了中国的大门，成为杀毒软件市场上的一股重要力量，卡巴斯基就是其中的代表。

卡巴斯基是俄罗斯著名的杀毒软件之一，由位于俄罗斯首都莫斯科的卡巴斯基实验室研发。从1997年诞生以来，卡巴斯基就凭借其敏感、高效的杀毒能力受到人们的追捧。在短短几年的时间里，卡巴斯基实验室就先后在英国、法国、德国、荷兰、波兰、日本、中国、韩国、罗马尼亚等国设置了分支机构，合作伙伴更是超过了500家，成为全球市场份额占有率较高的杀毒软件之一。

2002年，为了在中国市场上占得一席之地，卡巴斯基高调进入中国。可是让俄罗斯人没有想到的是，在产品质量绝对占优的情况下，他们并未有效地打开这里的市场，唯一庆幸的是盗版光盘的横行，帮助卡巴斯基在杀毒市场上树立起了良好的口碑。

由于长时间无法进入个人家用电脑的安全市场，卡巴斯基不得不调整自己的思路，他们将自己的目标瞄准了国内的一些大型网站。很快包括网易等门户网站在内的邮箱用户在查阅自己的电子邮件时，都会在邮件后面看到一个小小的提醒：是否需要使用卡巴斯基查杀病毒。这一招为卡巴斯基引来了非常大的关注度。可这一次，他们依然没有摆脱叫好不叫座的噩运。

在卡巴斯基的营销人员为打不开市场而绞尽脑汁的时候，坏消息接踵而至。由于卡巴斯基对电脑的配置要求相对较高，很多正版用户在使用软件的过程中出现了电脑卡死的现象，消费者对此十分不满。同时，盗版的卡巴斯基软件也因为制作的粗糙而极大地破坏了卡巴斯基的声誉。为了最大程度上维护卡巴斯基的声誉，寻找一家了解中国市场的本土企业合作成为卡巴斯基迫在眉睫的事情，"奇虎360"就这样进入了卡巴斯基中国公司的视野。

奇虎创始人周鸿祎在中国软件业摸爬滚打近十年，当他知道了卡巴斯基的合作意向后，马上拍板将这件事情定了下来，两家公司非常顺利地签订了合作协议。

2006年7月27日，卡巴斯基公司正式宣布，将为奇虎旗下的"360安全卫士"免费提供杀毒功能。网友只需使用奇虎"360安全卫士"，就能免费获得卡巴斯基提供的最新反病毒KAV6.0个人版正版软件。这次合作，使得卡巴斯基杀毒软件在中国杀毒软件市场上成功实现了登陆，杀毒软件市场的平衡再次被打破，"金山毒霸"的市场受到严重损害。

这场竞争，看似是卡巴斯基与中国国产杀毒软件的对抗，事实上却不尽然，归根到底还是一场中国国产杀毒软件之间的内斗。奇虎这家原本名不见经传的公司，借此成为中国杀毒软件市场上的又一新贵，而周鸿祎也开始成为IT界争相讨论的焦点。

说起周鸿祎，与雷军还颇有渊源。1995年，研究生毕业的周鸿祎在北大方正工作，通过朋友的介绍与雷军相识。由于二人的年纪相差无几，又是同乡，所以一来二去就成了十分要好的朋友。那个时候，雷军总喜欢开着求伯君送给自己的捷达，去找周鸿祎他们喝酒聊天。后来由于彼此忙于事业，关系逐渐疏远，但偶尔在一起时，两人依然十分友好。2003年，周鸿祎卖掉自己的3721时，特意邀请雷军和朋友们一起喝酒。随后一年，雷军将卓越卖给亚马逊，周鸿祎也还是雷军的座上宾。

周鸿祎涉足杀毒软件领域后，雷军与周鸿祎之间成为了直接的竞争关系，但二人并没有为此产生过不快，相反两家公司还彼此合作，互相提醒对方软件中存在的漏洞。在雷军看来，周鸿祎的做事方式虽然有些痞子气，但只要把软件做好，同样是为中国软件事业添砖加瓦。那个时候，雷军想得更多的，还是如何应对卡巴斯基带来的挑战。

在与卡巴斯基合作之后，周鸿祎开始品尝到了杀毒软件带来的巨大甜头，为此他还专门将公司由奇虎更名为360，这标志着公司的主要业务开始由搜索向杀毒软件行业过渡。这次转型，也为随后与金山的斗争埋下了伏笔。

2008年，不按常理出牌的周鸿祎甩开了卡巴斯基，出人意料地推出了完全免费的360杀毒软件。周鸿祎的这一举措可谓一石激起千层浪，人们纷纷指责周鸿祎这种完全"流氓式"的竞争手段。金山公司虽然没有对此表态，但是从内心深处来说，他们对周鸿祎的做法同样深恶痛绝，因为这严重地危害了金山公司的企业利益。

360免费杀毒软件的推出，使得周鸿祎轻轻松松"干掉"金山、瑞星这些杀毒软件领域的前辈，一举成为这个市场上的龙头老大。可是，争斗并没有就此结束，2010年5月21日，360安全卫士借口兼容问题，要求用户卸载"金山网盾"。这一动作使得金山和360的矛盾彻底激化，雷军和周鸿祎也为此时常通过媒体隔空喊话，昔日的好友反目成仇。

为了应对360的这一突然袭击，保住"金山毒霸"和"金山网盾"这些年打下的江湖地位，雷军在第一时间内责成"金山毒霸"研发小组对"金山毒霸"进行全方位改良和升级。然而雷军这一次的行动多少还是略显晚了些，因为被抢走的东西要想再抢回来实在是比登天还难。有鉴于此，金山公司不得不于2010年11月10日15点30分宣布，"金山毒霸"的杀毒功能和升级服务开始实施永久免费的策略，以此来捍卫"金山毒霸"仅存的市场占有率。

在与360的这场江湖恶斗中，雷军输得显而易见。但是，这次败局却没有给金山带来更多的负面影响，甚至对金山的经营状况都没有造成太大的冲击。因为早在2003年左右，雷军就将金山的盈利重点放在了网络游戏上，甚至为此而错过了在纳斯达克上市的机会。现在回忆起当时所做的一系列决定，不得不佩服雷军的深谋远虑。

第四章

审时度势进军电商平台

2000年互联网行业热火朝天之时,雷军创办卓越网,四年后却将其出售给亚马逊。创业路远,有人硬扛死磕,有人趁势而退,雷军属于第三种人——放下包袱,再挑重担。

BBS 上度过人生低谷

"1993年夏天的一个晚上,雷军被一个朋友神神秘秘地带到中科院高能物理研究所的 Internet 机房。这是中国第一条接入 Internet 的线路。屏幕上一行行的 Unix 命令在不停地刷新跳跃,雷军的心也跟着跳得很快。上去之后,雷军第一件事就是下载软件,因为没有索引,加上不了解,花了很多工夫才找到自己想要的工具软件;第二件事是将自己刚刚完成的一个小工具上传到国外好几个软件下载站点。回去后,雷军分析了刚下载的一个工具软件,还给远在美国的作者打了一个电话。1994年初,雷军去美国的时候还去拜访了他。几天后,雷军再次登上 Internet,发现自己放在下载站点上的工具软件得到了很多好评。"

这是 DONEWS 发起人刘韧在那篇著名的《雷军追网》中记录雷军第一次触网的经历。

1992年加入金山做通用软件的雷军,一直有一个梦想,就是能让自己做的软件运行在每一台电脑上,这也是金山的梦想。1993年,雷军与互联网的这次亲密接触,在雷军看来,互联网能为这个梦想开启另一个通道,分享软件。

但是,1993年的互联网对于大多数中国人来说,就像是研究室里的超级计算机一样遥远,还只是象牙塔里的一个学术名词,互联网最初只局限在科学研究领域。

那时,雷军和求伯君等金山同事玩得最多的还是 CFIDO 网(中国惠多网)的 BBS。CFIDO 网也就是中国的 FIDO 网,这是一种字符终端模式的BBS，不需要上网，而是通过普通MODEM拨号到服务器端进行发送和接收论坛的帖子（也称信件）。CFIDO在1991年传入中国，立即吸引了很多热衷新玩意、迷恋新技术的人。CFIDO也是互联网兴起前中国最大最早的BBS网站。

1996年3月，金山投资15万元，在珠海开通了三条线的西点BBS；5月，在北京开通了四条线的西点BBS。BBS让人们第一次体验到了和千里之外的人交流和沟通的快感，能够在一个虚拟的世界中分享多元化的声音。

对于雷军来说，BBS不仅是一个交流的地方，也是一个释放自己情绪的地方。

1995年，雷军投入了三年的盘古组件上市后反应平淡，当年，求伯君对雷军寄予重望——"凡事都有第一次"，让雷军这个以前没做过管理的程序员主导盘古组件产品的开发和推广，最后"盘古"的挫败成为大家都不愿看到的结果。

这时也是雷军人生最低潮的时期。1996年4月，雷军干脆不去金山上班，在家休假，BBS成了他最好的精神慰藉。可以说，雷军是躲进了一个地方，一个可以肆意宣泄情绪和抒发感想的地方。

雷军一直对于西点军校很推崇，经常用西点的管理理念思索当下的商业道路，在当时的西点BBS上，因为雷军是站长，所以人们都称他为"雷校长"。"雷校长"笔耕不辍，每天能写到两万字。就是在这个时期，雷军洋洋洒洒地写出了那篇《我的程序人生》，这是雷军对过往的回望，这种回望也是一种能量的积蓄。

在那段日子里，雷军甚至一天写过200多封信，与人疯狂飙信，看谁写的帖子多，1996年可以说是中国BBS狂欢之年，1997年的《大连金州没有眼泪》这个帖子在BBS上疯狂传播，将这一狂欢推向高潮。这篇由8848的创始人老榕撰写的帖子，通过BBS的传播引发了全国网友的强烈共鸣，也成为昭示互联网影响力的一个真实标本。

在BBS的一亩三分地上，各种声音此起彼伏，聊天文地理，谈技术系统，甚至掐架起哄。在这一片喧哗声中，有丁磊、马化腾、周志农，1996年混BBS的这波人在以后的人生道路上都再也没离开过互联网。

发明汉字编码自然码的周志农创办了大自然BBS站。雷军在大学期间曾经痴迷于解码，在破解中惊叹自然码是软件中的极品，雷军来北京后最想见的人就是周志农。

1996年还在写小说的洪波坦言，自从买了电脑后，马上就变了一个人，每个月1000多块的工资，都用来交了电话拨号上网的费用。

当然，最著名的还是深圳的Ponysoft BBS站长马化腾。当时申请一条电话线的费用是8000元，再加上买电脑的钱，马化腾建站个人投资超过5万元，这相当于马化腾两年工资的总和。当时的站友回忆，马化腾最愿意和别人聊的就是产品，当时谁也没想到马化腾后来会把QQ搞那么大。

1995年初，马云偶然去美国，第一次接触到互联网。马云专门请人给自己的翻译社做了一个中文网页，3个小时就收到了4封邮件。当时的马云意识到：互联网必将改变世界！

那真是一个群星闪耀的时期。这一时期的出现，预示着一个全新时代的开启。

错失互联网良机

1996年，金山在建BBS站时，雷军向金山的同事提了一句："直接建一个Internet站。"这句话得到同事如此回应："你怎么那么多想法？"

早在1994年，互联网浏览器的诞生让斯坦福大学的杨致远和大卫·费罗两人以网站导航的形式建立了雅虎的雏形，雅虎网站流量大增，互联网网页进入飞速发展期，1994年末，安德森和克拉克推出了网景浏览器，大受欢迎。这些当然都是互联网上的成功。

雷军感到互联网已经是大势所趋。1995年年底，创建四通利方的王志东兴冲冲地告诉雷军："我们开了一个Internet站点。"四通利方由中国香港的立方投资公司与北京的四通集团共同投资，成立于1993年。王志东主持开发的Richwin中文平台，是全球唯一的支持多个操作系统并全面支持互联网应用的多内码语言支持系统，在全球中文用户中很受欢迎，为国产软件之最。作为软件公司，四通利方的互联网网站一开始就是主要做Richwin升级用。

雷军去这个网站上看过，认为也没多少人，还不如BBS人气旺呢。

如果说当时的雷军只是将互联网看成一个技术趋势的话，那么，王志东在四通利方网站上实际上看到的是一种创业模式。四通利方当时将办公室设在了中关村一所小学里面，是个二三十人的公司。当时国内的媒体都在高调地称中关村为中国的硅谷。事实上，在身处中关村的王志东看来，中关村缺乏一种体制——模式上的创新。

王志东在20世纪80年代北京大学无线电电子学系就读时，也看过

《硅谷之火》这本书，创建四通利方时，王志东的设想就是创建一家能够体现硅谷模式的公司，但是1995年的王志东感觉四通利方还是一家小公司，成长乏力。这时，他受到微软的邀请，有机会赴美国学习，去向往已久的硅谷。

在这里，王志东见到了当时运作网景上市的摩根士丹利的项目经理，摩根士丹利的这个项目经理给王志东提出了融资的建议。硅谷模式说到底，就是技术和资本能量的聚合。事实上，融资并不是单纯的资金注入。做融资，是把公司的身份、体制变一变，在王志东看来，就是"得入这个道"。

王志东的硅谷之行可以说是中国软件公司迈入国际资本圈的第一步。这时他才明白，原来四通利方软件公司，只是总部在北京，四通利方完全可以走一条国际融资、美国上市这样的道路。王志东当时所设想的这条资本之路也成为后来很多国内互联网企业的融资套现样板。

1996年，王志东结识了在美国罗伯森·斯蒂文森公司工作的冯波，并与罗伯森·斯蒂文森公司签订了融资合同。这份合同对于中国来说意义非同寻常，成为中国创业者资本国际化的开端。

互联网与其说是一门技术，不如说是一种观念，一种打通与交流的方式，一种本土与国际对接的跨度。

与四通利方一样，同样在做互联网网站的还有一个叫做爱特信的网站，雷军偶然发现这样一个网站，记住这个名字，是因为雷军感觉这个名字有点像爱立信。爱特信有一个指南针的服务，上面有一些网站的链接，显然这是在仿效雅虎。这个网站就是搜狐的前身。

1995年，毕业于麻省理工学院的张朝阳从美国回来，第一份工作是在一家叫做ISI的美国公司出任中国首席代表。ISI的业务主要是将来自于中国、波兰和全世界新兴市场的商业信息汇集到同一个服务器上，通过付费的方式提供给各大公司，主要是华尔街的投资机构。张朝阳接触的主要是新华社，从那里收集信息，建立中国的信息数据库。

1996年，张朝阳用一段中国大国崛起的演讲，说服了曾经写出《数字化生存》的尼古拉斯·尼葛洛·庞帝投资 20 多万美元。1997 年，他又找到了英特尔。当时的英特尔正为错失掉雅虎这样一个机会而惋惜，同时又急于推动自己硬件产品的销售，但在中国也只是投了洪恩软件，对于互联网还没有接触。这时，张朝阳找英特尔算是恰逢其时。

1997 年 10 月，雷军与张朝阳在聚会上第一次见面，两人聊了几句，但"没什么特别感觉"。

张朝阳和王志东的国际资本之路为中国催生出两大门户网站。等到雷军幡然醒悟，找到这条拿美国人的钱再去美国股市上挣美元的道路时，已经是 2000 年，此时互联网的泡沫正在破灭。

1997 年正是雷军实施"以战养战"的关键时期，为了将 WPS 坚持下去，金山推出"金山词霸"等产品，用这些小东西来为 WPS 积蓄能量，拓展市场。但是雷军内心感到互联网已是大势所趋，可又无暇顾及。他对于互联网充满期待，有感于张旋龙资本之手的巨大能量，所以在互联网战略上动手慢的雷军开始把目光投向那些可以收购的资源。

1997 年，Foxmail 上线，这款强大、运行效率高的邮件终端一下子让雷军看到机会。他主动找到张小龙，两个人的第一次谈话还是很愉快的，并且初步敲定 15 万元，一切都在电话中敲定，但后来事情的进展发生逆转。

当时雷军在北京正忙着联想注资金山的事，实在走不开，就请研发部的同事去和张小龙谈，结果没谈成，原因是研发部认为"张小龙那个东西，我们一两个月也能做出来"，他们还反问雷军："值吗？"

后来，广东做网站服务的博大公司以 1200 万元收购了 Foxmail，张小龙加盟博大，任首席技术官。雷军对金山错过这次机会十分痛心，他后来说："直到今天，还有程序员告诉我，一两个月就能做好一个 Foxmail。"

1997 年 5 月，当时在 BBS 上混迹的丁磊在广州成立网易，开始用自己的钱开发一款分布式免费邮件系统。1998 年，微软 4 亿美元收购 Hotmail 的举动启发了丁磊，他开始依靠卖邮件系统获得 500 万元的利润。很多人都来找他谈投资,这其中也包括雷军。

请了两次,丁磊才到珠海与雷军、求伯君坐下来见面。网易当时成立刚刚两年,只有七八个人。雷军提出 1000 万元收购网易,但是丁磊一点儿兴趣都没有。这就好比一个蓄势待发的少年,想要在广阔天地里大展拳脚之时,迎面走来一个步履蹒跚的中年人,对他说:"你和我回家过去吧。"丁磊当时笑而不语。

把卓越的人纳入卓越

1997年,国内提供中文互联网信息的网站寥若晨星,遍地都是机会,雷军将目光放得更长远。

这时,网易开始第一家派发大容量的免费个人网站空间,于是也就有了国内的第一批个人站点,同时也给中国的互联网带来了大量实用的信息和内容,在中文信息匮乏的年代,是这些个人网站一度支撑了国内互联网的人气。

1997年10月,一个名叫"高春辉的个人主页"访问量突破2万人次,"高春辉的个人主页"成为第一个进入CNNIC排名的个人网站。高春辉与雷军是在1996年混BBS的熟人,雷军对于软件的加密和解码从大学时代就痴迷,高春辉也是同道中人,两个人经常打电话切磋技艺。

从雷军在中科院高能所第一次接触互联网,不难发现,他的软件情结太深了,互联网对于雷军来说最大的现实意义就是下载软件。雷军给高春辉打了一个电话,并不是单纯地聊技术。谈完之后,他让高春辉拿出一份软件下载的解决方案,但是根据雷军对高春辉的了解,高春辉是一个个性很强的技术人员,雷军对于他的管理能力还是没有把握,于是只是先投了50万元。

1999年2月,网站开始上线试运行,当时仅有5名员工,属于金山软件公司下属的一个事业部。这个网站就是卓越网,很多人都不知道卓越网一开始是一个软件下载网站。

作为互联网的第一次试水,雷军对于卓越网投入了很大的心血,也寄予了很多的希望。他事必躬亲，参与到卓越网具体的管理中去。对于那段岁月，雷军用"左手卓越，右手金山"来形容。

等到 1999 年年底，金山一共向卓越投了一两百万元，做到 CNNIC 排名第 33 位。1997 年成立的中国互联网络信息中心——CNNIC，功能之一是对中国互联网信息进行监测，CNNIC 的这些指标当时也是风投追逐目标公司的一个重要参数。

1999 年，国内的互联网的商业模式还不算清晰，互联网广告是商业计划书上的一个主要盈利模式，只要网站访问量足够大，流量排名靠前，而且很好地定位自己的网站，锁定垂直行业，似乎就能有广告收入。但是，事实上，中国的互联网广告等到 2003 年"非典"时，才迎来了转折点。"非典"让更多的人不敢出门，以前投户外广告的人开始想起了互联网这个媒体，于是，2003 年网站才迎来互联网广告的曙光。

在这之前，互联网广告还属于新兴媒体，即使有流量，广告商也不认。在雷军看来，不能带来利润的流量实际上都是垃圾。

在那本书写中国互联网发展历程的《沸腾 15 年》中，记录了雷军和陈一舟在 1999 年年底的一场讨论。这场讨论至今仍具有现实意义。

雷军和陈一舟是武汉大学的校友，雷军经常去 China Ren 找陈一舟聊互联网。1999 年，陈一舟与斯坦福大学校友周云帆、杨宁共同创办了线上青年社区 China Ren，他们用 12 个月烧钱 1000 万美元的速度将网站做得热火朝天。

"China Ren 人气的确做得不错，但你靠什么赚钱呢？"雷军问陈一舟。

陈一舟回答："来我这里的都是年轻人，有很强的消费能力。他们在我这里聊天、做个人主页，高兴得一塌糊涂，然后，我就可以向这些人卖手机呀……"

雷军立即告诉陈一舟这种想法没戏，他说：

你的这种想法和我们 1996 年做 CFido 的想法一模一样，我那个时候出钱买服务器,付电话费,网友们在我这里玩得也很高兴,但他们觉得来我这里就是在给我面子,我赚不到钱。

陈一舟不同意雷军的观点,他觉得,人只要聚在一起,就可以卖东西给他们。

两人谁都没说服谁,但这次谈话让两人对于互联网的理解反倒更坚定了。此后陈一舟还执著于人人网(2006年向王兴收购校内网,2009年将其调整改名为人人网),而雷军也有了新的方向。

卓越网即将迎来一次重大的变革,事实上卓越网的变化也昭示着雷军对于互联网认识与感悟的不断深化。在经历了互联网带给人们的兴奋与集体狂欢之后,我们能用互联网做点什么呢?怎样才能用互联网挣到钱呢?这是雷军思考最多的问题。

此时的雷军已经开始领悟到,互联网就像是水和电一样,就是一种工具,最终的问题,还是得落在解决实际问题上。

1999年,美国《时代》周刊将亚马逊创始人贝索斯作为当年的封面人物。贝索斯一手打造的亚马逊商业帝国,用电子商务为顾客节约了金钱支出和宝贵的时间,让互联网为客户创造真正的价值。但贝索斯和亚马逊所开创的电子商务道路还仅仅是个开始。

1999年5月18日,王峻涛(网名老榕)一手操办的中国第一家在线销售软件、图书的B2C网站正式上线,取名为"8848",以珠穆朗玛峰的高度命名。从此以后,中国电子商务的道路开始启程,能够达到的高度只能留待时间去证明。

1999年11月,在北京,在图书出版行业摸爬滚打10年的李国庆、俞渝夫妇创建中国第一家网上书店——当当网;在杭州,刚刚从北京回来的马云,在城郊湖畔花园的一间屋子里建立阿里巴巴电子商务网站;在上海,邵亦波和来自哈佛的校友创办易趣网,这是中国的第一个C2C电子商务网站。

当传统商业走上互联网这条信息高速公路,会发生怎样的巨变?

这是一次重新发现的旅程,在这场变革前,稍许的迟疑都将成为未来竞争的巨大成本,甚至导致一无所获。

有信仰所以无所畏惧

1998年，王峻涛做8848时，就想拉雷军做天使投资，但是，雷军没投。事实上，雷军脑海中有一个更大的计划。

1999年年底，雷军终于想明白了。他给金山的大股东张旋龙看PPT，拿出一个未来的互联网商业计划，就是做电子商务网站。此时张璇龙正对投资互联网跃跃欲试，他当时并未完全明白雷军到底想弄出个什么东西，总之投互联网就对了。

就在雷军说服张旋龙投资于互联网之时，一场席卷全球互联网行业的风暴正在酝酿。1999年12月，摩根士丹利语出惊人：在美国资本市场上，科技、网络和电子通信股票已经高出其合理价格的45%到50%。摩根士丹利预言，科技股的泡沫终有一天要爆破，投资人对科技股的信心过高，科技产业的获利表现实际上不可能达到这种高度的预期——从美国资本市场上一脉传承的中国网络股无疑也将面临巨大的风险。

美国经济在经历十年之久的高速扩张后，大量国际资本流入造成了投资需求的过度膨胀。2000年3月10日，美国的科技股市场纳斯达克指数从5132.52点一泻千里，大约60%的互联网公司纷纷倒闭。

这时，雷军要找国际资本投资互联网比登天还难，他最后说："如果是金娃娃的话为什么不自己投资，还有什么比我们自己投资更有信心？"

2000年伊始，联想分拆，投资业务交给朱立南领衔的联想投资。

2000年3月，联想从香港二级市场中套现30亿元人民币，正想投资互联网。于是，当雷军找到朱立南时，后者欣然应允。

雷军是互联网的坚定的信仰者。在寒冷的冬天，他对互联网价值的信心一直没有动摇过。雷军在回忆这段经历时谈道：

> 我觉得做什么事情想清楚，如果能从信念上升到信仰的话，你无所畏惧。

雷军信心十足，非常看好卓越，甚至提出自己担任CEO，但是董事会不同意。于是，他找来王树彤。

王树彤1993年加入微软，担任市场服务部经理和事业发展部经理。在微软公司做到第六个年头的时候，王树彤的业绩已十分优秀，微软在中国的3000万美元的销售额中，有三分之一是王树彤领导的团队完成的。总是喜欢挑战自己的王树彤又跳槽到思科。1998年钱伯斯访华，开始了思科在中国市场的全面发力，王树彤当时是思科中国公司高管中唯一的女性，其领导的团队被公司评为亚太地区最佳团队。

很多人都对雷军找王树彤很纳闷，雷军看准王树彤，因为这些年来她与市场贴得很近，而且与客户打交道的经验也多。他对王树彤说："我们现在想做电子商务，你有没有兴趣来做？"他继续鼓励道："这是一个重新洗牌的机会，你可以循规蹈矩地过下去，但你也可以选择另外一种生活方式。"一周后，王树彤欣然同意。

雷军又找到陈年，与雷军同岁的陈年是《书评周刊》的主编。雷军的想法是仿效亚马逊，从图书音像销售起步，所以卓越网一开始就想做一个网上书店。在雷军的朋友圈里，陈年最懂书，两人经常在一起聊书。当时的陈年还停留在用互联网怎么去看境外的新闻上，他说："大家早期都是从这儿开始的。"

2000年金山春节联欢会，雷军邀请了陈年、王树彤两个人。那天，他们远离联欢会上热闹的人群，在西苑宾馆联欢会外的一张桌子上谈了一个多小时。这或许是卓越网第一次高层会议。

5月的北京，万物勃发，金山和联想共同投资单独成立的卓越网发布。联想出资450万美元，占30%的股份，金山原有的资源作价占70%的股份。雷军任董事长，公司定位于中国B2C电子商务业务。

北京紫金大厦的100多平方米的地下室里放了一些书、唱片、玩具，大厦的第20层就是卓越网的办公室，卓越的电子商务之路也由此开始。

卓越成立时设立了三个部门：音乐事业部、图书事业部、软件事业部。雷军、王树彤和陈年当时的想法就是："这个东西只有在我这儿才能买得到。"所以这三个部门的任务就是做出一个独一无二的内容来。

在卓越网的办公室里，曾经有这样一群人，头发要么就是特别长，要么就是光头。一会儿一个人说道："下个礼拜把王菲搞定！"这就是卓越网最早的音乐事业部。他们所说的搞定就是出唱片。接着其他人讨论说："我们出一张唱片，这张唱片一定是最红的唱片，通过卓越网能卖100万张或者是1000万张。"陈年回忆起当时的音乐部说："那帮人也很神。"结果这帮人下周并没有把王菲搞定。

卓越曾付给音乐人宋柯70万元让他帮忙做一张CD，结果销量不尽人意。有人告诉雷军，其实做一张CD30万元就够了，后来雷军遇到宋柯提到此事，宋柯乐了："不宰你们，宰谁啊？"

陈年当时是图书事业部的负责人，他找卫慧写书，结果卫慧很快就被封杀了，而软件部门的软件也不是一时半会儿就能出来的，刚刚上线的卓越网卖什么呢？

"烧钱模式"开启

陈年带着图书部里从清华、北大毕业的年轻人，开始忙活着采购、编辑、销售图书，所以，刚开始图书成为卓越网最主要的业务。这时候，雷军和陈年惊奇地发现，其实也没搞定谁，业务就这样进行下去了。

2000年5月，他们发现卖得最好的一套图书是《加菲猫》，黄健翔的新书就是卖不过《加菲猫》，《加菲猫》第一次让卓越有了收益。但是，雷军觉得，不能只卖《加菲猫》吧？

2000年年初，在新浪、网易、搜狐之后，8848提出了自己的IPO计划。有着国际背景的谭智出任8848CEO，8848的业务也由单一的B2C变成B2B与B2C并行发展。王峻涛是个充满激情的人，与谭智在企业发展方向的理解上存在差异，这也同时埋下了二人日后分道扬镳的种子。最终，8848演变成只遵循资本方的主观意志，接着王峻涛离开8848，引爆资本市场对于国内电子商务的信任危机。2000年亚马逊股票应声跌落的时候，也许资本市场在2011年上半年对B2C还抱有最后的一丝幻想，但王峻涛的离开向投资者传递出这样一个信号：B2C概念已经没有任何的投资价值。

在中国电子商务史上，具有创世纪意义的8848已经陨落，这是一个终点，还是一个转折呢？雷军找到陈年和王树彤，一起反思8848的成败得失。

如果说8848刚开始是王峻涛个人理想的体现，而随着第一笔风投的进入，8848实际上就变成一个资本推动的概念，它仿效的是亚马逊"大而全"的供货方式。实际上亚马逊1995年成立时,本来打算四到五年实现盈利,但是其间又经历了2000年的互联网泡沫破灭,直到2002年才实现盈利。

雷军、陈年、王树彤,三个都是有个性的人,完全模仿亚马逊的事情他们谁都做不出来。

那段时间,雷军总在琢磨卓越网如何卖货,雷军在买T恤衫的时候发现,在当时国内的消费市场中,有一种趋同消费的心理,与国外追求个性化的消费方式不同,大众乐于买同一种商品。

《加菲猫》就是个好例子。事实上只要挑选出真正符合大众的、流行的品种来,就能把《加菲猫》的成功不断复制,这就是后来卓越网自己总结的小而精的精品路线。精品策略的好处在于供货品种比较少,能以相对较少的库存保证交货时间,缩短了供货周期。同时,在有限的几样商品上大量铺货,能大大降低成本。

从《加菲猫》开始,再到后来的《东京爱情故事》、《大话西游》,都是卓越网打的精品攻势。陈年说,当年卖《大话西游》的时候,旁边还摆着意大利新现实主义作品代表作《偷自行车的人》。他对于作品早就练就了非同一般的感知力,卓越网也形成了一套自己的眼光、口味、爱好,卓越网页被注入一种文化基因,这种基因伴随陈年后来创办凡客,在凡客体的病毒营销中再次显现。

畅销品选定后,如何提高销量,让雷军、王树彤和陈年绞尽了脑汁。最后的方案是:将《大话西游》的正版价格卖到盗版价格,基本上这张盘买来多少钱就卖多少钱。这时卓越网卖的就是口碑,卖的就是广告。后来陈年创办凡客,29元初体验的营销策略就来源于此。卓越网让雷军、陈年和王树彤加深了对互联网、营销的理解和认识。在后来的日子里,陈年、王树彤在电子商务的道路上越走越远。

卓越刚起步的时候,每天处理100张订单很容易,但从100单到500单就发现库房不够。卓越后来日处理1万单,再到10万就极其痛苦。做10万单,仅北京的库房就要3万平方米,相当于6个标准足球场。

网民每天打开网站，购买自己想要的商品，这看起来稀松平常。但是，在卓越网的身后是一个庞大的供货平台，而支撑这一平台的是一系列技术管理、流程管理、成本控制系统。同时，电商还要投入巨大的资金展开宣传攻势，再加上国内物流配送系统不健全，支付手段不成熟，电商实际上是在用真金白银向人们渗透一个网络购物的概念。

如果说B2C行业就是一台烧钱机器，卓越网烧的钱都是自己的钱。当当网和8848在资本市场都圈到了钱，而卓越网只有自己的1600万元。雷军感叹道："我们甚至陷入了差点关门的境地。"

互联网资本市场从1994年网景上市后的"狂热泡沫"到2000年的"冰河世纪"，所有冰火两重天的冷暖雷军全部经历过。2003年，雷军遇到以前的同学陈小红，后者已经在美国做投资10年，对于美国的资本市场相当熟悉。最后，由陈小红作为中间人，促成老虎基金投资于卓越的交易。老虎基金在美国与索罗斯的量子基金齐名，也是最早进入中国市场的美国风险投资公司之一。

老虎基金曾大方地问雷军："你们缺多少钱？"

但联想和金山都不想让自己的股权被稀释，从而失去对卓越的控制权，所以投资规模被限制在5200万元。2003年10月，老虎基金成为卓越网的第三大股东，金山约占50%，联想投资和老虎基金各占约20%，其余10%为管理团队控股和职工期权。

此时距2000年互联网泡沫破灭其实不到3年，老虎基金投资于卓越也表明一个信号：互联网资本回暖的时节已经到来，这些资本大鳄早就嗅到了市场的变化。

雷军给卓越算过一笔账，卓越当时面临当当、贝塔斯曼等国内外竞争者的步步紧逼，要实现稳健盈利，至少还要再投入10亿人民币。

谁能雪中送炭？

壮士断腕

2003年8月24日,英国《经济学家》杂志的封面报道聚焦于当当网,他们认为当当网正在创造一个中国电子商务的奇迹。

这篇报道对于美国的第一大B2C网上零售商亚马逊来说,意义显得尤为重要。亚马逊CEO贝索斯在这篇报道中看出了事情的紧迫性,并很快派出亚马逊副总裁一行5人来到北京。亚马逊来到中国的目的只有一个,就是要全力进入中国市场。

2004年情人节,亚马逊的高官团队参观了卓越网,当时雷军和陈年都感到莫名其妙,因为在他们看来,亚马逊要投的是当当网。其实早在2002年12月,李国庆、俞瑜就秘访过亚马逊,当当网为此还制订代号为"红宝书行动"的计划,足见当当网对于亚马逊投资在战略上的重视。

这一年,国内的电商进入了消耗战。电子商务网站经历了2003年"非典"机遇的爆发式增长后,进入了价格战阶段。卓越和当当都打出了低价战略的牌,目的就是要消耗对手。在这场价格战背后,实际上是一场资金实力的较量。

但是,外资收购本土企业是一把双刃剑,由此产生的水土不服甚至可能演变成一场自我毁灭式的悲剧。2000年4月,作为联想互联网战略的FM365门户网站上线,2001年6月,联想宣布与美国在线合作。从那天起,FM365的噩梦就来临了。首先,FM365与美国在线的谈判就经历了漫长的胶着期,两个公司的部门设置不一样,给谈判造成很大困难。后来在美国在线的介入下，FM365进行了一次大规模裁员，这次裁员简直就是FM365的一次自杀。FM365从此一蹶不振，直至灰飞烟灭，成为联想触网的败笔。

亚马逊自2000年经历互联网泡沫破裂的风暴后，在2003年迎来股票的回涨，从这一迹象中，亚马逊开始闻到未来市场的前景，于是在2003年底决定进一个全新的市场。这个市场就是中国。

亚马逊的目的很明确，把中国最好的B2C公司买下来。亚马逊全力控股的意愿是不会更改的，而当当网的坚持让双方的谈判陷入僵局。亚马逊在2月和3月之间共来中国两趟，第一次分别拜会卓越和当当，第二次却只找了卓越。

雷军和陈年天天早起，学英语，后来随着谈判的深入，雷军和陈年也弄明白了，自己要做的就是给亚马逊证明卓越是最好的就行。"当然，报表这个东西是瞒不了人的。"陈年如是说。

在收购价格上，亚马逊当时给当当网开出的价格是1亿美元，给卓越开出的价格却只有7500万美元。有人认为卓越被贱卖了，但如果放弃亚马逊，卓越网转向国内风投的话，情况可能更糟。国内的风投当时胃口也不小，而且动不动就要求控股，最终逃不出一个结果：股份被稀释，金山失去主导权，无情出局。

雷军最后无奈地说："见好就卖吧，这样对得起股东也对得起员工，不能等到撑不下去了关门。"事实上，在一个企业的发展过程中，对出售起决定性作用的，有时并非完全因为缺钱，而是认为在那个时候出手是一个合适的选择。

卓越自2000年成立，直到2003年才开始盈利，雷军预测：

> 以卓越当时的盈利，股东要想收回投资恐怕得10到20年。

通过这笔交易，金山获得4000万美元，联想控股获得2250万美元。收获最大的是老虎基金，投入5200万元人民币不到一年就有丰厚回报，陈小红也因为这笔交易成为老虎基金合伙人，此后开启对国内电商地毯式的投资步伐，京东商城、当当网、凡客诚品、乐淘等一系列电子商务网站都有陈小红的手笔。

对于此次收购，雷军心情沉重。从立志做"中国的亚马逊"到后来"亚马逊的中国站"，个中滋味只有雷军尝尽，外人无法体会。谈判前后历时六个月，雷军经历了从不舍、痛苦、犹豫到后来的无奈、决绝和果断，谈判结束后，他无奈地说道："让我先缓一缓。"2004年8月，与亚马逊正式签约后，雷军连醉四天。

王峻涛后来在网上发帖子回忆说："我到现在都还清楚地记得，那个夏天的夜晚，雷军坐在友谊宫外面的喷泉旁边，说他有个计划，'要做中国的亚马逊'。现在，真的成了中国的亚马逊。"

或许随着时光流逝，雷军终将淡忘过去许多伤痛悲凉的失意时刻，但他绝对不会忘记那个挫折与希望并存、沮丧与惊喜交替的八月，并时常感慨破釜沉舟般艰难迈出的那一步。创业路远，有人硬扛死磕咬牙前行，最终头破血流；有人干脆把企业卖掉变现，趁势全身而退。雷军属于第三种人，放下包袱，再挑重担。

第五章

精心铺就金山上市路

　　为了上市,金山前后闯关八年,五次被拒之门外。上市让雷军深刻意识到,"成功就是99%的汗水加1%的灵感"中后半句才是精华,1%的灵感重要性远远超过前面99%。

上市序曲

1996年，受盘古组件拖累，金山公司的经营收入跌落谷底，那段时间雷军想得最多的一个问题就是："钱从哪来？"对于当时的金山公司来说，钱的确是一个大问题，尽管求伯君靠卖别墅拿到200万元，但是对于危局中的金山来说，这不过是九牛一毛，仅仅够养活剩下的员工。要想谋求更大的发展，只靠金山公司的自有资金是很难有所作为的，所以寻求资金支持迫在眉睫。

然而现实十分残酷，没有人愿意将自己的钱投给一家濒临破产的公司，所以金山公司始终没有寻找到合适的融资渠道，直到1997年金山公司走出谷底，一些投资商才开始正眼看待他们。

作为金山公司的创始人之一，张旋龙的优势不在于技术，而在于他在投资界和IT界广泛的人脉资源。金山公司经营状况有所好转之后，张旋龙在第一时间找到方正公司，希望他们能为金山投资。在张旋龙的积极推动下，求伯君一度与方正研究院副院长肖建国达成一个口头协议：北大方正出资2000万元收购金山公司。

让肖建国没有想到的是，这笔看上去稳赚不赔的买卖却遭到了集团领导的反对，当时一些方正集团高层认为，金山这样的软件公司不能为方正集团的发展带来任何实质性的帮助，这2000万元一旦投给金山，只会将方正带进泥潭。在这件事情上，方正集团的高层的确做了一个糟糕无比的决定。

与方正谈判破裂之后,张旋龙没有气馁,好产品不怕找不到好买家。他开始寻找新的融资对象,这个时候联想闯了进来。早在方正收购金山时,联想公司就对这笔交易给予了高度的关注。与方正集团领导的观点不同,联想公司十分看好金山,而且他们愿意付出更高的收购费用。

在经过一番简单的谈判后,金山公司让出了自己30%的股权,而联想公司则为金山提供了900万美元的资金支持。这笔资金由两部分组成,一部分是现金,一部分为商誉费用,每一部分450万美元。这次融资后,联想公司成为金山的单一大股东,而金山的估值也从一年前的2000万元人民币一跃达到3000万美元,真可谓是今非昔比。

联想公司的资金注入后,金山如同麻雀变成凤凰。为了更好地适应这种崭新的发展模式,金山公司不得不进行重组。联想集团的高级副总裁杨元庆成为金山公司的董事长,原来的一把手求伯君成为金山公司的总裁,雷军出任总经理。

关于这次任命,雷军一开始是不接受的,他的梦想是做中国最好的程序员,而不是在管理岗位上施展才华,但是,面对求伯君的多次邀请和联想董事的支持,雷军不好拒绝。但是他强调,一旦有更加合适的人选,自己就会让贤。这一年雷军刚刚29岁。

成为金山总经理的雷军依然喜欢在闲暇之余坐在电脑前面摆弄那些自己熟悉的程序,直到一次偶然事件的发生,才让这位昔日的程序精英真正实现向管理角色的完全转变。

为了应对生产规模的扩大,金山公司陆续招用了大批的技术人员。一位刘姓技术人员就是在这个时候加入金山的。与其他技术人员相比,这位刘姓技术员的第一份工作可谓幸运——给雷军整理硬盘。对于一个程序操作员来说,这实在是再简单不过的工作。所以,刘姓技术员竭力想将这件事情做好,原本覆盖安装即可的系统,他还是十分细致地将硬盘格式化了一遍,然后装上了各种必须的工具,这才将电脑归还给雷军。

让这位刘姓工作人员深感意外的是,他得到的并不是褒奖,而是雷军愤怒的眼神。他哪里知道,那台电脑的硬盘里有雷军过去多年积累下来的程序代码,他的格式化操作使得雷军多年的努力付诸东流。

可是对于金山公司来说,这次误操作却利大于弊,因为在接下来的时间里,雷军终于可以离开电脑桌,将自己的全部精力倾注到企业的管理中。

雷军在改变,金山的其他人也在改变。在此之前,求伯君这位金山的一把手可谓是"既当爹,又当妈",公司资金有了缺口,求伯君卖了别墅补缺口;软件研发的技术人员缺乏,求伯君就抱着电脑和程序员一起编写程序。融资成功以后,求伯君做的第一件事就是招兵买马。微软公司有几千人在开发Word,金山虽然没有那么雄厚的势力,但是在WPS的研发上一样需要高投入。这个时候的求伯君已经成为了一名规划者,描绘着金山的未来蓝图。

联想的介入,除了给金山公司带来了丰裕的资金外,还给金山公司带来了先进的管理体系。在此之前,金山公司在求伯君和雷军的带领下运转得也还算不错,但从长远来看,对金山公司的发展并没有太多益处,毕竟这两位软件行业的精英在管理方面只能算是"门外汉"。雷军对这一点认识得十分清楚,他曾经在多个场合对联想表示由衷的感谢:

> 杨元庆和冯雪征都先后在金山做过董事长,除了在资金方面给予了金山巨大帮助外,他们对金山的管理能力提升也有非常大的贡献。

然而金山的融资并不是一朝一夕的事情。在2000年之后,为了让公司更好地发展,金山公司早早开始做起上市的准备。当时联想的CFO冯雪征兼任金山的董事长,这位被外界称为"财技专家"的管理者,在财务管理方面给金山提供了很多的支持,直接推动了金山财务工作的健康发展。但即便是这样,金山还是在上市的道路上整整走了八年。

2007年10月9日,金山公司成功在香港上市。这一天清晨,雷军在酒店里坐立不安,他有很多话要对跟随自己多年的员工们说。这八年的时间里，金山的每一个人都付出了艰苦卓绝的努力，从公司领导到基层的程序员，再到恪尽职守的营销人员。可以说没有他们的付出，就没有金山的辉煌。想到这里，雷军删掉了秘书早已准备好的文本，用几句简单的话语给金山的所有员工写了一封公开信："一路上有你，苦一点也愿意，一起哭过笑过的兄弟们，让我们一起举起庆功的酒杯，一起为我们自己大声欢呼：我们上市了！"

是什么让金山在这条路上，一走就是八年呢？这与金山的发展理念密切相关。

力主延后

20世纪90年代初期，电脑游戏在中国并没有受到人们的追捧，只有少数游戏玩家在一个狭小的圈子中交流国外的游戏作品。由于没有光驱，受存储介质的限制，那个时候的游戏体积都非常小，比如代表作《战斧》《刺杀希特勒》，仅需要储存在软盘中即可。

对于求伯君来说，《战斧》《刺杀希特勒》这样的小游戏，他可是一点都不陌生。虽然他将更多的精力投入在WPS的开发上，但是一旦有闲暇时间，他就会精神抖擞地拿起软盘在游戏的世界里笑傲江湖。开发一款自己的游戏，是求伯君当时的梦想，为此在1994年珠海金山公司成立之初，求伯君就在媒体上发布了招聘游戏制作人员的广告。

1995年，金山公司下属的游戏工作室在珠海成立，游戏迷求伯君特意为工作室起名西山居。之所以起这样一个名字，是因为在求伯君的故乡有一座西山，幼年时他经常去那里玩耍，另外一个原因是求伯君觉得这是一个很有诗意的名字，像极了游戏中武林高手的居住地，所以在他看来用这个名字来命名游戏工作室再合适不过。

西山居成立后，很快推出了第一款游戏——《中关村启示录》。这款经营类游戏在短时间内就受到人们的追捧，这让西山居工作室的工作人员充满了信心，在接下来的几年时间里，他们先后制作推出了一系列脍炙人口的经典游戏，其中《剑侠情缘》更是影响了整整一代游戏人。

1997年4月，西山居推出了第一款角色扮演类游戏《剑侠情缘》，与之前的作品相比较，《剑侠情缘》的故事性和游戏性都远远超出了同期产品,所以上市初期就受到了广大玩家的关注和追捧,这让金山公司意识到了潜藏在游戏行业中的巨大商机。

1997年年底,为了将《剑侠情缘》打造成金山的品牌游戏,金山公司为西山居提供了大量的人力和物力。在三年的时间里,先后有30余人参与到这款游戏的制作中来,耗资更是达到了300多万元,由此可见金山管理人员对于这款游戏的重视程度。西山居的工作人员也大胆地对游戏玩法做出了改革,他们抛弃了原来的回合制玩法,借鉴了国外游戏《暗黑破坏神》式的即时战斗系统,使得《剑侠情缘》的可玩性大大提高。

2000年6月,历时三年的《剑侠情缘Ⅱ》一经推出,就引爆了游戏市场,众多游戏玩家争相购买《剑侠情缘Ⅱ》的正版光盘,一些玩家甚至一下子购买几份用做收藏。《剑侠情缘》的成功,使得金山的产品趋于多样化,公司盈利能力迅速上升。

与20世纪90年代匮乏的游戏市场相比,2000年以后,国际大游戏公司纷纷涌入国门,与此同时盗版光盘进一步泛滥,它们都对中国的民族游戏软件行业构成了极大的威胁。在这种情况下,金山公司决定趁热打铁巩固《剑侠情缘》的市场地位,2001年7月,他们推出了《剑侠情缘之月影传说》,短短5个月后又推出《新剑侠情缘》。这两款作品在延续《剑侠情缘》的传统风格的同时,彻底抛弃了令人厌倦的回合制,同时还为玩家奉献了大量崭新的地图,对旧地图也进行了扩充和更改,使得游戏玩家耳目一新。

2003年前后,金山公司的各项工作都进行得有条不紊,俨然成为民族软件行业的领头羊。当时国内掀起一阵上市狂潮,很多公司都想方设法地上市融资,金山公司如果凭借自己当时的江湖地位提出上市要求,证监会一定不会为难他们,但是雷军却让金山人打消这一念头。

随着互联网行业的迅速发展,游戏也开始由过去的单机形式逐渐向网络游戏的模式靠拢,游戏玩家已经不再满足于对着电脑驰骋江湖,他们开始注重与对手和战友之间的交流,而网络游戏很好地满足了玩家的这一需求,于是在很短的时间里,网络游戏便占据了游戏市场的半壁江山。

雷军敏锐地捕捉到这一商机，在他看来单机版《剑侠情缘》虽然在市场上既叫好又卖座，但是这并不足以让金山的游戏部门高枕无忧。他们必须紧紧跟上网络游戏这股大潮流，这样西山居才不会被人甩在身后。

一边是集中所有资本力量完成上市，一边是集中精力跟上网络游戏的浪潮，继续瓜分游戏市场，两边都是绝佳的机会，但是金山公司的资源有限，他们只能在二者之间选择其一，雷军选择了后者。

有些反对者认为，金山完全可以将这两个机会同时抓住，因为公司上市本身就是最好的融资渠道，金山可以先集中精力、财力把上市工作做好，接下来再做网络游戏也不迟。但是雷军却坚决不同意。网络游戏虽然很赚钱，但凡是投资皆有风险，新兴的网络游戏风险更大，金山不上市，投资失败亏的是自己的钱，上市后亏的就是股民的钱，这种没有道德的事情，雷军是绝对不允许发生的。

在雷军的坚持下，金山公司错过了在国内上市的最佳时机。当别人满是误解地责问他为何做出这样的决策时，雷军没有辩解，他只是埋着头和金山的员工们奋力拼搏。他比大多数人更了解金山，也比更多人知道金山应该如何走下去。在那几年的时间里，雷军像是在带着镣铐舞蹈，在别人看来优越无比，可个中的辛酸却只有自己知道。

为了顺利地追赶上网络游戏的大潮，2003年9月20日，金山公司推出《剑侠情缘网络版》。游戏推出后在网络玩家中掀起了轩然大波，西山居的论坛上一时间挤满了来自全国各地的网络ID，交流游戏心得的帖子每天都是数以千计。这款投资近千万的网络游戏也让金山公司在网络游戏市场上初战告捷，并为中国网络游戏在网游市场上占得一席之地。

在随后的几年时间里，金山公司继续将通用软件做大做强，WPS、金山毒霸已经成为人们必备的电脑软件，与它们相比，金山网游虽然没有那般巨大的市场份额，但不能否认的是西山居正在给金山带来了源源不断的利润。直到这个时候，雷军才旧事重提，再次将公司上市这件事提到日程上来，这一次他将上市的目标锁定在香港。

步子慢下来

在得到联想公司的注资后,金山公司的发展可谓是顺风顺水,尤其 2000 年以后,金山公司进入了一个快速发展的阶段,很多金山人在这种顺境中开始迷失自己,他们总是想做最快、最大、最好。这种想法虽然是好的,但却脱离了金山公司当时的实际状况,这样继续发展下去对金山公司是没有半点益处的。

2006 年,一次高层会议上,金山公司的大多数董事认为,在错过 2003 年的上市机会后,金山应该把握住在纳斯达克的上市机会,这可以为金山走向国际打下基础。雷军却再次提出了反对的意见。之所以提出反对意见,是因为雷军认为过去几年金山人的步子迈得太大了,走得太快了。他建议大家把步子慢下来,这样也好给大家一个调整的机会,冒进是不成熟企业的做法。

雷军的这一想法遭到更多人的反对,在他们看来,错过 2003 年国内上市的机会,雷军难辞其咎,这一次如果错过纳斯达克那简直是无法宽恕。对于这些想法,雷军直接表明了自己的态度,他认为这种想法是功利的、急躁的。大家都渴望成功,可是去纳斯达克就是成功吗?雷军不这么认为,在他看来去纳斯达克上市不过是让金山多融七八千万美元的资金而已,可是按照金山当时的发展态势,他们完全可以从资本市场上募集到同等金额的资金。

经过长时间、多轮次的交涉之后,金山的股东们最终被雷军说服,他们在公司的发展上达成了一致,那就是重新调整金山公司的发展节奏，继续把一些基础业务做好，比如产品的质量、客户的体验，他们重新认识到这些才是金山立足的根本，同样也是金山成功的关键。于是在2006年，金山又一次与上市擦肩而过，不过这一次的停顿，却为金山后来的大踏步前进打下了基础。

既然不打算通过上市融资，那金山就必须通过资本市场获得足够的资金，为此雷军积极地推动了新一轮的融资计划，金山公司的董事会也在雷军的劝说之下同意了这轮融资。在随后的一个多月时间里，雷军变身成为地地道道的金融专家，开始与各大基金进行沟通和交流。在经过长时间的调查和研究之后，雷军选择了新加坡政府直接投资基金（GIC）、英特尔投资、新宏远创三家基金，而这三家基金则联合向金山公司投资7200万美元。

2006年8月18日，金山公司对外宣布公司融资7200万美元，并准备在接下来一段时间里加快金山的发展速度，在技术立业的基础上开始逐渐实施国际化战略。这次融资引起了媒体的广泛关注，尤其是GIC一向有着"亚洲最神秘买家的称号"，一时间关于金山的消息满天飞。

《互联网周刊》在报道这次融资时这样说道："GIC管理着超过1000亿美元的基金，是全球最大的投资机构之一，也是'基金中的基金'，他们在投资过程中一向倾向于传统行业中规模较大的项目，如中海油、泰康、李宁等。一般的创投基金的期限是10年，因此投资3到5年后就要考虑退出套现。但GIC却是一个长期投资者，对于退出并没有严格的时间表，只要看好企业便会持续拥有，或许这正是雷军选择这家基金的重要原因，因为雷军向来不急于带领金山公司上市，他更注重企业的长期发展。"

正如《互联网周刊》报道的那样，GIC在投资界长期以来都给人一种稳健的印象，他们几乎很少投资高风险、高回报的企业，对那些具有长期成长潜力的公司更有兴趣。比如在投资李宁体育用品时，GIC不仅仅提供大量的资金帮助，还帮助李宁公司建立起透明的法人治理结构以及合理的薪酬激励机制，这对于李宁的长远发展有着极大益处。

在投资金山的过程中，GIC的资金远远超出另外两家，这也从一个侧面反映出他们对于金山公司的信赖。因为GIC在投资之前会进行非常谨慎的全面评估，所以一旦他们对金山给予了认可，就说明金山的财物状况和发展态势在较长的时间都会维持比较良好的状态。

这次私募完成后，一些敏感的财经人士品出了其中的含义，他们断定金山当初之所以不在纳斯达克上市，只是因为企业的规模还比较小，而这次融资后，金山的规模将会迅速扩大。与此同时，他们还认定这将是金山最后一次在资本市场上募集资金，因为在不久的将来，金山就会以一个"大家伙"的身份进入资本市场。可是对于更多的人来说，在错过纳斯达克之后，金山的这次私募不过是企业自发的普通融资行为罢了。

正如那些敏感人士所料想的那样，这的确是金山释放出来的一个强烈的上市信号，只不过由于金山处理得过于低调而被大家忽略罢了。在得到这笔资金之后，金山进入了一个快速发展期，而金山的员工在经过一段时间的调整后，急躁的心情逐渐平缓，好大喜功的行为开始逐渐消失，他们有条不紊地把自己的工作做到最好，为公司的建设添砖加瓦。踏实下来的金山，上市之路变得水到渠成。

2006年下半年，金山公司所在的柏彦大厦21层时常坐满陌生人，他们没日没夜地抱着笔记本进行着各种各样的运算工作，这让金山公司的员工们充满好奇，因为可以明显看出这些人不是在进行编程，而更像是在进行财务处理。他们哪里知道，这些日夜忙碌的人来自世界上最好的专业咨询会计师事务所之一———安永会计师事务所。

雷军总是喜欢走在所有人的前面，虽然他曾经极力阻止前两次上市，但是他知道随着企业的快速发展，上市只是早晚的事情。在安永入驻金山之后，雷军便开始积极地配合他们的工作人员完成审计工作。与此同时，他还要与律师、证券公司进行各种各样的交流，最忙的时候，雷军恨不得像游戏里一样有一个分身。

所有的付出都会收获回报，在忙碌了整整一年之后，雷军如释重负，金山的发展更加健康，上市前的准备工作已经全部就绪，接下来要做的就是从容面对市场的检验和股民的认可，丰收的季节即将到来。

煎熬的黄金周

中国有句俗语叫"纸包不住火",在上市消息隐藏了一年之久后,香港方面的媒体开始陆陆续续得到一些只言片语的信息,通过这些仅有的信息,他们判断出金山公司即将在香港上市。但是这一消息并没有得到金山的官方证实,很多记者使出了浑身解数,想方设法地希望从金山那里得到一点消息,但他们得到的回复却都是"不清楚"、"不知道"。

虽然金山方面一直没有回应这些传闻,但是一家媒体还是根据香港报纸披露出的信息对金山上市的新闻做了报道:"据《香港经济日报》消息,国内知名的软件开发商金山公司已经通过了上市聆讯,将在香港证交所筹资2亿—3亿美元(约合15.6亿—23.4亿港币)。据了解,由于8月份很多基金休假,所以,金山的路演可能会在8月底或9月初进行。金山方面表示不便对此消息发表评论。"在这条消息的最后,记者还十分用心地对"上市聆讯"这个词做出了解释,即上市前的全面评估。

以上消息一经披露后,各家媒体纷纷开始报道金山上市的相关消息,这个时候他们关注的已经不是如何从金山获得第一手资料了,因为他们知道金山的领导层现在恐怕只会重复"不清楚"和"不知道",他们开始根据自己的经验来分析各个渠道的信息,然后写出新的新闻。

《每日经济新闻》在一篇关于金山上市的稿件中这样写道:"通过了上市聆讯,表示金山通过了上市前的评估环节,通往香港资本市场的大门已打开。而金山方面的集体封口,意味着金山的上市筹备进入了缄默期。据了解,金山上市的保荐人是雷曼兄弟和德意志银行。"

当雷曼兄弟和德意志银行被《每日经济新闻》曝出后,人们开始相信金山上市已经近在咫尺了。因为雷曼兄弟与德意志银行在国际上都是非常知名的投资银行,在协助大型企业上市方面他们有着十分丰富的经验,如今金山把这两家企业都请来了,那传闻十有八九也就可信了。虽然《每日经济新闻》的消息来源本身也是传闻。可是传闻传得多了,也就真的成了新闻。

媒体通过他们敏锐的嗅觉发现了很多的蛛丝马迹。2007年9月5日,新浪科技在一篇新闻稿《雷曼预测金山今年赢利将达1.39亿,10月9日上市》中,甚至直接指出金山公司当年的盈利目标、上市的集资规模以及准确的上市时间,而这些数字也在金山上市后一一得到印证。

就在众多媒体猜测不断的时候,雷军却在9月7日悄悄来到香港。在他之前,金山公司董事长求伯君已经先期到达,公司的CFO王东晖、COO任健也一并在香港出现。四人之所以同时出现在香港,是因为一个重大的时刻即将来临——金山公司上市路演即将开始。所谓的路演,就是公司高管向投资者以及机构推销自己公司的一个过程。由于路演一般只在公司上市挂牌之前举行,而且持续时间往往为半个月,所以金山10月9日上市的消息一时间被媒体传得沸沸扬扬,因为这个时间点与金山路演的时间极为契合。

9月18日,金山公司的路演在香港金钟道88号太古广场港丽酒店正式开始,出席路演的除了金山公司的四人组之外,还有雷曼兄弟、德意志银行的代表。在路演过程中,雷军向到场的投资者、基金经理、分析师以及证券销售人员介绍了金山公司在过去十几年时间里创下的辉煌,并描绘了美好的未来。

香港路演结束后,求伯君、雷军、任健、王东晖便马不停蹄地赶往世界各地。鉴于当时网络游戏概念在欧洲并没有受到投资机构的重视,所以他们将攻坚的重点放在了亚洲的新加坡和美洲的美国,而欧洲他们只在伦敦设了一个路演点。

9月22日，星期六，正在伦敦路演的雷军给金山的同事发去了一封电子邮件，简短地概括了自己这几天以及接下来几天的行程：

>我们从周一开始路演，在香港两天、新加坡两天，现在在伦敦。下面的行程是伦敦两天、纽约两天、波士顿两天，旧金山一天，路演就结束了。到周五，我们已经收到了2.5亿美元的订单，已经是2.5倍认购！这个成绩是非常好的成绩！周日，是我们招股的新闻发布会，下周一开始散户招股。

雷军在伦敦忙得不亦乐乎，香港的雷曼兄弟也没有闲下来，作为金山公司上市的担保人，他们在香港港丽酒店召开了金山招股新闻发布会。为了让股民们对金山公司有更加深刻的了解，香港和伦敦两地还进行了连线。直到这个时候，媒体才第一次从官方渠道获得了关于金山上市的进展消息。

9月24日，金山开始正式招股，在招股说明书中，金山对此次募集的资金进行了详尽的说明：约1.7亿港元将用于研究团队聘请新毕业生及资深研究人员。此外，还将约7600万港元募集资金用于拓展部分海外市场，1.158亿港元用于进行与现有业务互补，或对客户基础、产品内容提供有利的策略性收购及合营项目。

在这份招股说明书中，1.7亿港元用于招聘毕业生和研发人员的资产说明让人跌破眼镜。要知道这是金山募集资金中最大的一项开销，从来没有一家上市公司挤破脑袋实现资本聚集后，做的最大一笔投资是引进人才，金山算得上是香港股市上的头一家。

经过半个多月的路演和推销之后，9月29日金山股票定价揭晓，股价定为3.6港元。按照这个价格，金山将通过此次IPO融资到7.6亿港元。这一消息披露后的第二天，雷军和他率领的路演团队回到北京，迎接他们的将是为期七天的国庆黄金周，他们终于能够好好地休息休息了。

对于普通人来说，七天的假期总是那么的短暂，可是那七天对雷军来说却格外漫长。从进入金山的第一天开始，他就在为这一天的到来而奋斗着，可是当这一天即将到来的时候，横亘在他面前的却是七天漫长的等待。

等就等吧，毕竟雷军迎来的是一个真正的"黄金周"。

上市梦圆

2007年十一黄金周结束后,金山公司上上下下陷入了一片欢乐的海洋中,人们都在为金山公司的正式上市做着最后的准备。在员工们忙里忙外的时候,金山创始人张旋龙,高管求伯君、雷军、任健、王东晖、葛珂等人离开了自己的办公室,分别从北京、珠海、新加坡赶往香港,为第二天举行的挂牌仪式做准备。

10月8日下午4点,雷军一行人刚刚入住酒店,还没有来得及喘口气,一家电视机构的摄制组就堵在了门口,等待着雷军拍摄外景。虽然雷军神情疲惫,但他还是十分配合地完成了整个摄制工作。下午5点,一家中介机构宴请金山高层,而对雷军等人来说,这样的晚宴与其说是宴请,还不如说是最后的公关。

10月9日上午8时45分,雷军早早地出现在了香港中环的交易广场。在这里与其他人员会合后,他们走上了金山上市前的最后一段道路。这段路不是很长,雷军和其他人走得十分轻松,但是他们的内心却一个比一个激动,尤其是张旋龙,从某种意义上来说,金山如同他的骨肉。

上午9时10分,金山的八位管理人员戴上了象征他们身份的胸牌,缓缓走上联交所交易大厅的贵宾厅。9时45分,在工作人员的带领下,雷军等人来到了地下一层的交易大厅,在这里他们将见证那个激动人心的时刻到来。在此期间,联交所上市委员许照中和金山软件董事长求伯君分别致辞祝贺金山上市。10时所有嘉宾回到了观礼台,在这里雷军和其他嘉宾一起举起香槟为金山的顺利上市庆祝。10时05分,联交所与金山互换纪念币，仪式宣告结束。

香港的交易所里发生的一切被新浪科技全程直播，1600多名金山员工在大屏幕前分享了那激动人心的一刻。而百忙之中求伯君还不忘从现场打回电话向大家问候，他的这一举动引来了阵阵掌声。接下来珠海公司以及北京公司里，礼花、香槟酒、锣鼓声成为主角，金山人度过了一个狂欢日。

所有的喧嚣终究会过去，所有的盛事也都会有终结。在金山上市的过程中，雷军鼓足了干劲，始终带领公司走在正确的道路上，可是当他终于将这个团队带领到胜利的顶峰时，却发现自己一点都狂喜不起来。

客观来说，雷军确实是累了。加入金山这十几年来，雷军从来没有真正意义上放松过，他每天都紧绷着神经做着各种各样的事情。做程序员的时候，加班加点地编写程序是家常便饭。进入管理层后，管的事情更多了，他几乎每天都在顶着巨大的压力进行分析和做出决策。如今他该做的都已经做完了，但是身体却吃不消了

从另一个角度来说，雷军在过去的几年时间里，对于金山的经营模式与公司的诸多高管产生了一定的分歧，先是在公司上市问题与诸多高管争论，然后又在网络游戏的经营上与求伯君产生了相左的意见，这让雷军感到身心俱疲。所以在别人庆祝金山上市的时候，雷军从内心深处产生了归隐的念头。

10月9日以后，雷军突然从媒体的视野中消失，原本应该由他主持的金山高层会议也开始由求伯君代理。起初，这件事并没有引起人们的注意，但是在长达一个多月的时间里，雷军都销声匿迹，这让人们感觉到不正常，一些媒体甚至开始猜测金山公司在上市后，因为股权和公司战略问题引发内讧，从而导致雷军出走。

为了防止外界对雷军归隐的事情继续演绎下去，给金山公司带来不必要的麻烦，12月19日，金山公司正式对外宣布，因为健康原因，金山公司CEO雷军主动辞去了职务，董事会已经批准了雷军的这一请求，即日起董事长求伯君兼任CEO。

这则消息如同一块重石激起千层巨浪，网络媒体在第一时间内跟进报道，纷纷以专刊的形式对雷军离职的消息进行了报道，平面媒体也在当天夜里加班加点地对这一消息进行整理。对于IT界来说，这的确是一个大消息。

金山员工在得知到这个消息后十分震惊，他们不知道究竟发生了什么，但是从内心深处这些员工对雷军是有感情的，他们之中的很多人从进入金山公司就跟着雷军"出生入死"，将雷军视为自己最亲近的战友和长官。如今在毫无征兆的情况下，雷军突然离职，这使得他们在感情上一时无法接受。

对于求伯君来说，这同样是一个考验。长期以来，身为董事长的他几乎已经很少过问公司的日常管理事务。如今雷军离职，使得他不得不再次走到前台，开始重新执掌公司，这对他来说多少有点陌生。唯一值得庆幸的是，在过去十几年的发展过程中，金山的管理架构早已走向了成熟，雷军的离职在短时间内也不会对金山的整体运营构成影响。

与求伯君的好脾气相比，大哥张旋龙对雷军的辞职事件却表现出了相当大的火气。他在接受媒体采访时，坦然承认了自己为此还与雷军大发了一顿脾气，但是他也强调，雷军的离职绝对不像外界说的那样是因为矛盾不可调和，事实上他们之间并没有什么矛盾，16年的共同打拼早已让他们情同手足，不会因为一点小小的矛盾耍孩子脾气。

面对媒体的炒作，竞争对手的恶意抹黑，雷军反倒不急不慢了起来，他现在已经不是金山的CEO了，副董事的虚职对他来说没有什么实质性的意义，所以别人说什么已经与他无关了。不过他还是觉得应该安抚好自己的员工，他不想自己打下的基业被外界的传言毁掉。所以在2007年年底，雷军携手求伯君赶往金山公司各地的分公司，安抚员工情绪。

一个死过几次的企业，怎么会怕CEO离职？这恐怕是雷军当时最真实的想法。他对金山的未来充满了信心，即使自己离开，金山也一样会沿着正确的道路走下去。从22岁一口气干到38岁，16年了，是时候停下来想一想、看一看，缅怀一下自己的青春了，他不愿意在自己老了的时候，没有半点与青春有关的回忆。

放手无憾

若非热爱,谁肯做劳模?谁肯没日没夜地跟自己死磕?雷军肯。他说,金山是一座山,16年,他所有的精力都爬在这座"山"上。金山上市,甚至给了他攀登珠穆朗玛峰的感觉。尽管千难万难,终究还是攀登上去了。

2007年10月,金山在香港上市。求伯君累了,休养去了。雷军却仿佛不知疲倦,情绪激昂地对着一拨又一拨的记者侃侃而谈。但是,两个月后,雷军出乎意外提出辞职,决绝离开金山,引起整个行业的震撼、迷惑和不解。

只有雷军自己才知道,多年来,没有周六周日,每天工作超过16小时,已经让他的身心受到损害,无止境的疲惫如影随形。休了四周的假之后,这位中关村里公认的劳模,最勤奋的劳模,终于扛不住了,放手了。每个人都有一个极限,一旦过了那个极限,反而会不管不顾、理直气壮地随心所欲了。彻底放弃,对他而言,未尝不是一种解脱。

长期以来,雷军都在发扬不怕苦不怕累的"劳模"兼"铁人"精神,死扛着打硬仗,可金山依然苦难深重。就连当初恳求金山收购的腾讯,都已经家大业大,可金山还在为利润不到一两千万而发愁。尤其在"前有微软,后有盗版"的窠臼里,金山的生存环境相当之恶劣。微软之下,寸草不生。1994年,微软进入中国后,WPS被Windows取代,金山差点倒闭。为了反击,雷军呕心沥血研发盘古组件,却以惨败告终。

1996年,金山公司几乎到了难以为继的地步,200多人的公司,走得只剩下 20 来个。哪怕就这样的规模，金山也为工资发愁。为此，求伯君甚至卖掉了自己的别墅。雷军在家里足足"休整"了六个月之后，11 月重新回到金山，帮着求伯君收拾残局。

2003 年 5 月，金山终于抓住了一根救命稻草——8000 万元孤注一掷投入网络游戏。进入完全陌生的领域，大家起初都有点发憷。但是雷军依然充满激情，集中了一批骨干风风火火地干了起来，公司上下包括司机、前台人员都玩起了游戏。好几个月，雷军基本上都是白天工作，晚上通宵玩游戏，亲自测试产品质量。这一点，恐怕在圈子里只有同样狂热的巨人老板史玉柱能够做到，史玉柱也曾一天十几个小时都在玩游戏，四五台机子一块打。

雷军也经常自嘲说："总而言之，我是以勤学苦干出了名的，行业里对我最多的美誉就是'IT 劳模'。"因为雷军的事必躬亲，下面的工作人员压力很大，可也正是这种基于完美主义的苛求，挽救了金山。

随着《水浒 Q 传》《大话春秋》《石器时代》《剑侠情缘网络版》等网络游戏的横空出世，金山终于摆脱了前有炮轰后有追兵的狼狈，年均营业额增长 68%。

"好风凭借力，送我上青云"，正在上升状态的金山很快就得到 GIC、英特尔投资基金和新宏远创投资基金三家风投的支持。有了充沛的资金，金山终于成功上市。

"我们一跑跑了八年，相信绝大部分公司都被上市拖垮了。"雷军感叹说。随着金山的上市，一个中国最大的程序员富豪群开始诞生。根据金山公告显示，年初发放了 1.08 亿巨额期权，大约有 30% 的员工获得了股票期权，其中 60% 集中在研发部门。根据雷军透露，金山至少有 100 名程序员身家超过 100 万元，430 多名员工从中受益。

执掌金山 16 年，雷军历经痛苦不堪的失败，在泥泞中匍匐前行，其艰难可想而知。金山上市之后，他不希望金山继续扛着深重的苦难前行，希望能够"迈着快乐轻盈的步伐"，能够轻松快乐一些；也不愿再看到兄弟们继续睡地铺、没日没夜地熬夜加班，苦兮兮地看着别人过富足的生活。

与此同时，这位"最年轻的老革命"也开始陷入反思：做企业，真的需要这么多艰难吗?问题出在哪里?我不比别人笨,还比别人勤奋,为什么我弄个企业就这么磕磕绊绊,那么不容易?为什么马云那么容易,陈天桥那么容易?

想了很久之后,他终于找到了答案——顺势而为。选择比努力更重要,高山上的石头,顺势踢它一脚,它自己就滚下去了,就成功了,巴菲特讲的滚雪球,也是顺势而为。

> 在金山后期我就觉得不对了,当你坚信自己很强大的时候,像坦克车一样,逢山开路,遇水架桥,披荆斩棘。但是当你杀下来以后,遍体鳞伤,累得要死,你在想,别人成功咋就那么容易?

杀敌一万,自损三千。有时候,猛打猛捶的努力是不管用的,选对方向才是关键。金山有中国最优秀的一批工程师,是一支战斗力很强、执行力很强的"精锐部队"。但是,在中国PC工业时代、中国互联网时代的多次市场机遇中,于埋头苦干中错失了机遇。别人做互联网的时候,他继续做软件,最后软件业整体不行了。在他一边做软件一边做互联网的时候,又错过了互联网发展的黄金时间,最后还被软件给绊住了。

而那些早年默默无闻的腾讯、盛大、新浪、淘宝等企业,却因紧紧跟随时代的浪潮,轻轻松松就青云直上,势如破竹,获得了令人瞩目的成功。最令雷军郁闷的是,他年复一年地苦干硬干,摸着石头过河,最后却悲剧地发现——河上原本有座桥,石头都白摸了。

离开金山后,他无心插柳地做起了风险投资,投资他的熟人圈子,结果逢山开路遇水搭桥,玩得风生水起。他投资于凡客、UCweb、尚品网等企业,几乎很少失手。徐小平曾经说,在投资界雷军就是神一样的人物,"非常非常厉害"。

忆往昔,雷军只是淡淡地说道:

> 20年前,我会知其不可为而为之,觉得没有什么不可能做的事情。现在,我会事先掂量一下——没有必要什么事情都去做,要做重要的事情,少做点事情。

第六章

变身天使投资人

离开金山之后,雷军投资了近20家公司,市场估值200亿美元。在雷军看来,投资就是在为创业练兵,作为一个自幼爱好围棋的人,他从不浪费每一粒落子,每次投资都有清晰的战略意图。

只帮忙不添乱

2004年,当时还在金山担任CEO的雷军接到了一个电话,这个电话是君联资本(原联想控股总裁)的朱立南打来的,朱立南曾在2000年时与雷军一起合伙投资卓越网。朱立南打电话的目的是想向雷军打听一个人,孙陶然。

1996年的中关村,雷军参加一次会议,一进会场就看见一个年轻人在台上讲得慷慨激昂,这个人就是孙陶然。散会后,雷军与孙陶然都没有急着走,两人一见如故,聊了很久,并且之后的数年里,雷军和孙陶然每次交谈,两人对事物的判断和见解惊人的一致。"认识之后见过几次面,我们俩不是那种经常混在一起的,是神交的那种,有很多共同的朋友,见过几面,彼此认可。"孙陶然说。

孙陶然,吉林省长春市人,1991年毕业于北京大学经济学院,毕业后由于没能拿到当时的留京指标,又不甘心回老家,便放弃分配开始了北漂的生涯。1996年,孙陶然联合投资创办蓝色光标公关公司。后来蓝色光标发展成为亚太地区第一大公关顾问公司,也是国内第一家上市的公关公司。1997年,他又创办《生活速递》高尚社区直投杂志,这是中国最早的DM杂志之一。1998年,又联合创办北京恒基伟业电子产品有限公司,任董事、常务副总裁,策划了恒基伟业最著名的产品"商务通",1999到2001年间,一度市场占有率超过70%。

2000年,孙陶然从"商务通"常委副总裁的位置下来以后,就靠打高尔夫打发时间,孙陶然自己说那两年整天就是游手好闲。后来朋友劝他说:"孙陶然,不能就这么退休了,你这么年轻得再干点儿事。"当时有个朋友说李嘉诚下面的一个基金想给他投资,当时的孙陶然玩心很重,说再说吧。但碰巧孙陶然带着家人去香港,就顺便去见这个基金的负责人。

孙陶然往长江大厦里一坐,顿时感觉浑身上下非常寒冷。他当时就穿着个大裤衩,趿拉着拖鞋,穿个短袖 T 恤。

和孙陶然见面的是行政主席,很大的一个职位,一上来就让孙陶然谈一谈项目。孙陶然说,没有什么项目,接着就是介绍了一下自己的经历。当时孙陶然公司里的一些人正在做电子词典的项目,他就重点把电子词典讲了一下。

香港会见后没多久,人家就开始跟进,说要投这个公司,当时孙陶然心里就开始犯嘀咕。

因为这个项目他觉得不是特别靠谱,签了之后怕搞砸了,不仅丢自己的脸,还丢内地人的脸,孙陶然良心上过不去。后来他就说,这个项目我不太想做了,别投了。

到了 2004 年下半年,联想副总裁乔健回国,孙陶然作为好友请她吃饭。席间,乔健了解孙陶然正打算再次创业,就带有建议性地问他:"你需不需要融资?"又问他认不认识朱立南。孙陶然说不认识。乔健就说:"你太老土了,联想三少帅你都不认识。"

当年,朱立南与杨元庆、郭为并称"联想三少帅"。孙陶然与杨元庆、郭为非常熟悉,但并不认识朱立南。2001 年,朱立南成功协助柳传志完成联想分拆这一大胆变革,从此进入公众视野。柳传志觉得朱立南"思维缜密,遇事冷静",就给他 3500 万美元当作"种子基金",成立联想投资做风险投资。

经过乔健牵线,孙陶然与朱立南很快见了个面。孙陶然那个时候因为已经经历过创业的思考过程,对于重新创业这些事已经有了想法,他当时想做金融服务,金融服务业在孙陶然看来是"遍地有黄金",关键是能找出切入点。

朱立南在见面后感觉孙陶然这个人比较靠谱，但是和他毕竟是一面之缘，不太熟，心存疑虑，于是朱立南打电话问雷军是否认识孙陶然，接着又问他："你觉得孙陶然要是再做事儿，该不该投？"雷军回答："孙陶然这个人很牛，很厉害，他一定能做得成。"雷军讲了两个小时以后，朱立南甩下一句话，"既然你觉得这么好，那你要不要一块儿出钱？"雷军毫不犹豫地答应了。

那时雷军也没弄明白孙陶然到底要弄个什么东西出来。事后，雷军在博客上公开说拉卡拉是自己作为天使投资人的第一笔投资："当时我确实没搞懂他想干的事情，但我还是毫不犹豫地决定投资。"

雷军的原则就是——投资投的就是人。在人和项目之间，雷军更看重的是人，人是决定性因素。在交往中，孙陶然务实低调的作风给雷军留下深刻印象。雷军立刻给孙陶然打来电话，问能不能给他个（投资）机会。孙陶然当然求之不得。

在此之前的2004年8月，经过长达六个月的谈判，雷军创办的卓越网作价7500万美元卖给亚马逊。联想投资正是卓越网的投资者之一，通过这笔交易获得2250万美元，金山获得4000万美元，虽然雷军也赚了不少钱，但他内心却感到不舍、痛苦又无奈，签约完成后连醉四天。此后，金山创始人求伯君、张旋龙和雷军一起拿出300万美元，交给雷军做天使投资。

2004年年底，孙陶然获得联想、雷军的第一轮200万美元的融资。其中联想出资100万美元，雷军和孙陶然各出50万美元，拉卡拉成立。孙陶然开始打造心中"成功企业"的新征途。据孙陶然回忆："雷军这300万美元最后投了17家企业，其中的第一家给我了，50万美元。"

孙陶然刚创办拉卡拉的时候，脑子里只是一个进入金融服务行业的想法，这个想法还不清晰。2005年，拉卡拉还只是为银行开发电子账单的服务平台，帮助银行做网络、账单、IT服务。拉卡拉经历了一个长期的模式和业务的探索阶段，甚至在有些方向上把产品都研发出来了，但后来发现缺乏支撑的渠道和网络，又中途下马，走了近两年的弯路。

"1996—2006年是电信服务提供商（SP）的十年，2006年后金融开放，金融服务肯定有市场。"这是雷军对孙陶然说的一句话，就是这句话坚定了孙陶然的信心。

拉卡拉是把一种便民金融服务发展成一种商业模式。为此，雷军和孙陶然没少在一起琢磨。

孙陶然高度评价说："雷军一个人基本上相当于拉卡拉的半个创业团队。"创业初期的很多创意和模式都是他们一起探讨和摸索出来的，经常是已经深夜11点，他们还在外面的茶馆开会。孙陶然说："雷军是百战归来再天使，这样的人给创业者投的不仅仅是钱，还有宝贵的历练和经验。"

2007年的一天，联想的会议室，拉卡拉决定进行第二轮融资。第一个问题就是关于拉卡拉的估值问题。作为亲历拉卡拉从出生到成长的当事人，雷军和孙陶然心里都有个数，这时雷军起身在会议室的白板上写下了一个数字，这个数字也是对第三方支付市场的一次认识与思考。雷军在写完这个数字后，朱立南觉得差不多。但是，一手把拉卡拉创立起来的孙陶然感觉这个数字和他心中的期待相去甚远，孙陶然在白板上又写了个数，这个数字是之前的两倍。

雷军见状对孙陶然说："企业是你做的，你觉得是这个估值，我们就支持你。"一旁的朱立南也是这个态度。

随后，孙陶然带着这个估值见了20多个投资人，都是见了一面之后就没了消息。

事后，雷军这样说：

> 其实我们认为你当时期望这个数是不对的，但是你很有经验，你也是一号人物，我们也不好意思说想让你出去。实际上就是不想支持你，让你出去走一走。

后来第二轮融资，按照之前雷军给出的建议实施。"雷军作为天使投资人，特别能够关照到创业者的感受，"孙陶然至今回忆起来仍然感慨，"这是非常难得的，我也非常感谢。"

雷军作为天使投资人，通常的做法是，融资的事情都是由自己一手包办。这当然得益于雷军这么多年来在业内积累起来的人脉与信用。但是在拉卡拉的融资上，他却没怎么管。孙陶然曾经拿着这个问题去问过雷军，得到的回答是：能者多劳。

2007年，国内各大银行的发卡规模不断扩大，信用卡还款、网点不足等压力相继出现，这时的孙陶然想到了如果将遍布城区大街小巷的连锁便利店、卖场作为网点，进行还款等缴费业务，岂不是一桩便民生意。在经过很多波折之后，孙陶然认清了便利店这个方向。从第一家合作的连锁便利店上海快客开始，拉卡拉进入北京、上海地区。

2007年3月，这个战略性的方向也让拉卡拉顺利引入了第二轮800万美元的融资。投资人在协约中明确规定，拉卡拉必须全力进入便利店，否则就不投。现在看来，当初的这个约定让拉卡拉明确了目标，开始了快速发展。

孙陶然的特质是"越是新鲜的市场我越兴奋"。在他看来，越难做的市场越容易建立起竞争门槛。拉卡拉一家家跑便利店和连锁超市，用几年时间部署其终端网络，竞争对手已很难再在短期内对其构成威胁。更关键的是，类似拉卡拉这样的运营型业务一旦建立好系统，收益将十分稳定。

2008年，拉卡拉进入"广布网点狂烧钱"的阶段。这段时期，拉卡拉进行了2500万美元的第三轮融资，而这回的投资方是阿里巴巴的马云。在奥运的前一天，雷军收到孙陶然发来的短信说融资已经完成。

刚开始，孙陶然因为手握支付宝的阿里巴巴与自己的业务可能产生竞争而有所顾忌，但后来经过柳传志的撮合，还是促成了这桩融资。即使在资本市场异常寒冷的2008年，拉卡拉"穿上了三件棉袄过冬"。

随着国内电子商务的兴起，首要解决的支付问题衍生出很多的金融SP（提供商），"先行者"支付宝已经牢牢掌握线上账户支付的半壁江山，拉卡拉的市场将目光牢牢地盯在线下。

然而，对比模式较为成熟的支付宝，拉卡拉还有很多问题需要解决。首先，支付宝有淘宝的支持，而依靠便利店的拉卡拉如何达到庞大的客户群？第二，支付宝的线上支付方式省去了铺设终端的成本，拉卡拉则花了大量的资金在网络铺设和管理上。第三，在阿里巴巴集团的影响下，支付宝最初就具有一定的口碑效应，而拉卡拉似乎就没有了这种依托。

拉卡拉的优势在于花费巨大的资金建设的一个巨大的便利店网络，这也成为支付宝和银行与之合作的重要原因。它的商业未来并不是简单装在店里的一台机器，信用卡还款只是其中一项业务，重点在于和淘宝、支付宝、手机以及中国移动等进行整合。

当然，拉卡拉需要解决的问题还很多，但雷军等投资人没有过多地要求盈利。雷军做天使投资，经常挂在嘴边的话就是"帮忙不添乱"。而这种耐心和信任让孙陶然感到如鱼得水。

"后来雷军创办小米时我提出希望给个机会让我投资，雷军说初创期公司不确定性挺大，让朋友投资他压力太大，还是自己投和让专业的基金投。不过在小米估值到十亿美元后，雷军在他的生日party上告诉我，要赠送我一点小米的股份，让我分享一点小米的创业成果。我以为是客套话，小米上市后我收到了一个账户和密码，里面是雷军赠送我的小米股票，目前市值非常可观，相当于N多个一公斤金砖。这就是雷军的风格。"孙陶然回忆说。

只因他是陈年

在雷军的概念中，天使投资要做的事情就是在创业企业初期投入一两百万的资金，而剩下的就是知心大姐的工作——成功的时候一起举杯相庆，失败的时候听听创业者讲他的酸甜苦辣。失败了没关系："哥们儿你先去度个假，回来了咱们重新再来。"多次创业的雷军深刻地知道，创业并不容易，连续创业者都难免输一场，在第二场再找到感觉。

当被问到当初"为何投资凡客诚品"时，雷军如是回答："只因为他是陈年，其实不关心他做的是凡客诚品还是什么。"

2007年，陈年决定开始做凡客，雷军没有犹豫，继续支持他。雷军对于电子商务这一领域一直有所期待，卓越网卖给亚马逊就成为雷军痛心的买卖。创业过程就是雷军更深刻地体验思考互联网的过程，那段日子，雷军称作是"左边卓越，右边金山"，他习惯了每天早上一上班就打开卓越网看看。当卓越卖给亚马逊后，雷军总是感觉怅然若失。

北京的七月，酷日炎炎，雷军去找联创策源合伙人冯波，陈年去找IDG合伙人林栋梁。两人谈得都很顺利，公司未注册，就首先拿到了两家风投的200万美元，再加上雷军和陈年的个人投资，公司的启动资金为7000万美元。

值得一提的是，九月初，凡客还在紧锣密鼓的筹备中。鼎晖的合伙人王功权非要再投1000万美元。但后来，这个案子拿到鼎晖决策会进行讨论，有个投资人质疑短时间内是否能做成一个品牌。这个投资人的质疑并无道理。

但是，雷军还是非常感谢王功权。王功权是万通集团的联合创办人之一，一位杰出的风险投资家，在 IDG 的时候投资了周鸿祎的 3721，后来到鼎辉他继续投周鸿祎的奇虎。王功权给了雷军巨大的信心。

首先，公司在起名字上，雷军和陈年斟酌良久。在雷军看来，做任何面向普通消费者的产品，取个好名字是关键。很多创业者对这件事情重视度不够，就随便取了一个名字。不好的名字，用户很难记得住，推广的成本也非常高。

凡客这个名字是陈年和画家方力钧聊天时方力钧定的，"VAN"像法语，先锋的意思，很洋气。后来国内做电子商务最早的 8848 创办人王峻涛问了这样一个问题："VANCL 是 VAN+C+L 的组合吗？"他认为国际服装品牌多半是设计师或者创办人的名字，"VANCL"是不是陈年和雷军的名字组合？"VAN"是先锋的英文单词，"C"是陈年拼音开头的字母，"L"是雷军拼音开头的字母，合在一起，"VANCL"就是"电子商务先锋＋陈年＋雷军"。事实上，这纯粹是一种巧合，而经这么一解读，凡客更像是一个天作之合。

雷军曾说，取个好名字，这是创业的第一步，千万不能输在创业的起跑线上。陈年喜欢无印良品，于是中文就定名为凡客诚品。

当雷军找冯波融资时，主要谈了对于当时非常火的服装直销商 PPG 的认识。2007 年正是 PPG 广告铺天盖地的时候，PPG 在传统媒体打广告，销售衬衫的形式，被很多媒体视为当年商业模式创新的典范。

对于刚刚涉足服装领域的陈年和雷军来说，PPG 是个庞然大物，只有仰望的份儿，无论是融资金额，还是号称的销售额，以及市场上的名声，都让凡客觉得无法超越。雷军和陈年最初的想法就是模仿 PPG，毕竟是新进入这个市场的企业，他们严阵以待，非常认真地学习。

对于凡客来说，其最大的优势，就是前卓越网的团队。陈年与雷军成立凡客，振臂一挥，这群散落江湖的老部下迅速集结在一起，没有任何人谈条件。重召旧部，重塑当年完整的经营团队，再将以前创办卓越网的很多经验直接拿过来使用，可以少犯很多错误，也减少了磨合成本。

团队的优势决定了创业的起点不同,使凡客自诞生之日起便斗志昂扬。

2008年年初,一篇有关PPG不太起眼的小报道,披露PPG欠了供应商和广告投放媒体上亿的钱。这时候的凡客在重新审视PPG商业模式的同时,也回过头来检讨自己,结果发现完全学习PPG的这条路,不能走下去,风险太大。

PPG与其说是一家网站,不如说是一家呼叫公司,依靠在传统媒体上做广告,组织货源。PPG的这种模式需要巨额的广告费作为铺垫,一旦资金匮乏,将无以支撑。事实证明,PPG以后在资本陷阱中越陷越深,成为中国电子商务试水的一个倒下者。而这时的凡客,开始认识到必须回归到互联网。陈年似乎找到了属于自己的道路。

陈年说:"PPG有95%的销售来自平面广告,这些平面媒体的店租太贵;而凡客依托于互联网,是一家24小时不打烊的商店,店租很便宜。"互联网成就凡客,陈年这样总结:VANCL=PPG+卓越。

接着,凡客也发展出自己的广告策略,采用与平面媒体分成的形式投放广告,并且销量足以让媒体非常乐意接受这种方式。这种谋求双赢的联盟策略颇值得借鉴。VANCL曾经一度在模仿PPG的道路上迷失方向,更因为发现前途凶险而困惑,直到现在才思路明晰起来。

多少年以后,人们在回望这段中国电子商务网站的成长史时,PPG与凡客的更迭耐人寻味。PPG穿着互联网电子商务的外衣,吸引了电子商务领域最优秀的凡客团队进入这个行业,而当PPG褪下这件"皇帝的新装"之后,又是凡客为这个行业寻找到了真正的互联网出路。从这一刻开始,虽然二者的实力仍然悬殊极大,但是最后的成败其实已经暗暗注定。凡客逐渐开始扮演PPG的超越者角色,而PPG也将继续在此后的一轮轮自身的危机中越陷越深、无暇他顾。

雷军认为,电子商务还是一个非常"烧钱"的行业,创业首要解决的难题就是融资。创办凡客,雷军想得最多的是如何融到足够多的钱,让陈年和创业团队有足够的资金把凡客做成一家伟大的企业。在创建之初融资7000万美元后,凡客又进行了两轮融资,雷军将这两轮融资称为"超离谱"。

2007年12月,董事会做出立刻融资的决定,那时凡客分分秒秒都在瞄着PPG这个强大的敌人。这次融资,为了不分散业务上的精力,凡客对于融资的要求就是需要两个星期完成,对于风投来说这是一个苛刻的条件。其中软银赛富合伙人羊东兴趣最浓厚,但他们处在非常不利的位置,因为当时他们所有人都在新西兰开会。软银赛富作为国内管理十多亿美元资金的顶级投资者,合伙人全部在国外。但即使在这种情况下,通过电话沟通,他们只用了几天时间就拍板投资凡客,这是一件很不容易的事。

2008年6月,凡客又和启明创投上演六天搞定上千万美元投资的奇迹。在经过一个星期高强度的文件修改和讨论,终于在投资意向书上签完字后,雷军的嗓子都沙哑了。雷军谈到这一切时说:

> 我不能不佩服启明的合伙人童士豪先生,是他的强有力的执行力,创造了这样的奇迹。

7月15日,这次融资的几千万美元全部到账。而两个月后的9月15日,美国华尔街老牌的投行雷曼兄弟轰然倒掉,金融海啸席卷全球。雷军一直在想:如果这次融资再晚两个月会怎么样?

到2011年年底,凡客四年间已经吸引6轮、总额高达4.22亿美元的后续投资,投资方包括IDG、联创策源、软银赛富、启明创投、老虎基金、中信产业基金、嘉里集团和淡马锡等。凡客这样定义自己:首先是一家品牌公司,其次是一家资源组织公司,再次是一家服务公司,最后是一个互联网技术公司。

从这个定义中,不难发现这些钱使用时的轻重缓急。三轮融资本为凡客的品牌之路准备了充裕的资金,而2010年"凡客体"的传播又成为一次淋漓尽致的"品牌路演"。

刚刚上线时,雷军曾是凡客的第一个模特,风投界的羊东也穿着凡客。事实上,凡客一直在寻找合适的代言人。2010年,从地铁里韩寒的"爱网络爱自由"不走寻常路的广告开始,凡客完成了对自身的解读与对用户的关照。这个广告不仅有趣,而且找到了这个时代的格调,以至于后来凡客体的病毒式扩散连陈年这个老媒体人都没想到。

由此,凡客品牌深入人心。随着网民网上购物习惯的逐渐形成,国内支付手段的日渐成熟,再加上服装正从耐用品成为大众消费品,凡客终于开启了一段迅猛奔流的疯长岁月。

2010年之前把少量品类的销量做大,是凡客实现快速增长的主要手段,但2010年,凡客就一直在思索如何跑得更快,并将快速发展视为公司的核心战略。"2010年一季度,凡客以新打法开始品类扩张。"陈年说。而在单品销售增长放缓之后,增加产品品类成为凡客继续增长的主要驱动力。

"圈地扩张"势必会引起"消化不良",此后陈年开始做"减法",但直到2012年底,战略收缩仍未达到理想状态。"双十一"之后,"末日大促销"终于导致供应链矛盾集中爆发。2012年12月19日下午两点,各地仓库积压的待处理订单将近100万张,陈年被迫第三次因为订单延迟向客户道歉,各部门甚至抽调员工到库房支援打包发货事务。

此时陈年已没有任何资金压力,甚至开始有消息称凡客还计划到美国上市,IPO估值应高达45亿美元。陈年对各种消息置若罔闻,他淡然说:"资本市场好我们就上,不好我们自己活得也不错。"

养成真正的黑马

雷军曾说：

> 我在《评估创业项目的十大标准》中给出了评估团队的六条标准：（1）能洞察用户需求，对市场极其敏感；（2）志存高远并脚踏实地；（3）最好是两三个优势互补的人一起创业；（4）一定要有技术过硬并能带队伍的技术带头人（互联网项目）；（5）低成本情况下的快速扩张能力；（6）履历漂亮的人优先，比如有创业成功经验的人会加分。

2005年年初的一天，雷军彻夜未眠，昔日老友李学凌来家里聊天，两人聊了一个通宵，20多个小时。雷军1998年就与李学凌相识，当时李学凌是《中国青年报》的记者。作为记者，李学凌没少骂金山，但是雷军却认为李学凌的话都说到点子上了。有一段时期，李学凌对反微软投入巨大的热情，这让两人的关系更进一步。

雷军很喜欢和媒体圈里的人交朋友，这从当年结识陈年就能看出来，陈年当时在《书评周刊》当主编，后来雷军拉他一起做卓越网。其实，说到底雷军骨子里也是个文艺青年。

在媒体圈，记者的车马费已经司空见惯，但是李学凌却拒收车马费。从这一点不难看出，李学凌有自己的想法，有理想。雷军真正喜欢结交的是那些志存高远且脚踏实地的人。

2003年，经雷军介绍，李学凌结识丁磊，加入网易，任内容总编。门户网站经历了2000年扎堆上市的资本眩晕之后，2001年走入低潮，各大门户网站的股价一度走向冰点，这时的门户网站都开始痛定思痛，逐渐走向务实的作风，2002年7月迎来了门户网站的第二春。

李学凌进网易就是朝着扳倒新浪的目标去的。李学凌原本计划着网易锁定垂直行业的打法，但是，那时的网易一心想做网游，将房产频道卖给搜房网，这让李学凌感觉被泼了一盆凉水。

积郁于胸的李学凌找到雷军。早在做记者时，李学凌就对互联网投入了巨大的热情，是最早关注这个行业的记者。这么多年来不遗余力地观察思考，是因为李学凌一直想创业，单纯的纸上谈兵当然不能满足李学凌。

"我没有鼓动他创业。"雷军回忆说，"我一般不鼓动任何人创业，因为创业太苦了。是李学凌老找我聊天，抱怨，觉得不得志。他那么想创业，我就支持他。"这时候，李学凌对于自己的能力也已经非常自信："我的很多判断得到了验证，我的目标和产品规划也得到了验证。做一个CTO还不够格，做CEO是够格了。"

2005年应该说是中国的博客元年。有着"博客教父"之称的方兴东的"博客网"刚刚获得上千万美元的投资，发展势头迅猛，惹得传统门户网站新浪和搜狐都开始搭上这趟车，相继推出了博客频道。博客这种自我书写的UGC（用户产生内容）模式为互联网行业注入了又一枚兴奋剂，国内的互联网行业也迎来了WEB2.0的商业探索时期。李学凌早就对WEB2.0形式着迷，总想做点WEB2.0的东西出来。

李学凌向雷军提出了做RSS博客订阅产品的想法。雷军给出的意见是："这个市场太小，太虚，看不到钱的影子。写博客的人不到5%，需要博客的人不到1%，我们做1%的市场干什么？从商业的角度，你得选肥的市场，舍小的市场。"

金山从2000年开始做网游，雷军对这个市场相当了解。他认为，游戏厂商投放广告的意愿很强。再加上2004年盛大网络和九城的成功上市，为中国游戏行业注入了一剂强心针。在这个时候，雷军的想法是做一个游戏资讯网站。

2005年4月11日，李学凌在海外注册华多科技公司，雷军作为天使投资人投资100万美元，这在当时的创投界，也应该是大手笔。公司一开始在核心业务上确立了两个，一个是游戏资讯网站——多玩网，一个就是RSS阅读订阅工具。

显然，在业务战略方向上，雷军和李学凌在公司成立之初还没有达到统一，但作为投资人的雷军并没有想要说服李学凌遵从自己的意见。对于雷军来说，即便业务战略不统一，他也愿意投资大笔的金钱，那是出于对创始人和大方向的判断。"李学凌是个志存高远又脚踏实地的人。"他说，"我从投资的第一天起，就有一个基本原则：只要一个正确的人在正确的大方向上，不做假账，不违法，就可以了。"

2005年9月，李学凌踌躇满志地推出了"狗狗"，这就是他所设想的博客订阅产品。李学凌认为作为一个互联网产品，必须推动社区的形成。但后来狗狗的发展证明，狗狗做到了一款非常好的RSS订阅工具，但是用户之间的交流还是太少了，李学凌所设想的互动社区也成了泡影。

狗狗所对应的RSS应用市场，在中国还是非常初级的阶段。这和中国用户的习惯、需求水平有一定的关系。2007年，李学凌将狗狗卖给迅雷，自此，狗狗也真正蜕变成一个娱乐搜索引擎，专注于影视、BT、音乐、游戏方面的内容搜索，也为迅雷惹上甩不开的版权纠纷。

狗狗的失败或许可看做是RSS订阅工具的失败，正像是雷军所说，这个市场太小了，中国网民上网的最主要驱动力还是娱乐。实际上，在雷军的规划里，狗狗的寿终正寝不过是意料之中，而早于狗狗5个月上线的多玩才是公司的生命线。

卖掉狗狗之后，雷军和李学凌的主要精力就全都投入到多玩网上。项目设立之初，雷军就给李学凌设立了一个目标：如果能用5年时间把多玩做到1亿美元的规模，就算100分。

雷军很清楚李学凌的创业前景。"狗狗跟我预见的差不多。我也知道多玩大概做得最出色也就是1亿美元的规模。"言下之意,做到1亿美元应该是意料之中的事。

2005年,我也不知道我的判断是对是错。通常我做判断的胜率比较高,那只是因为我做判断的机会比较多。我做企业二十几年,成功经验没有,失败教训倒是一把一把的。企业家都是在错误中成长起来的。如果我当时就知道对错,我就不是天使,我成神了。

IDG给出的调查显示,2004年国内游戏市场规模为36亿元,2005年的规模为55.4亿元,中国网游市场进入快速发展期。在国内,互联网对于普通大众来说,还只停留在文化娱乐上。在这种需求的刺激下,网络游戏的市场规模、厂商数量、产品数量都迅速增加,游戏厂商投放广告的需求强烈。

2003年,作为三大门户网站之一的搜狐花2050万美元收购了游戏资讯网站17173。创建于2001年3月的17173,当时年营收不过80万美元,利润最多20万美元,张朝阳用100倍的市盈率将17173收入囊中。自此,17173完成了从一个网游资讯平台到中文网游第一门户的巨大跨越。搜狐对于17173的收购也证明了网游资讯网站的商业价值,100倍市盈率的收购表明了资讯网站黄金时代的到来。

雷军为多玩圈下的1亿美元的市场,靠什么来挣呢?当时作为国内第一游戏门户网站的17173的主要盈利模式就是广告,而接下来雷军的一次不经意的邂逅为多玩网的商业道路打开了另一条通道,也为多玩网开动了挣足一亿市场的发动机。

彼时与雷军交好的周鸿祎想投资一个产品——iSpeak,但又拿不准,所以让雷军做参谋。这是一款在线群聊语音产品,当时同时在线人数不过一两千人。基于对语音价值的认可,雷军也投资进来,他更想让李学凌过来投,但李学凌却不以为然,他认为iSpeak毫无价值。

2007 年年底，雷军和周鸿祎都投资了 iSpeak。很快，iSpeak 的同时在线人数超过 5 万。这时李学凌又回过头来想买 iSpeak，但价格已是当初的 20 倍。

雷军最后只能叹道："这是让我很郁闷的一件事情。学凌有一个记者的毛病，就是站着说话不腰疼。记者的嘴巴太厉害，说话太损。6 个月前他觉得没价值，把人家羞辱了，6 个月后又来买，这是不是挺难的一件事？"

李学凌错失 iSpeak，却让他领悟到即时通讯的价值。于是，他下定决心自己做一款群聊工具，实际上就是模仿 iSpeak 做成后来的 YY 语音。由于雷军的关系，大部分研发都是由金山词霸的团队完成。

另外，李学凌惊奇地发现：YY 实现了当初他所设想的 WEB2.0 社区梦。一个社区的形成可以有各种形式，例如，熟人网络——FaceBook；或者由共同的兴趣而形成的关系网络——豆瓣；还有一种形式就是实时网络，这也是李学凌从做狗狗时就一直想要实现的。

游戏厂商投广告给多玩网，大多看重的是"投网站广告配送 YY 推广"的巨大价值。不难想象，一个 1000 万人同时在线的语音聊天工具，推什么产品都能推起来。

李学凌曾经在 YY 上看到一个人自称是俞敏洪，跟一帮人讲创业的问题。李学凌不相信是俞敏洪本人，就发短信给俞敏洪："是不是真的是你？"俞敏洪马上回复"就是"。李学凌惊讶极了，YY 语音可以成为学者讲课、记者分享消息的工具。

YY 语音的成功也为多玩网找到一条第三方应用提供商的商业道路。周鸿祎曾说："YY 是互联网上的黑马。"

2008 年年初，刚刚上市的巨人网络手里有大把的闲钱，想扩展自己的业务版图，提出全资收购多玩网，开出的价格是 5000 万美元。当时的李学凌想都没想就拒绝了。但是，如果是 1.5 亿美元呢？

2010 年 3 月的一天，李学凌找到雷军，这次谈话的重点是有人想出价 1.5 亿美元收购公司。李学凌动心了，雷军给出的意见是不卖。李学凌一开始的反应是这样的："雷军他有什么理由说服我呢？投资人是这样的，大不了得罪了。说难听点，拿了钱一辈子再也不见面，我为了钱背信弃义了，就这样。"从天而降的1.5亿美元让李学凌内心挣扎，他那天在微博上写下"战战兢兢，如履薄冰"八个字。

思考12天之后，李学凌认定了多玩网是一个通向梦想的机会。幸好雷军给出不卖的建议，才让李学凌没有脑筋一热把多玩网给卖了。

无独有偶。2005年7月，当时卖掉17173的创始人蔡宗键卷土重来，禁止协议到期，创办了一个类似的网络资讯网站766。但是，766却怎么也做不成规模，即使蔡宗键对这个行业都门清，也赶超不上17173。

截至2008年10月，多玩网PV(Page View，日均总浏览量)达5000万，拥有1500万用户，在ALEXA全球网站排名中名列中文游戏网站的第一，实际上已经超过17173。多玩网在访问量、用户数、粘性度等多项指标上都超过了17173。很多人都认为这是因为17173出售之后交给职业经理人，而多玩网始终是自己的孩子。

雷军不卖的决策高瞻远瞩。2011年1月，多玩网进行第五轮融资，接受来自老虎基金的1亿美元投资，估值超过10亿美元。雷军在做卓越网时就与老虎基金相熟，这一轮融资完，多玩网的上市就顺理成章。

锦囊计换来千倍增值

2006年,就在金山专注于网游与软件市场突围的时候,雷军投资了UCweb。

这个时期,国内的通讯产业在经历了第一代模拟制式和第二代GSM等数字制式后,正在为高速第三代(3G)时代的到来跃跃欲试。3G的到来绝不仅仅是用户和流量的快速增长,而是重新开始的一场互联网的革命,曾经发生在互联网产业的一切也将在移动互联网上重现。手机取代PC,成为下一个计算中心,已经是大势所趋。

2004年8月,第一款UC浏览器被应用到手机上,UC浏览器可以对网页进行优化、压缩,具有极速、安全、易扩展、省流量的特性,UC浏览器将服务器、客户端混合计算的云端架构应用到手机浏览器领域。

UC浏览器的开发者梁捷与何小鹏,均毕业于华南理工大学计算机系,曾共同就职于国内的通讯软件公司亚信。2003年两人开始创业,当时国外正是黑莓风行的时候,这种手机上的邮件推送服务被很多公司所使用,梁捷与何小鹏决定做一款中国的黑莓。在亚信时,梁捷、何小鹏和其他三个同伴曾开发出第一个无线邮件产品UCMAIL,但用户反馈很不理想。因为中国手机用户习惯用短信,极少用邮件沟通。所幸的是,他们的UCMAIL在技术上的起点较高,有很灵活的底层架构,支持HTML协议,可以直接在邮件中带链接。这其实是一个开放的接口,可以直接访问互联网上所有的网页,实际上已经具备了潜在的浏览器功能。很快他们就在 UCMAIL 的基础上做出了手机浏览器 UCweb，就是现在的 UC 浏览器。但是，UCweb 却苦于没有资金进行推广。

这时，以做邮件起家的网易创始人丁磊在第一时间发现了 UCMAIL。丁磊当时很慷慨地以个人的名义借给了他们 80 万元，因为当时梁捷与何小鹏连实体的公司都没有。在得到雪中送炭的 80 万元后，2005 年 3 月 10 日，梁捷与何小鹏开始注册公司，当时的公司名字为优视动景，这笔钱让 UCweb 足足支撑了两年。

2006 年，手里的钱都花完了，梁捷和何小鹏想融资，找到了联想投资。时任联想投资副总裁的俞永福看好这个项目，就把这个项目带到了联想决策会进行投票。

"时间已近晚上 8 点，联想投资所在的融科资讯中心楼下的西餐厅里食客寥寥，略显冷清，梁捷与何小鹏在这里等了 4 个小时，仿佛在等待命运的裁决。一会儿想如果拿到联想投资的 100 万美元，该怎么花；一会儿又想，如果拿不到，UCweb 又该往何处去。他们创业两年多，此时 UCweb 的现金已经枯竭，迫切需要资金注入。

"可惜，俞永福带来的消息让梁捷和何小鹏很沮丧。短暂的沉默过后，何小鹏问俞永福：'永福，你愿不愿意和我们一起干？'显然这不是一个普通的请求，在外人看来甚至不无唐突，但俞在那一瞬间只感到如释重负，甚至很欣慰：自己既然很看好 UCweb 这个项目，也一直有创业的冲动，还等待什么？他几乎立即就接受了这个邀请，气氛一下子由沉重变得欢快起来。三人一起点了晚餐，开始谈下一步融资和 UCweb 的发展规划。"

这是《中国创业家》杂志所记录的关于 UCweb 融资的一幕。

三人分手后，俞永福脑海中又想起雷军在一年多以前曾经对他说过的话："如果你将来要创业，无论做什么我都支持。"于是他打了一个电话给雷军。

两人见面后，俞永福要了瓶啤酒，雷军很快就觉察出俞永福的心事，于是俞永福告诉了雷军 UCweb 融资遇挫的事。雷军的第一反应是："要不要我打电话给朱总（联想投资总裁朱立南）说一下？"

但是，俞永福的来意并非如此。他突然说出一句话："你有没有兴趣投？"

雷军早就熟悉UCweb，并且也是UC浏览器的忠实用户。但是作为投资人，雷军开诚布公地对俞永福说："UCweb最大的问题是他们的团队，两位创始人都是纯技术背景，这是很大的缺陷，这个问题不解决，很难发展起来，我投资可以，但你必须加入这个团队。"

于是，俞永福、雷军都上了UCweb这条船。2006年11月20日这天，梁捷与何小鹏失去了联想投资的100万美元，却得到了CEO俞永福和雷军的400万元融资。

其实，在雷军的内心当中，一直有一个想法。2004年，雷军将自己一手创建的卓越网卖给亚马逊，内心经历了很多的挣扎，就像卖掉自己的子女一样。"这个决定对我来说其实非常痛苦。"雷军说。

雷军以前每天一上班就用半个小时上卓越，每周在卓越上买一点东西，忘掉卓越就像戒烟一样。为了忘掉卓越，雷军在半年内没上卓越网，不在网上购物。现在，在UCweb身上，雷军又看到了继续做一家伟大公司的希望。

就在俞永福和雷军投资UCweb后，移动互联网史上的一个大事件发生了。2007年1月，苹果公司推出iPhone手机，这款手机颠覆了以往所有的手机业态，一场产业革命也拉开了序幕。毫无疑问，移动互联网已经势不可当。在移动互联网浪潮的冲击下，原有的产业格局也将要被打破，一切都在重新构建之中。这正是那个最坏的时代，也是最好的时代，每个人都在这场变革中思考着。

作为投资人，雷军给UCweb提了两个建议：放弃企业业务，全力只做个人市场；开发内部运营平台。所谓运营平台就是对UCweb的用户使用情况做量化管理。现在看来，这两个建议都对UCweb的发展起到了至关重要的作用。按照雷军的建议，企业业务最后从UCweb剥离出去，以上千万的价格卖给了一个合作伙伴，而当时算起来总的投资也不过几百万，还小赚了一笔。

2007年开始，梁捷、何小鹏一人负责技术一人负责产品，开始专注于UCweb的开发。3月，运营平台启用，自此UCweb每天多少用户、多少下载、多少安装、用户来自哪里、用的什么机型、哪个运营商、上哪些网站、停留多长时间，各种数据一目了然，所有决策都基于这些数据，一改以往的感性、拍脑袋式的决策方式，效果立竿见影；4月至6月，用户量每月增加30%。

UCweb的用户激增也让很多风投坐不住了，事实上，资本市场上的热钱都在想着找个移动互联网的项目投投。按照俞永福的构想，应该是在2008年融资，但是晨兴资本的李芹实在按捺不住，感觉到那时就轮不上自己投了，当时就问俞永福到底想要多少钱，俞永福说：1000万美元。但是，当时的另一家创投联创策源也开出了这个价格，并且两家都想独占，问题变成了如何说服两家联合投。李芹和雷军在投资乐讯网时就相熟，最后经过协调，在雷军的促成下，晨兴出600万美元，策源出400万美元，共占UCweb28%的股份。2007年8月，第二轮融资就告完成。

半年时间，UCweb的价值暴涨，雷军给出的建议效应明显。

雷军也把金山的教训告诉给UCweb的梁捷、何小鹏，他举例说，微软的Excel有个"填充序列"的功能，即下拉单元格，其中的数据可以自动按序列增加复制，这个功能很实用，但WPS却没有，为什么？不是做不了，而是因为这是微软的专利，金山不能做。梁捷、何小鹏马上就明白专利的重要性了，现在UCweb已经申请了11项专利，而且还在不断地申请中。

在雷军看来，浏览器是互联网的入口，UCweb具有成为一家伟大公司的潜质。UC已经可以进行视频播放、网站导航、搜索、下载、个人数据管理等功能，它的定位就是在手机上复制一个Google。

直到2008年，金山香港上市，雷军在百感交集中从金山退下来以后，正式出任UCweb董事长。就是在这个阶段，雷军重新开始写东西。新浪博客三年前就邀请雷军开博,他又开始写,毫无疑问是带点私心的做法。博客也是为移动互联网布道的一种方式,更重要的在于借助博客的影响力让更多的人知道UCweb是一家怎样的公司。

雷军开始每周都去UCweb北京公司上一天班,他的主要工作是"规划战略前景",激励所有员工相信自己是在做一个伟大的事业。此时的雷军对于努力工作有了另外一种认识:"顺势而为,就是说那个势在那里摆着呢,从山上往山下冲要容易很多。"

帮朋友"凑份子"

雷军投资的企业都有着一个共同的特点，那就是不论是 UCweb 俞永福，还是凡客诚品的陈年，都是雷军的圈内好友。雷军曾经给自己定下这样一条投资铁律：如果你不认识我，或者不是我熟人的熟人，那就不用找我了，我是不会投资的。之所以如此，是因为雷军认为熟人知根知底，风险可控，投资就如同凑份子，输了是帮朋友，赢了大家一起开心。

历任百度市场总监、总裁的毕胜是雷军的诸多好友之一。2005 年，百度成功在纳斯达克上市后，毕胜退隐互联网江湖，过上了闲云野鹤般的逍遥日子。一次偶然的机会，毕胜碰到了拿着钱兜子四处找项目的天使投资人雷军。当时雷军对毕胜说："看人家陈年，比你大那么多岁，人家都去创业了。你怎么就一点激情都没有了。"听了雷军的话，倍感无聊的毕胜觉得颇有道理。

创业的问题毕胜一直都在想，可是往哪个方向发展，却是他一直犹豫不定的。自己最擅长的搜索引擎已经被百度一家独大了，做电子商务自己又完全不在行，学雷军做天使投资是个不错的法子，可结果自己一样无所事事。最后在雷军的劝说下，毕胜还是选择了自己一窍不通的电子商务。

让毕胜做电子商务不是毫无根据的，雷军认为电子商务前景广阔，是互联网发展的一个重要方向，更重要的是电子商务说到底比拼的还是互联网能力、技术能力、平台能力以及资源的整合能力，这些对于毕胜来说完全不是问题，因为在百度的那些年，毕胜早已成为互联网行业屈指可数的精英人物了。

确定了创业方向之后,新的问题接踵而至。平台搭建起来了,卖什么却成了一个问题。凡客的陈年是大家的老熟人,所以做服装容易朋友相残。毕胜想到的是卖红酒,因为喝红酒本身是毕胜的一大嗜好,而且他又对红酒颇有一番研究,所以做起来或许会轻车熟路。但是雷军却否定了毕胜的这个主意,因为做红酒生意,运输是个大问题。两人商量来商量去,最后雷军拍板决定,做玩具。做玩具同样不是信口开河,当年雷军做卓越时,玩具频道的效益就非常不错。

有了方向,有了可卖的东西,创业变为水到渠成的简单事情。最初毕胜想自己一个人投钱进去即可,但是雷军给毕胜分析说这样的投资结构不合理,会对下一轮融资构成障碍,还是要拉投资机构进来才好。做天使投资,雷军比毕胜有经验,所以毕胜对雷军可谓是言听计从。在雷军的牵线下,毕胜找到了合作机构联创策源。一切进行得都很顺利,顺利到毕胜还没来得及为公司想好名字。

乐淘网成立后,毕胜开始了自己的"玩具大王"生涯,但令人遗憾的是,卖玩具似乎并没有太光明的前景,买玩具的通常是孩子,可孩子们并不是最终的决策者。正版玩具太贵,盗版玩具又泛滥,继续卖下去乐淘只有死路一条。在意识到方向错误后,毕胜决定寻求改变,重新寻找产品。那段时间毕胜下了很大的功夫,把在百度时的干劲全都使了出来。挑来选去,毕胜选择了卖鞋,而且只卖鞋。

转型的过程中,毕胜并没有征求雷军的意见。这倒不是不尊重雷军,而是因为他太尊重雷军了,生怕雷军责怪自己。雷军知道这件事后,并没有为此责怪,反而一再鼓励他坚持下去,不管是卖鞋还是卖玩具,雷军都对毕胜表现出百分之百的支持。作为一个天使投资人,雷军只想做一个好的配角,而不是喧宾夺主。

然而乐淘并没有凭借卖鞋一步登天,这是一个相当艰难的过程。雷军和李彦宏不止一次告诫毕胜要对企业实施精细化管理,什么是精细化?说到底就是要精打细算。那段时间,为了减少库存积压风险,毕胜和鞋厂一家一家地谈，很多鞋厂对乐淘的合作模式根本不感兴趣，但是毕胜还是坚持不进货的原则。为此，乐淘的发展一度举步维艰，以至于毕胜发表了电商行业的悲观论。

在乐淘陷入困境时，雷军再次出面帮助乐淘渡过难关，他做担保帮乐淘找到了新的融资渠道，经历重重波折后乐淘终于开始实现盈利。除了帮助乐淘解决资金问题，雷军还充当了半个监督员。当时乐淘与愤怒的小鸟联合推出一款小鸟鞋，雷军隔三差五就会到乐淘网上购买一双鞋子。购买的过程中，雷军会不断地向乐淘的客服人员提出问题，以此来检验乐淘客服的服务水平，最后雷军前后买了一百多双小鸟鞋，同时也将自己所发现的问题给毕胜一一提了出来。在雷军的建议下，乐淘建立了流转单转换系统，大大提高了客服质量。

随着乐淘逐渐发展壮大，一些外国投资者也将钱投了进来。一次，一个外国投资方找到毕胜，希望他能够除掉雷军的董事名额，因为雷军的投资比例与他们相比实在是太小了。毕胜想都不想就回绝了对方，他对这位外国股东说："我把你替掉，都不能把他替掉，就算你拿一亿美金我也会选择把你替掉。"后来乐淘成为国内最大的鞋类电子商务平台，注册会员更是超过40多万人次。

多家投资企业先后成功，雷军成为投资界真正的大佬。很多人都在千方百计地通过各种渠道来获取雷军的投资真经，可是雷军却并不认为自己有太多的投资技巧。"做天使投资必须放弃控制，除了放弃股权的控制，还要放弃心态上的控制。"这恐怕是雷军为数不多的投资感悟，而这一点却恰恰是很多投资人无法做到的。

"只要站在风口，猪也能飞起来。"这是雷军在风投领域探索多年后总结出来的经验。雷军的很多投资经历都是在顺势而为，他不会在创业公司里占太多的股份比重，他怕这样做会伤害创业者的积极性。他同样不愿意指手画脚，允许创业者有自己的想法。他唯一做的就是查缺补漏，做一个称职的补充角色。

作为一个天使投资人，雷军在短短几年的时间里取得了令人瞩目的成就，所有人都羡慕雷军的成绩，可是他自己却并不满足，他意识到风投并不是值得自己一生去做的事情。于是，寻找一件值得自己用后半生去做的事，成为不惑之年的雷军时常思考的问题。

雷军喜欢下围棋，从他的人生经历就能看出，他是一个做事极有计划性的人，东一榔头西一棒槌地行动绝不是他的风格。从这个角度分析，即便他的很多投资看似并无战略意图，但事实上这段天使生涯为他后来的创业打下了很好的基础。他自己坦承：

> 中间那几年（离开金山到创办小米之间）也没闲着，投资就是在练兵、在磨刀。我想做移动互联网，但是移动互联网我不懂。不懂就要交学费，最好的办法就是多听多看别人怎么做的，那不就懂了么，不需要在第一线。2005年，移动互联网零零星星几个人在做，都是门外汉。但技术是有累积性的，在UCweb折腾一段时间之后，我对这个行业已经通透了。

第七章

为理想再踏征程

做天使投资人为雷军创业积蓄了正能量。将时间的距离拉长,或许能读懂雷军的抉择与坚持。"小米"的起点可追溯到雷军18岁时阅读《硅谷之火》的梦想——"像乔布斯一样办一家世界一流的企业。"

站在巨人的肩膀上

2007年12月的一个深夜,雷军从位于北航北门柏彦大厦的金山总部出来,寒风四面吹起,他禁不住拉了拉衣领。街上已经没有什么行人,偶尔有车辆飞驰而过,在远远的路口亮起车尾灯。雷军低着头,迈着僵硬的步伐往前走,心里时而难受得要命,时而空落落的。此时此刻,他只是一个富豪,再也没有为之牵肠挂肚的事业了。

不过,没有事业,并不意味着没有梦想。对雷军来说,2007年那个冬夜一方面是与金山的悲伤离别,另一方面也是一种"归零",雷军完成了一次脱胎换骨的变化。

雷军身边的朋友也能明显感觉到他离开金山后的变化。2008年的一天,现任小米公司联合创始人、高级副总裁、小米电视负责人的王川和雷军一起去滑雪,在坐缆车的间隙,两人一直在聊天。王川发现,雷军在过去几个月的时间发生了"突变",他将雷军的变化比作从"用显微镜看事情"开阔到"用望远镜看事情":"我当时对他说,你的水平提高了一个数量级。他说他以前一直说抬头看路,以为自己抬头看路,但其实还是低头干事,他的思考是基于金山的。"

他将在金山的岁月比作是"盐碱地里种庄稼",离开金山,便意味着要寻找肥沃的土壤,只有足够肥沃的土壤,才能承载他创办一家伟大公司的梦想。

事实上,此时的雷军,已经嗅到清新的泥土芳香了,他的心中已经燃起熊熊火焰。

此前几年，雷军一直在寻找可以借势的风口，从投资拉卡拉、多玩、UC 以及凡客就可以看出雷军对于互联网的钟情。其中，雷军对于 UC 格外上心，他有一段时间甚至将开创一家伟大公司的梦想寄托在 UC 身上。由此也可以看出，雷军已经察觉到将要到来的移动互联网浪潮。不过，在 2007 年以前，他总有些迟疑，明明知道一个新的时代就要来临，却不知道究竟会以什么样的形式引爆，直到 2007 年的一件大事发生。

2007 年 1 月，乔布斯对世人说："今天，我重新定义了手机。"一款无与伦比的智能手机 iPhone 横空出世，它如同一枚重磅炸弹一般，将诺基亚领导的传统手机市场炸了一个粉碎。苹果公司推出 iPhone 手机，这款手机颠覆了以往的手机业态，一场产业革命也拉开了序幕。毫无疑问，移动互联网已经势不可当。

iPhone 的问世，除了将乔布斯推上神坛外，也让苹果拥有了更多狂热的粉丝，雷军就是其中的一个。他恍然大悟，原来移动互联网的引爆点是手机！从互联网到移动互联网，本质区别是家庭办公室场景到游牧场景的转换，人们可能会在任何场景下连接网络——家里、商场里、公交车上、图书馆、大街上……在所有的场景中，人们的需求各不一样，可能是社交，也可能是娱乐或者购物，但是有一点不会变，那就是都需要通过手机。毫无疑问，移动互联网最重要的入口便是手机。2007 年，iPhone 让雷军开始对手机充满巨大的热情，他曾先后买了多部 iPhone 手机送人，他要让大家都看一看这款极具创新精神的新玩意。遗憾的是，雷军的大多数好友，对于第一代的 iPhone 手机并不感冒，但这丝毫不影响雷军的狂热。

如果说《硅谷之火》是点燃雷军梦想的第一把火，iPhone 的诞生就是来自硅谷的第二把火，雷军开始思考自己要不要也去做一款手机，尽管不能和 iPhone 媲美，但是足以向乔布斯致敬。

尽管已有目标，雷军仍然很心虚，他没有必胜的把握，那段时间，他经常问自己："还有没有勇气重新创业？还能不能不知疲倦地往前冲？我18岁时就有个理想，世界因我而不同，今天我是不是还坚持这个理想？是不是还想做一个与众不同的人？"迷茫之际，一帮朋友给了雷军宝贵的精神支持。

2009年12月16日，雷军在北京燕山酒店对面的酒廊咖啡馆宴请宾客，一是为了庆祝40岁生日，二是要大家陪他喝酒以排解心中的郁闷情绪。那天到场的都是互联网行业鼎鼎大名的人物，有雷军的老部下、金山词霸总经理黎万强，多玩网CEO李学凌，多玩网CTO赵剑，乐淘网CEO毕胜。在这场原本应该充满欢乐的生日宴上，这些人很快被雷军的悲观情绪所感染。

雷军借酒消愁的意图十分明显，但是并没有人频频举杯，大家把他围在中间，听他倾诉自己内心的苦闷。雷军的心情大家都可以理解，在软件和互联网这两个行业待久了，大家都成了忙碌的身、操心的命，一旦闲下来确实很容易迷失，尤其是对于雷军这样性格的人来说，过早地去享受退休生活无异于一种折磨。

雷军离开金山，整个人的状态都发生了较大的变化，出门不需要司机陪，有时候甚至连车都不开，就背着书包漫无目的地走。有一次，雷军回金山所在的柏彦大厦找黎万强，他宁愿待在一楼烧烤店里，也坚决不愿意回到自己熟悉的办公室。事后，他曾对黎万强说："我现在的状态和个退休老干部似的，不愿意见到大家。"在金山共事多年，黎万强从来没见过这种状态下的雷军。

当雷军将自己心中的苦闷说出来后，黎万强说了一句："40岁才刚刚开始，你怕什么啊？"这句话起到了醍醐灌顶的作用。"是啊，四十岁才刚刚开始，自己有什么好担忧的呢？"想到这里，雷军释然了。

那天，没有一个人喝醉，他们从酒馆中出来后，仍然意犹未尽地在初冬的寒风中边走边聊了好一会儿，最后才在岔道口各自离去。在返回住宅的途中，雷军打开车窗，迎着刺骨的寒风望着车窗外璀璨的路灯。他觉得自己的未来，就如同远处的路灯，不走过去，永远不知道前面是一片光明，还是暗淡无光。所以他决定赌一把，说不定能赌到一个更光明的未来,即使赌输了,迎来一片黑暗,那又怎样?自己才刚刚40岁!

那一夜的寒风,并没有将雷军的身体击倒,反倒是将迷失在困局中的雷军吹了出来,一个他从来没有做过的、崭新的创业计划在脑海中开始显现出来。也就是从那一天夜里,雷军为他搅动中国手机市场的宏大商业蓝图画下了最浓墨重彩的第一笔。

"我觉得我40岁重新开始也没有什么了不起的。"雷军后来特意了解到,柳传志40岁创业,任正非43岁创业,他说:"人因梦想而伟大,只要我有这么一个梦想我就此生无憾。"

打造最牛团队

"一个篱笆三个桩，一个好汉三个帮"，在过去十几年的时间里，雷军虽然在软件行业呼风唤雨，但是，在手机行业里他只不过是一个还没有崭露头角的小字辈而已。要想有所作为，他需要一个真正懂手机的人支持，可是这个人在哪里呢？找来找去，雷军找到自己的老熟人李开复。

林斌比雷军大一岁，短发精干、皮肤白皙，看上去比实际年龄要小不少。他有着一份漂亮的履历：1995至2006年，林斌任职微软公司，历任软件开发工程师，主任开发工程师，研发经理，工程总监。2006年以后，他担任谷歌中国工程研究院副院长，谷歌全球工程总监。2008年年末的一天，林斌像往日一样早早地来到自己位于五道口的办公室。作为谷歌中国工程研究院的副院长，他的主要工作是负责Android系统的本地化，这项工作对智能手机的发展有着非常深远的影响。就在林斌埋头工作的时候，他的顶头上司、谷歌中国总裁李开复领着一位客人走进了他的办公室。这是林斌和雷军初次见面，对于这位金山公司的前领导人，林斌早有耳闻。

初次见面，林斌和雷军谈得更多的是UCweb的经营状况，他们一个是投资人，一个是合作伙伴，所以这是一个绕不开的话题。没聊多久，两人发现彼此之间有一种难得的默契，从此以后一发不可收拾，时常在下班后相约到咖啡厅聊天，一聊就是五六个小时。

有一次，林斌和雷军在盘古大观的咖啡厅里聊天，聊着聊着说起手机，于是两人面对面各自从包里将自己的手机掏出来，满满当当地放了一桌子，然后开始一个个地拆机，惹得服务员以为他俩在咖啡厅里推销手机。也是在那天，林斌才发现雷军不光懂软件，还懂手机，那种懂不是装出来的，是实实在在的懂。

在林斌看来，自己对手机狂热是可以理解的，毕竟自己的工作就是与各种各样的手机生产商打交道。可是，雷军的狂热他却有点看不懂，他不明白这个搞软件的，每天为啥要在包里装八九部手机，那个时候，林斌还不知道雷军有进军手机行业的打算。

但是有人却看出了端倪，比如黎万强。2009年时，雷军仍然和黎万强保持着一个月见一次面的频率，与以往不同的是，他们每次见面，雷军都会谈论很多关于手机的话题。事实上，2009年上半年，雷军几乎见了谁都离不开手机话题，他一会分析手机市场，一会又对手机性能评头论足，而且说得头头是道，以至于有人拿他开玩笑说："雷军不干软件了，他开始经营手机专卖店了。"

在雷军点评的众多手机中，刚刚兴起的国产魅族手机无疑获得了更多的认可。他曾经在多个场合夸奖魅族的创新化和人性化。有一次，雷军陪客人们吃饭，吃着吃着，他从包里拿出来一部魅族M8手机，开始给大家现场分析这款手机的优点。他说："魅族的手机能够显示来电响铃的时长，别小看这个小小的创新技术，它能很好地替人分辨出那种只响一声的骚扰电话，这样的产品不好才怪。"

雷军在林斌面前也对魅族赞誉有加，他说魅族手机做得这么好，应该让他们使用Android的系统，这样无论是对魅族还是对谷歌来说，都是非常不错的选择。林斌听从了雷军的建议，先后两次飞往珠海探访魅族。而雷军作为林斌的参谋，也参与了这两次会面，他们与魅族的创始人黄章进行了十分深入的交流。

黄章仅有初中学历，但对于电子产品有着狂热的痴迷和非凡的追求，他以工匠精神打造的魅族手机在当时已经小有名气，具有不错的品牌形象。对于手机共同的狂热将雷军和黄章连接在一起，两人在2010年前后往来频繁，真诚相对。然而，随着沟通越来越多，雷军发现，他和黄章之间，有一道难以逾越的鸿沟——两人对于人才的理念相差甚远。

一次，雷军发现魅族一位高管软件硬件都很强，但是没有魅族的股份，就劝黄章分给他一点，因为没有股份的话很容易被别人挖走，黄章的回答让雷军非常震惊："他被挖走了我自己能干。"最让雷军失望的是黄章对于林斌的态度，他把林斌介绍给黄章，希望黄能分5%的股份给林斌，用来吸引林斌加盟，但黄章不同意。

这两件事让雷军打消了投资魅族的想法，他决定自己干。对于雷军的"叛变"，黄章颇有微词。在小米手机正式发布后，黄章还专门在魅族的论坛里发了一篇帖子，指责雷军当初打着天使投资人的名义盗取魅族大量的商业信息。

当然，纷争是之后的事情。现在，雷军要杀入手机行业了。在做出这个决定后，雷军邀请的第一个人就是林斌。这让林斌颇感意外，他一直以为雷军要帮他创业，结果却是雷军自己要亲自出马。

2011年10月，经过长时间的磨合和彼此适应后，雷军和林斌终于走到了一起，他们的目标就是一起做手机，而且不做低端机，只做高配置机型。话虽简单，可实际上他们却面临着诸多的问题，其中最严峻的一个问题就是他们两个人事实上都不懂手机硬件。但是事已至此，他们已经没有回头路了，只能硬着头皮上。

虽然对未来没有明晰的目标，但是从内心深处来说雷军是充满信心的，因为手机市场正进入到一个群雄割据的时代。在这个市场上，称霸多年的诺基亚早已变得威风不在，而苹果则凭借着iPhone系列的精彩表演一骑绝尘，三星抓住了契机开始从千年老二跻身到一线的新贵行列，而摩托罗拉和HTC则各自称霸一方。在这个没有绝对老大的市场上，雷军和他的小米迎来了最佳的崛起时机。

在雷军忙着准备做手机的那段时间，他的老朋友黎万强离开了金山。黎万强2000年毕业后加入金山公司，在长达十年的时间里，他从一个小小的设计师开始，一步步走到了金山公司设计总监和金山词霸事业部总经理的位置。

离开金山后，黎万强找雷军聊过一次天。他兴致勃勃地向雷军阐述了自己的创业计划，他告诉雷军自己要去做商业摄影，这样就可以拍出各种各样富有想象力的图片。雷军听完之后，没有评价，只是试探性地问了一句：“那个方向不太适合你，我这有个方向，你看要不要跟着我一起干？”听了老上司加老朋友的话，黎万强没多想就答应了。

雷军在寻找合适的合作伙伴，林斌也没有闲着。在去谷歌前，林斌曾经在微软工作过一段时间，在那里他认识了微软工程院的首席工程师黄江吉。黄江吉当时正好面临着人生的转折点，他在微软整整工作了13年，是继续干下去还是做点别的什么，是继续留在中国还是回美国，这是当时困扰黄江吉的两个问题。

在林斌的牵线下，雷军、林斌和黄江吉在北京知春路的翠宫饭店见了一次面。那次见面他们三人漫无边际地聊了将近五个小时，但是聪明的黄江吉相信，这次聊天绝不仅仅是三个电子产品发烧友之间的经验交流，因为他知道雷军的身份。临走的时候，黄江吉对雷军说："我不知道你们未来究竟有什么打算，但是不管做什么，就算上我一份吧！"就这样，黄江吉成为第四个加盟雷军团队的人。

除了黄江吉之外，林斌还联系了自己在谷歌的下属——高级产品经理洪锋。说起洪锋，很多圈内人都觉得这个人怪，但是更多的人还是对他的技术赞赏有加。洪锋还在小学时就开始学习计算机，他最大的爱好就是编写程序来解决生活中遇到的实际问题。进入谷歌后，洪锋一度在Google的美国总部做高级工程师，也就是在那段时间，洪锋和其他技术人员一起开发了"谷歌街景"。

从美国回来后，洪锋成为谷歌中国的第一产品经理，在他的主持下谷歌音乐上线，虽然这款产品让谷歌毁誉参半，但是从技术的角度来说，这款产品仍不失为成功之作。过早的成功，让洪锋多少有些傲气，但他又不失理性。

和雷军第一次见面时,洪峰把技术宅男的特点表现得淋漓尽致,他在雷军对面坐着,始终保持着淡淡的微笑,但是不管雷军说得多么天花乱坠,他也绝不搭茬。等到雷军说得口干舌燥的时候,洪峰终于发话了:"要做手机,你有自己的硬件团队吗?你对运营商了解多少?你有获取屏的渠道吗?"洪峰这一问,还真把雷军问住了,因为洪峰说的这些他一样都没有。

这次会面结束后,雷军就决定一定要把洪峰拉到团队中来。洪峰虽然对雷军的创业计划充满诸多疑问,但是他喜欢富有挑战的事情,最终也就答应了雷军的邀请,成为小米创业团队里最年轻的成员。

林斌、黎万强、黄江吉、洪峰,加上自己,这在雷军眼里已经是一个非常给力的组合了,只要好好做,一定能够做出好的产品。可是洪峰却并不这么认为,他和雷军提到一个人——刘德,雷军听到这个名字后多少有些犹豫,他觉得自己根本请不动这样一尊大神。

刘德是美国艺术中心设计学院的高材生,在设计领域可以说得上是"大牛"级别。2010年5月,回国办事的刘德被洪峰邀请到北四环边上的银谷中心大厦,在这里他见到了雷军、黎万强、林斌和黄江吉。那天他们从下午一直聊到夜里12点,雷军详细地向刘德介绍了自己进军手机市场的计划,刘德对雷军的做法十分认可,可是他不知道自己能做什么,而雷军则直截了当地对刘德说,希望他能够入伙。

对于刘德来说这是一个非常艰难的抉择,他在美国过着悠哉游哉的中产阶级生活,安逸得不得了,而且自己的事业还在稳步地向前发展,所以根本不需要为小米冒险,可刘德最终答应了雷军。打动刘德的不是雷军描述的小米手机的广阔前景,而是雷军带领的这个团队。在刘德看来,好商品易做,好团队难寻,他不想错过这样一个优秀的团队。

做手机系统的人有了,做手机软件的人有了,连设计手机的人都有了,唯独缺一个能把手机做出来的人。在硬件制造领域,不管是雷军还是林斌,都没有广泛的人脉。为了尽快找到合适的人选,雷军在

2010年的夏天，用3个月时间面试了100多名手机硬件方面的人才，却始终没有找到。

就在雷军感到绝望的时候，有人将周光平介绍给雷军。和当初听说刘德的反应一样，雷军认为不太现实。首先周光平已经55岁了，这样年纪的人很少有愿意出来创业的；其次，从1995年开始，周光平就在摩托罗拉担任高级工程师职务，在摩托罗拉可以说是要风得风、要雨得雨，没有出来创业的必要。但是在林斌的建议下，他还是和周光平见了一面。

那是一个周六的中午，雷军准备用两个多小时来约见周光平，可让人没想到的是，两人见面后大有相见恨晚的感觉，话匣子一开就再也合不住了，从中午12点一直聊到晚上12点，聊在兴头上的两人连吃饭都顾不得，午饭和晚饭竟然叫的外卖。

这次见面后没过几天，雷军在出差的路上接到了林斌打来的电话："周博士同意了！"那一天雷军感慨万千，想想自己过去一年所做的一切，他觉得挺值的。但是他又多少有些顾虑，因为这件事现在成了7个人的事儿，而不是他一个人的。他害怕失败，那样实在有些对不住自己的伙伴。

> 小米8个创始人里面，只有一个是我以前的同事，有一个是我以前的朋友，其他5个人都是我们一点点找来的。找团队的模式，就是首先找你需要的，在这个行业里最好的，然后再一步步跟他交流，说服他。所以我们会找最优秀的人，而不是以前有合作经验的人。很多创业者倾向于找熟的人，这也是一种管理模式，这个容易合作。但是不如找最聪明的人，公司做成功的概率高。

秘密的开局

2010年4月6日,清明假期后的第一天。上午9点多钟,一位老人抱着一只电饭锅,小心翼翼地穿过春日的暖阳和中关村东部的街巷,拐进了位于保福寺桥边的银谷大厦。银谷大厦里往来穿梭的白领们大都没有注意到这位不起眼的老人,偶尔有人扫视一眼,也转瞬即忘,他们绝不会意识到,这是一个传奇诞生的时刻。

这位老人是黎万强的父亲,他径直来到大厦807室,推开门,等在屋里的14个人笑容满面地迎了上来。这14个人便是小米科技的创始团队。揭开锅盖,米香扑鼻,大家每人盛了一碗热腾腾的小米粥,边吃边聊,其乐融融。十几个人,四百多平方米的办公室,弥漫了一屋子的小米粥味道,就在这样的气氛下,小米正式成立了。

雷军后来回顾说:"我们唯一的仪式就是一起喝了碗小米粥,然后就开始上班了。"黎万强后来也提到这个特别的仪式:"当年煮小米粥的电饭锅,我让我老爸收藏好了。"这样的仪式虽然简陋,却意义鲜明,让人印象深刻。

"小米"这个名字,是雷军和几个合伙人无数次"头脑风暴"的结果。最后,雷军从《阿含经》里的"佛家(观)一粒米,大如须弥山"这句话中找到了灵感。不过,佛家故事中的"米"是大米,选择"小米"是由于刘芹的建议:"现在用户不喜欢高大全,就叫'小米'吧!"

雷军还挖掘出了"小米"的更多含义:"首先米的拼音是mi,

Mobile Internet，小米要做移动互联网公司；其次是 Mission impossible，小米要完成不能完成的任务。最后，'小米'这个名字亲切可爱，你周围有人叫小米吗？"这样的基调下，小米公司很快形成了"米"文化，比如会议室也大多起了与米有关的名字，"香米"、"红米"等。

小米的 LOGO "MI" 是 Mobile Internet 的缩写，它很好地表明了小米是一家移动互联网公司。需要特别强调的是，小米 LOGO 反转后是心的形状，只不过少了一点，然而它的寓意却十分深刻：希望能让用户省点心。

一碗小米粥下肚，每个人的胃里暖呼呼的。趁着暖呼劲儿，小米科技的第一个项目启动，这个项目便是"小米司机"。几个为做手机走到一起的人，在空荡荡的屋子里坐下来，开始写代码。之所以先做软件，是基于雷军的判断。

做了十几年软件的雷军，对互联网和手机行业的发展有着独到的见解。他觉得在未来的手机行业将会呈现出六个明显的趋势：手机功能方面要电脑化、互联网化、全能化，而在设计方面，手机的发展趋势将趋向于颠覆性、人性化、情感化。

因此，小米先从互联网做起，互联网是信息时代培养粉丝和塑造品牌形象的不二之选，在互联网上发展一两年的时间，再去做手机。至于手机的配置雷军已经想好了，只做顶级配置的手机，同时还要做到性价比最高，至于手机的销售则主要靠网上的在线销售，赚钱的事大可不必着急。

在应该做什么这个问题上，林斌考虑了很久，为了找到最佳方案，林斌几次将大家召集在一起，共同出谋划策。最后，大家一致同意做一款颇具人性化，为广大司机朋友们提供提醒服务的软件——"小米司机"。

但是作为一款服务性软件，"小米司机"并不能成为战略项目，因为这样的小软件在市场上可谓比比皆是，小米要想成功，就要做一套独特的、具备自身特点的东西出来。于是，小米的第一个具备战略意义的项目MIUI操作系统启动了。

MIUI是一款基于Andriod的主程序操作系统,雷军希望将它做成一个"活的系统",这样可以让广大的民间高手参与进来,有利于粉丝团体的培养。这个项目由黎万强亲自负责,它的产品界面和人机交互设计都是黎万强亲自操刀完成的。在这个过程中,黎万强第一次感受到了互联网的神奇魔力。在金山时,他负责的项目更多的是靠封闭开发,大家以为自己的产品很好,可是一旦推向市场后,用户却并不买账。可是这一次却不同,他能够直接与用户就MIUI软件进行交流,然后根据用户的建议取长补短。

2010年8月16日,小米公司正式发布MIUI的内测版。在此后一年的时间里,MIUI吸引了来自世界各地的50多万名手机硬件发烧友,在MIUI论坛活跃的用户高达30万。来自24个国家的MIUI粉丝自动自发地将MIUI升级为当地语言版本。据不完全统计,MIUI系统刷机量达到了100万。可以说,MIUI在小米粉丝的积聚过程中居功至伟。

2012年8月16日,MIUI发布两周年之际,雷军又一次站在了798艺术中心,直到这个时候MIUI才有了自己的中文名字——米柚。而这个时候米柚在全球范围内已经拥有了600万以上的用户,成为最受欢迎的国产手机系统。

作为国内软件行业曾经的老大哥,雷军比别人更清楚一条腿站不稳的道理。所以在米柚问世后不久,雷军就开始将注意力集中在了下一款软件的开发上。当时在美国,有一款名叫Kik Messager的软件风靡一时,雷军认为再开发一款这样的通讯软件,一定会在国内市场上大获全胜。

这个议案在小米内部的研讨会上引起了大家热烈的争论。当然争论的焦点不是做不做,而是如何做、如何定位的问题。当时,手机通讯软件主要有两种模式,一种是超级短信工具,这种软件取代了传统手机的短信服务功能,为用户提供了极大的便捷服务。还有一种模式,则是社交类通讯软件,这类软件的共同点是通讯只是切入点,它的根本作用还在于像 Facebook 一样，建立一个网络的社交平台。

会议结束后，大家一致认为打造一个手机网络社交平台更有前景。于是抱着一种试试看的心态，小米软件工作室投入到这一工作中。对于长期浸染在软件行业的小米人来说，这样一款软件的开发并没有什么难度，所以仅用了短短一个月，米聊就开发成功了。2010年12月，米聊作为小米的第二块主打招牌被推向手机软件应用市场。

让人感到尴尬的是，米聊的推出似乎并没有在用户群中掀起热烈的反响，在上市后的几个月时间里都表现得平平淡淡，不温不火。可就在这个节骨眼上，一个巨大的噩耗传来，据不可靠消息称，即时通讯领域那只"温柔的企鹅"很有可能进入到手机网络社交平台，但是作为金山公司的股东，腾讯并不希望与雷军发生过于激烈的对抗和矛盾，所以留给小米人的时间仅仅只有三个月了，三个月后这位行业大佬，将进入这个领域。

面临腾讯即将到来的压力，雷军力主创新，因为一直循规蹈矩地发展下去，米聊只有死路一条。在巨大的压力面前，米聊工作室爆发出了极强的战斗力，很快他们就研发出了"语音对讲"功能，米聊从一款普通的社交软件演变成一款可以语音交流的对讲机。2011年5月，"语音功能"的推出为米聊迎来了爆炸式发展阶段，米聊会员呈倍数增长。

作为国内第一款手机社交语音平台，米聊在2011年5月之后一举奠定了自己在移动互联领域的地位，它成为小米公司第一款具有广泛影响力的产品，而雷军这个昔日PC软件行业的老兵也开始借此在移动互联领域声名鹊起。

在公司成立后的近一年时间里，小米的发展都是在静悄悄地进行。成名之后再次创业的雷军，有着深深的忧虑。他有过一次创业失败的经历，个性要强的他不允许自己再次失败，更不愿意让别人知道。雷军说：

> 小米是我不能输的一件事，我无数次想过怎么输，但要真是输了，我这辈子就踏实了。

小米开始的那一年半，我们不允许任何人讲小米是我雷军办的。那一年半里，我也不接受任何媒体的采访，我想我偷偷干吧，如果成了，我就承认；如果失败了，我就死都不承认小米是我办的。

2011年7月中旬，雷军才正式对外界确认小米科技由他亲手创办，并将在下半年推出自有品牌手机。消息传开后在IT行业炸开了锅，人们都认为未来趋势是软件时代，雷军从软件行业进军硬件，这不是逆流而动吗？

在小米公司，无论战略定位如何，米柚和米聊都算得上是雷军进军移动互联网的两款重要工具，小米手机不过是雷军进军移动互联领域的载体罢了。如果说雷军想要实现做一家伟大公司的梦想，做智能手机几乎是最好的机会。

为发烧而生

与软件行业相比,手机的硬件生产是一个链条相当长,并且难以变化的行业,这让善于突破、寻求变化的雷军一时间很难适应。

此外,还有很多困难是雷军"自找的"。他信誓旦旦地要做一款引领潮流的手机,并将小米的产品目标定在了一个很高的层次上。这就意味着小米不可能像中国功能机时代的山寨机一样,在短时间内做出产品。

之所以如此定位小米手机,是因为只有品质过硬、体验优质的手机,才能够在短时间内引爆市场。如果小米手机埋没在安卓手机的机海里,无法吸引大批用户,小米借助手机占领移动互联网信息入口的战略就无法实现。所以,小米手机必须在品质上远远甩开国内同行,同时具备比国外品牌更有竞争力的价格优势,才算得上成功。

除了战略上的要求外,对于乔布斯的认同和追随也是雷军产品理念形成的重大因素。苹果从一出生起就代表着乔布斯"改变世界"的梦想。产品设计先行,一经推出就引领潮流,卖的是先锋、时尚、叛逆的概念和生活方式。苹果的产品缺点不少,但胜在优点够突出、够颠覆。乔布斯这位史上最伟大的产品经理的"产品是种价值观"、"为自己制造产品"、"Stay hungry;Stay foolish"等产品理念都深深影响了雷军。

雷军还在国内找到了产品质量的标杆——同仁堂,他经常告诉小米团队,小米手机应该向同仁堂学习。作为百年中药行业的老药铺,同仁堂古训为"炮制虽繁必不敢省人工,品味虽贵必不敢减物力"。雷军表示,只要是好的硬件材料或技术,就应该不惜财力物力用到小米手机之上。因此,小米团队一直遵循着"真材实料"的原则,然而,极致追求和"真材实料"给小米手机的部件采购以及研发带来了成倍的困难。

除了同仁堂,海底捞和沃尔玛也是雷军早在创办小米之前就充分借鉴参考的两家典范企业。雷军说:

> 海底捞对我们最大的启发就是,海底捞的口碑非常好。在中国的餐馆里,他们从来不做任何广告,他们最最重要的模式就是让每一个客人都超出预期地高兴,这就是超预期。
>
> 我们也借鉴了沃尔玛(Wal-Mart)的高效率运作。低价是容易的,高品质低价却不容易。难点在什么地方?你的成本比别人高很多,你还要做得很便宜,关键就在于你的整个运作效率。这方面我在创办小米之前参考了沃尔玛,后来我发现开市客(Costco)比沃尔玛更狠,做得更好,所以沃尔玛跟开市客都是高效率运作的经典案例。不过我觉得小米的运作效率也非常高,只有高效率才有机会把产品卖得便宜,否则公司就是巨额亏损。

为了尽早启动小米手机项目,雷军和林斌两个不懂手机硬件的人不得不频繁地约见硬件供应商,结果问题又来了。雷军要做精品手机,那就意味着整个手机硬件的供应商都应该是最顶级的,不管是CPU还是触摸屏。可客观事实是,最顶级的供应商往往不缺买家,钱在这里根本不好使,而雷军在软件行业里那点名声,在这里也同样玩不转,没人知道你是干什么的。

到了2010年12月,经过漫长的谈判,手机的核心组件芯片的供应商终于谈妥,但是触摸屏却始终没有落实,虽然周光平和工程师们还在千方百计地努力,却始终没有找到合适的供应商。这个时候,身为设计部老大的刘德有点坐不住了,他让周光平等人先去做电路设计,他亲自出马去找供应商谈判。

为了能和供应商更好地交流，刘德硬是背下了800多个手机原配件的名字，与100多家厂家进行了联系，见过的供应商代表超过1000名，5个月瘦了20多斤。可是即便这样，刘德依然乐此不疲。日本大地震引起福岛核电事故，让许多人对日本敬而远之，可是刘德为了向夏普公司表达自己的诚意，特意拉着雷军去了一趟日本，深深打动了夏普公司的负责人。

为了让到手的硬件设备流畅运行，黎万强为首的软件开发小组夜以继日地在办公室里测试、修改，相对于软件编写来说，硬件驱动程序的开发并不简单，因为这根本就是一个完全陌生的领域。黎万强后来将那段经历比喻成"在陌生的黑房子里找开关"，所有人都在不断尝试，不断寻找方法。

艰苦卓绝的工作终于迎来阶段性的胜利。2011年4月3日，雷军接到硬件研发组的信息——原型机可以通话了！他大喜过望，三步并作两步跑到硬件研发办公室。

小米的第一部手机就安安静静地躺在桌子上，当时还无法拔下充电线。雷军压抑着极度的兴奋，拨通了小米手机发出的第一通电话。电波流转，听筒里传来微弱却清晰的话音。因为只是原型机，只要拿起来就没法通话，为了听清话音，雷军干脆俯下身去，好像第一次见到手机那样激动。

随着第一次通话的成功，小米手机一天比一天接近于完善。手机的性能给了雷军无比的自信，他知道，蛰伏了三年多之后，终于又要站在舞台中央了。

2011年8月16日，盛夏的北京，雷军站上798的舞台，发布了代号为"米格机"的第一代小米手机。这台手机外观朴素，定价1999元，号称顶级配置：双核1.5G，4英寸屏幕，通话时间900分钟，待机时间450小时，800万像素镜头。其中屏幕由夏普提供，处理器由高通提供，开模具服务由富士康提供，代工生产由英华达提供。

发布会是在尖叫声中开始的。

台下除了供应商和记者,就是年轻的小米粉丝和手机发烧友。雷军穿着凡客的黑色T恤和牛仔裤,搭配乐淘的愤怒的小鸟布鞋,他刚一登台,米粉们便高声呐喊"雷布斯"。雷军似乎有些紧张,说开场白时,演练过数遍的话竟然有两三秒尴尬的停顿。

配合着极富视觉冲击力的图片,雷军向众人公布了一组组技术参数,引发台下米粉山呼海啸般的狂欢声。特别是当雷军喊出"小米手机是国内首款双核1.5G的智能手机"、"小米手机也是全球主频最快的手机"、"小米要做世界上最好的手机"的时候,欢呼声更是一浪高过一浪,几乎掀翻屋顶。

小米手机上市后销售火爆、供不应求,迅速成为智能手机界最热门的话题,只要提到智能手机,就很难绕过"小米"这个词。雷军事先虽然想过小米手机会火,但他没有预料到粉丝们的力量如此巨大。这个力量既鼓励小米发展,也让小米成为众矢之的。

就在米粉们高喊"雷布斯"的同时,已经将雷军置于舆论的风口浪尖。

"小米现象"在业界刮起评论热潮,负面评价汹涌而来。其中,最主流的舆论观点就是:小米是靠煽动粉丝做起来的,这是一家把心思用来做营销而不是做产品的公司。

小米的创始团队很委屈,他们搬出一组又一组数据,晒出一个又一个用户好评,试图让更多人知道小米手机团队背后的良苦用心。但是,没人理会,人们更愿意相信这是一场蓄谋已久的阴谋——晒数据和好评,不正是雷军和黎万强最擅长的营销手段吗?

小米话题的火爆着实让雷军苦恼了一阵,话题能够为小米带来关注度和销量,同时也让很多人对小米产生了误解。小米被贴上了"浮躁"的标签,雷军也被扣上了玩粉丝经济的帽子,这绝不是雷军想要看到的。更让雷军无奈的是,米粉们的反击让舆论走向失控。

正如小米一开始定位的那样,小米手机的第一批用户是一群对手机极度狂热的发烧友,小米手机的高性能让他们无比兴奋。这帮大家印象中的宅男、IT狂人为自己能够深度参与到一个品牌的建立、一套操作系统的完善，甚至是一个公司的发展中感到自豪，小米爆发式的成长更是带给了他们莫大的光荣。因此，在很多米粉看来，外界的批评是那么不可忍受，他们深知小米手机每一个参数背后的意义，外界却用"脑残粉""人傻钱多"来形容他们，于是他们开始反击。一部分理工男的反击不像雷军、黎万强那样充满耐心，他们要么简单粗暴、毫无技巧地怒斥，要么一副懒得解释的样子——"小米就是屌，我就喜欢被骗怎么着"。

这部分米粉们的态度更成为攻击者们的把柄，他们认为这群人要么是被雷军买通，要么就是疯了。关于雷军玩弄粉丝、深谙粉丝经济的评论甚嚣尘上。

客观来说，雷军和黎万强确实从一开始就明白如何运用粉丝的力量去撬动价值。在金山做游戏产业最风光的那几年，他们就已非常清楚年轻的用户需要什么。

日本学者将80后所处的时代称为"生感时代"，在他们看来，从20世纪中期到现在大致分为三个阶段：生存时代、生活时代、生感时代。生感时代是指进入新世纪后，随着经济高速平稳的增长，人们在消费行为和生活方式上开始追求更能满足自己归属与爱、尊重乃至自我实现等需要的感性商品的时代。与以往的时代相比，这个时代的消费者更看重情感需求。

雷军的偶像乔布斯就是一个把握用户情感需求的大师，苹果的成功也与此有很大关系。苹果对用户的需求把握精准，在苹果体验店中就能体现出来。苹果体验店不是苹果专卖店，传统的手机专卖店中，用户在确定购买意向之前，只能看到手机模型，在苹果体验店，用户能够通过体验找到心动的感觉。

从创办小米开始，雷军就将用户体验放在第一位，他给黎万强的任务是不花一分钱将小米营销出去。黎万强一开始提了一个3000万元的广告提案，雷军看都不看，立刻否定。精通营销的黎万强硬是通过小米论坛和微博等自媒体平台，让小米的 MIUI 开发团队从最核心的 100 人，迅速膨胀到 10 万人，其间所花费的营销费用却少得可怜。

当然，再高明的营销，其基础都是产品，这一点在小米创始团队中高度一致。此外，无论是小米内部总结出来的"口碑的铁三角"，还是"参与感三三法则"中的三个战略，都将产品放在第一位。

口碑的铁三角：1. 发动机——产品；2. 加速器——社会化媒体；3. 关系链——用户关系。

参与感三三法则的三个战略：做爆品，做粉丝，做自媒体。

在对小米口诛笔伐的同时，业界也掀起了一阵粉丝营销的风潮。华为、中兴、酷派等大牌厂商，纷纷开设互联网品牌，仿照小米模式运营粉丝经济。原本就深耕粉丝多年的魅族，也更加重视粉丝的维护。一时间，"花粉""酷友""煤油"等称呼与"米粉"一起，成为手机用户们不同群体的独特标签。

粉丝经济从小米开始，被彻底引爆。

因为米粉，所以小米

粉丝经济大行其道，雷军却异常忧虑。小米能够一炮而红，很大程度上是米粉的功劳，所以雷军才时刻强调"因为米粉，所以小米"。但是，雷军也深知粉丝经济的负面效应，粉丝经济却绝不能盖过产品和服务，否则便会对企业造成反噬。

水能载舟亦能覆舟。粉丝经济的最大风险就在于，基数大了之后，会产生狂热的粉丝，这些粉丝的极端行为，最终很可能会给品牌带来更大的伤害。那么，小米到底该怎样让粉丝群体稳定？

雷军和黎万强反复分析之后，决定将用户和粉丝进行分层级管理，构建一个金字塔：塔基是小米用户，他们通过微信、微博等参与小米组织的活动，但不深度介入。塔身是米粉，塔尖是发烧友，他们构成"小米金字塔"的中间层和顶层。通过实行从塔基到塔身、塔顶的分层级管理，不同的社群采用不同的管理，满足了不同粉丝的需求，这样，一部分粉丝便成为小米稳定而有战斗力的死忠粉。

与此同时，小米开始更加用心，真正以"米粉"为核心。雷军知道，维护粉丝最好的方法就是将产品、服务和性价比做到极致。粉丝数量和热度其实就像上市企业的股票价格，产品、服务和性价比则是企业真材实料的东西。如果营销热度过高，给人名不副实的印象，就等同于上市公司出现泡沫。最好的办法就是将三项基本功做扎实，让企业的品质与品牌热度相协调。

从小米手机发布开始，产品的品质和性价比已经确定下来。接下来最重要的就是做好服务。雷军身先士卒，做了小米的001号客服。在小米手机开售之后的很长时间里，雷军常常坐在电脑前给客户回复信息，给用户解答问题。他的微博保持每日更新，对于网友的评论，雷军也尽可能及时回复。

此外，小米的售后服务体系也加速完善。2011年9月15日线上售后启动的同时，线下服务中心——小米之家也在全国各大城市紧锣密鼓地开始建设。先是北京、上海、广州、深圳、南京、成都、武汉等一线或区域中心城市，然后二线城市全面开花。2012年3月11日上午10点，郑州、长沙、无锡、东莞、济南、大连六地的小米之家同时开业。不足半月之后，贵阳、厦门、青岛、沈阳、石家庄、宁波、苏州的小米之家也同时间开业。

2012年春季到来之前，作为非官方活动的小米同城会举办了超过100场，各地米粉纷纷通过同城会"找到组织"。《爆米花》杂志在同年3月2日创刊。一个月后，第二期《爆米花》杂志在愚人节当天上线。米粉们已经自发成立团体、相互交流、举办活动，俨然成为一个较为稳固的文化社群，而不只是用户群。

对此发展，雷军颇为得意：

> 我们不是做产品，我们是做用户，做社交网络。互联网时代，任何人之间的关系发生了改变，产生了Facebook这样的社交网络与公司，人和产品之间的关系也会变化。你可以把小米公司理解成这样的社交网络公司。

这时候，小米已经走过第二个年头，将要迎来两岁生日，雷军则在酝酿一个更大的计划——做一场庆典。雷军认为，小米成功的核心因素来自于米粉的支持，于是就把公司的庆典定义为一年一度的"米粉节"，和用户一起庆祝。在"米粉节"上，雷军会和米粉们分享新品、沟通感情。

2012年年初,小米手机解决了质量、产能等各方面的问题,销售数量直线上升,每轮抢购都被秒杀。此时小米的号召力如日中天,"米粉节"的活动一经发布,立刻引来无数粉丝的积极回应,有些米粉甚至不远万里专程赶赴。

2012年4月6日下午,仍是在北京798艺术区,第一届"米粉节"拉开帷幕。活动现场被精心布置成狂欢派对的风格,活动中心的摇滚、电子乐令人兴奋,不断变化色彩的舞台灯以及墙壁上来回旋转的小米手机图片更是把现场气氛营造得热烈、亲切。

雷军登台,照例是牛仔裤、T恤衫,不同的是,他的T恤不再是深色,而是与"米粉节"配套的白色卡通版。雷军先是介绍了小米最近的状况,然后公布了一则重要的消息,那就是小米的电信合约机"未来20天内上市",而且"有很优惠的套餐"。接下来便是小米的趣事,雷军的幽默演讲和充满谐趣的爆料不断引起现场阵阵笑声。活动结束后,雷军还久久没有离去,和一拨又一拨簇拥过来的粉丝拍照。

一时间,米粉们对小米的信心达到前所未有的高度:小米的最新消息、小米公司内部的故事、小米将要发布的新产品,都成了他们关注的焦点,他们已成为小米的利益共同体。小米的用户基础进一步夯实。

尽管雷军不止一次强调,自己并不打算做下一个乔布斯,但从实际情况看来,小米处处在模仿苹果。不管是新品发布会的方式还是雷军在发布会上的穿着,或多或少都让人们看到乔布斯的影子。除了这些外部形态上的相似外,雷军在新手机的开发理念上也几乎保持与苹果公司一样的节奏,一年一部主打手机。

理想虽然美好,在残酷的现实面前还是不得不低头。"米粉节"过后没多久,雷军一年一部主打手机的策略便在市场竞争的压力下发生改变。究其原因,是因为小米面对的市场和苹果起步的时候完全不同。

苹果在经过四五年的市场孕育之后,已经拥有了一个相对成熟和稳定的市场。而小米上市之后,却面临的是一个极为凶险的"战国时代"。在国内手机市场上,iPhone和三星占据高端产品的大半江山,HTC、摩托罗拉则几乎成为中端市场上的主力军，小米手机虽然凭借其巨大的性价比优势成功跻身手机行业，但是面临的却是竞争对手的穷追猛打。

面对这样的市场环境，如果雷军不及时做出应变，小米手机的市场份额随时都有可能被其他手机厂商侵吞掉。为了应对这一局面，2012年5月，雷军携小米的其他六位创始人，拍摄了一部微电影《我们的150克青春》。在这部微电影中，七个老男孩靠着自己生涩的演技，为即将发布的小米手机青春版造势。

5月15日，小米公司通过微博平台掀起了转发送手机活动，在三天时间里赠送36台小米青春版手机，就此拉开了青春版的营销序幕。5月18日上午10点，小米手机青春版15万台手机开始正式发售。在近11分钟的时间里，小米每秒售出230台左右的手机，不得不说这是一个销售的奇迹。

小米青春版很大程度上吸引了一些低端智能手机的消费者，成功赢得了市场的关注度，还保住了小米在过去几个月里辛辛苦苦打下的江山。但是要想在这个市场上走得更远，当务之急是推出新一代的小米手机，来完成小米手机的更新换代。

像卖海鲜一样卖手机

2012年被称为"中国微博年"。这一年,超过4亿的中国网民都通过微博参与到惩治腐败、城市建设、传媒热点等许多热点问题上,发挥了巨大作用。在年末的新浪微博盘点中,"年度微博热门话题""年度微博红人""年度微博名人"三大系列微博总提及量超过22亿次。

小米的营销团队一开始就意识到社会化媒体的力量,黎万强更是将社会化媒体称作品牌推广的主战场,而微博则被当做是社会化媒体的第一站。小米手机青春版推出前后,微博宣传大获成功,并引发后续一连串口水战,这促使雷军和黎万强决心在微博大干一场——他们决定把手机拿到微博上卖。这个计划很快得到了新浪的积极回应,新浪微博在经过人气积累之后,也急需找到商业化运营的途径,小米的提议无疑是一种不错的尝试。

2012年8月4日下午13点,雷军通过安卓手机客户端发表了"小米手机X2=816,798"的微博,这条微博一经披露,媒体便猜出了其中的端倪,纷纷猜测小米的发布时间为8月16日,而地点选定在798艺术区。

于是,8月16日还没到来,国内的互联网上率先爆发了一起惊心动魄的价格大战。8月13日晚23点京东商城首席执行官刘强东在微博上发文:"今晚,莫名其妙地兴奋。"第二天,京东"打苏(宁)抗(国)美",掀起了中国互联网有史以来最大规模的电商价格战。

几乎是同一时间点,雷军模仿刘强东的语气发表了一条微博:"今夜，我也莫名其妙地兴奋。最后下定决定，为了迎接新一代小米手机发布，明早9点，小米一代手机直接降价到1299元。过去两周在小米网上购买的用户，返700元的现金券。"至此，小米2发布会进入倒计时。

2012年8月16日下午14点30分，小米2发布会正式举行。发布会上，雷军向大家介绍了小米的新机型1S，称其是一款双核1.7G的高性能智能机。接下来，雷军推出了真正的主角小米M2。令米粉感到惊喜的是，M2采用的CPU竟然是1.5GHz高通APQ8064，这款处理器是高通公司的高端产品骁龙S4系列之一，换句话说，M2拥有一颗强大的心脏。而雷军每公布一组参数，都会迎来米粉们排山倒海的掌声。当屏幕上绚丽的烟花散开，"1999元"定格在大屏幕上的时候，全场沸腾。

不过，即使有小米手机1的实践，小米M2仍旧没有完全解决产能问题，由此引发的攻击更是在发布会之后的几个月里成为舆论的靶子。

M2发布后没多久，媒体就提出一个尖锐的问题，直指小米的核心组件，也就是1.5GHz高通四核APQ8064的CPU。人们担心作为刚刚研发出来的新一代产品，高通何时才能真正将其量产？即使高通成功量产，小米M2能在短短两个月内完成装机并投入销售渠道中吗？

针对这一问题，小米公司的竞争对手开始旧事重提，他们认为雷军不过是故伎重演，将一年之前的那一套"饥饿营销"战略拿出来再用一次罢了。更有甚者，还有人给M2戴上"期货手机"的帽子，意思是雷军不过是把属于未来的手机拿到现在来卖，用低价赚取噱头和眼球罢了。

除了一些比较专业的分析之外，多数人更愿意将小米手机奇货可居的局面称作是一种营销手段，"得不到的永远在骚动"，越是一机难求，场面越是火爆，于是更多的人蜂拥而至。"饥饿营销"这顶帽子结结实实扣在小米头上。

对于这种说法，雷军颇感无奈，因为它极具蛊惑性，如果不明就里，大多数人会信以为真。可事实绝非如此。

之所以不能大量囤货，其中的辛酸只有小米人知道。在接触到手机生产之后，雷军发现的第一件事就是这个行业很烧钱。当时，做一个手机模的成本是200万元左右，一个模能生产100万台左右的手机。小米公司为了做出最理想的手机，在研发阶段先后开发了近十个模，单单这一项就花费了近2000万元，钱虽然不是问题，但是时间成本却付出不少。雷军也曾想过冒险，通过囤货的办法解决产能不足的问题，但这种想法遭到了王川的极力反对。

王川是雷军的老朋友，2004年和雷军结识。二人同龄，都喜爱滑雪，常在节假日一起出游，关系非常密切。雷军创办小米的时候，曾极力邀请王川加盟，王川多次拒绝，"我们的朋友关系不牵扯利益，我一直信奉君子之交淡如水"。直到小米后来收购多看，王川才成为小米的第八位联合创始人。

王川出身知识分子家庭，儒雅寡言，性格沉稳，很少冒险。他曾开玩笑地自称是"小米团队拖后腿的人"。他说："从对待风险这件事情来讲，雷军更激进，我更保守。"小米手机之所以被贴上"饥饿营销"的标签，与王川的保守打法有很大关系。

小米手机首次发布前的一次会议上，雷军和其他几个伙伴都提议先囤货，王川则坚决反对，他问雷军："你做过硬件吗，没有吧！"环顾四周，在座的其他人也都摇摇头。看到大家都不吭声，王川接着说："我好歹做过一点，所以我知道供应链极端的风险。做一款2000元的手机，如果每个月生产100万台，四个月的资金额是80亿元。但这款手机，开模要四个月，量产还需要再等四个月。而且手机是海鲜，放在那儿就会腐烂。这东西今天卖不出，三个月以后就更卖不出，它天天在降价。你们想想，如果我们这个小公司有10万台库存，公司分分钟就死了。"

一席话下来，雷军和身边几个做软件出身的人听得心服口服，他们确实还没有真正面对过供应链、库存等细节难题。

从此，"像卖海鲜一样卖手机"成为了小米手机的基本销售策略之一。于是，虽然并非为了营销，小米却必须"饥饿"，这一事实也让小米没有反驳"饥饿营销"的说法。他们只能一遍一遍强调不是不卖，而是真的没有货。

确实,在摩尔定律的作用下,电子消费市场的更新换代非常快。今天一部新款手机能一个小时内卖出10万台,明天如果性价比更高的新一代手机出来,旧的款式就有可能1个小时连一台也卖不出去。作为小米公司的重要合作伙伴,联通公司在找小米订货时态度十分明确:没有人知道三个月以后的销量,因为市场变化太快了。

从来没有做过手机的雷军,到这个时候才知道,除了要做各个环节的救火队员外,还要做一把"神算子",计算小米手机的未来产量。这个预测要承担极大风险,并不是越多越好,因为销量一旦定下来,小米公司就得掏钱去采购配件,谁都想一次性订购100万台,可是这100万台手机的材料购置费从哪来?市场很难预测,40万台的库存就能把小米压垮。

由于以上种种原因,小米根本不可能进行大规模的量产,30万台的生产数字是可控的,而且也是科学的。所以,在接下来的一段时间里,小米手机的量产数字基本控制在这个范围内,很少出现急功近利的大冒进。而所谓的"饥饿营销",不过是一些不明就里者的偏见而已。随着其他手机厂商模仿小米的销售方式,这种模式才被越来越多的同行所理解。

第八章

扩张与变革

"想办一家世界级的伟大公司。"是雷军在大学一年级时就立下的愿望。小米创立后,为了实现自己这个梦想,雷军从不满足于已有的成功,他一次次超越自己,甚至颠覆自己。

小米盒子是与非

2011年,科技行业的热门话题之一是互联网智能电视。截至2011年年底,中国智能电视市场出货量就达到800万台。受此诱惑,IT企业纷纷进军这一蓝海:联想当年11月末展示旗下首款智能电视"乐TV";苹果计划推出苹果电视;谷歌收购软件厂商、加速开发TV模块,酝酿推出第二代Google TV;三星和LG分别宣布已和谷歌达成合作。

敏锐的雷军早已察觉到智能电视领域的机遇,并有所思考,只是苦于没有一个好途径进入,身边也无适合的项目掌舵人,只能暂时观望。就在此时,老朋友王川突然提出要做电视盒子。

早前,王川未加入小米,而是创业做"中国版的kindle"——多看阅读,谁料受iPad冲击,未能有建树。智能电视的迅猛发展让王川意识到,电视市场同样会发生"功能手机到智能手机"的变革,电视这块大屏一定会提供超越手机、平板的用户体验。2011年10月,王川分析了市面上与智能电视相关的产品,选取用户需求较大的互联网机顶盒为切入点,推出了"多看 for Apple TV"。产品一炮而红,用户反馈活跃,更坚定了他做互联网盒子、进入智能电视市场的决心。

2012年初春,从台北开往新竹的火车上,王川首次向雷军说起自己的计划,并称未来"电视可以是手机的显示器,手机可以是电视的遥控器"。雷军大喜过望,心想:如果能借由机顶盒这个中间介质,打通电脑、手机和电视之间的通道,将三个屏聚集到同一个平台上来,自然再好不过。4月,雷军和王川决定合作生产小米盒子,定位为小米"最发烧的手机配件",由王川领导50多人的多看团队负责研发。

一个成功的电视"盒子",必备三方面支持:硬件、内容以及牌照。

硬件方面,王川的多看硬件团队经验丰富,用料、电路板、模具都轻车熟路。内容上,此前"多看 for Apple TV"已接入爱奇艺、搜狐、优酷的视频资源,共拥有超过12万部影视剧。在此基础上,雷军试图与多家视频网站搭建合作关系,把视频资源打包给用户。

大环境下,今天中国的网络和宽带条件已经基本满足需求,1999年微软"维纳斯计划"的失败不会再重演。

然而,牌照是个大问题。

在电视产业大变革来临之后,真正决定智能电视产业发展的主体不是家电厂商,而是广电总局。国家广电总局颁布《持有互联网电视牌照机构运营管理要求》(181号文)规定:"互联网电视集成平台不能与设立在公共互联网上的网站进行相互链接,不能将公共互联网上的内容直接提供给用户。""互联网电视终端产品,只能唯一连接互联网电视集成平台,终端产品不得有其他访问互联网的通道,不得与网络运营企业的相关管理系统、数据库进行连接。"意思是说,要做盒子,小米必须从七家集成平台(牌照商)——中国网络电视台CNTV、百视通、华数、湖南广电、南方传媒、中国国际广播电台、中央人民广播电台——争取一家合作,获取广电总局的许可。

前车之鉴是"盛大盒子"。七年前,盛大耗资数十亿美金高调推出"盛大盒子",宣称要免费赠送给上海的每家每户,让电视连上网络,被广电总局严厉叫停,导致盛大多年来未能走出其阴影。2011年,政策的松紧宽严依旧伴随着互联网电视的成长。7月,广电总局批评了乐视和联想生产销售互联网内容的电视机顶盒的行为,2012年初,乐视盒子通过与CNTV签署战略合作协议,才成为广电总局首家正式授权的互联网终端。

小米一边研发,雷军一边积极与华数传媒接触。2012年11月14日,小米邀请少数科技媒体，低调发布"小米盒子"，暂时接入华数平台，并承诺正式发售时会做到内容可管可控。

应该说，此时的小米福星高照，好事连连。两天后，小米全资收购多看科技，"小米多看一家亲"的红色条幅喜庆满盈。王川本人更愿意将这次收购称为"合并"，他下决心的原因复杂：多看的失意，烧掉了1000万美元，股东们不愿继续增资，雷军的并购无疑是最好的选择。而且王川清楚，"小打小闹永远也没戏，如果我作为一家小公司去谈，很多代工厂都不会理我"，小米则提供了更大平台。

11月17日，小米盒子600台工程机销售一空。一周后，雷军飞往纽约——李学凌将带领多玩YY在美国纽约纳斯达克上市。这是"雷军系"首家上市企业，作为投资人和董事长，雷军的喜悦溢于言表。当晚，他手拿多玩的浣熊玩偶，不停地和激动的人们合影。开市敲钟仪式结束，雷军和李学凌一行人在时代广场拍照留念。当看到纳斯达克广告屏打出李学凌和自己一左一右的照片时，他拿着小米2手机拍下了这一珍贵时刻。

"封杀令"降临在22日。刚出生8天的小米盒子发布公告："因系统维护，23日起先暂停视频内容服务。我们会尽快开通，到时再另行通知。"就在这一天，还在公测阶段的小米盒子被广电总局下了禁令。

虽然小米盒子工程机确实印有广电总局的授权序列号，可它只是拿了一个华数的开放平台，没有接入华数的播控平台，而是链接腾讯视频、搜狐视频、PPTV等视频网站。华数传媒作为牌照商的监督作用形同虚设。小米盒子的"擦边球"，不光严重违反了广电总局的规定，一脚踩到广电总局严防死守的"雷区"，也触了牌照商的霉头。

互联网机顶盒产业的从业者都在死盯小米，尤其是那些在淘宝上偷偷违反规定卖机顶盒的厂商。大部分厂商怀抱期待，若小米的"擦边球"未被广电总局封禁，那么他们将伺机而动，杀入市场。而更多对OTT（通过互联网向用户提供各种应用服务）规则了若指掌的人则幸灾乐祸："这次雷军一定会趟到雷。"

雷军的思路是凭借小米品牌吸引粉丝，依靠粉丝实现盒子覆盖，当其占有率达到一定水平成为强大的资源，便可以与运营商"谈婚论嫁"。

风尘仆仆自美归来的雷军，未得到华数传媒的信任背书，只得和其余六家牌照商重启商谈。小米和中国网络电视台 CNTV 谈得最快，2013 年 1 月末，小米盒子和 CNTV 旗下的未来电视达成为期三年的合作。这次"绑定"就像结婚，具有唯一性。这意味着，小米盒子的用户可以收看央视和 CNTV 的电视电影等视频节目、玩游戏，但此前雷军承诺的看搜狐视频、腾讯视频等或接入第三方应用都将无法实现。在小米未来成长的道路上，这种需要妥协和退让的地方还有很多，处理好各方关系也考验着小米的成熟度。

2013 年春节后，小米正式获准运营互联网电视终端业务。不过，小米盒子首先仅能在上海、杭州和长沙三个试点地区上市销售。米粉给予了极大支持，两批共两万台小米盒子全部售罄。

盒子风波至此告一段落。盒子是小米进入高清播放市场的介质，为小米抢占电视机入口，为未来电视上的"应用商店"打好基础，因而"试水"性质浓厚。

或许小米盒子会被外界认为是小米明星单品扩张的败笔，然而，黎万强后来回应说："小米盒子在内部是超出预期的。我们未来的路径是智能手机和智能家电，只要不犯错误，这条路径就会越来越好。"

往低端走，市场更大

2013年2月，MIUI就像把根系深扎土地、蓄势而出的竹子，用户数从最初的100万猛涨到1000万。

三年前，MIUI出生，当时规模很小，逐渐工具化；2011年，MIUIV4开始完整，增添了新功能；2012年，MIUI涉足生态圈，做了主题商店、应用超市、游戏中心，同时云服务正式上线，向前迈出巨大一步；2013年，MIUI开始由内而外升级。

"小米的'铁人三项'理论是软件＋硬件＋互联网服务。MIUI系统始终是三大核心，但是过去两次手机硬件发布会太成功，让大家误解了。所以，三周年米粉节，我准备聊聊软件和用户体验。"雷军在米粉节前如是说，郑重定下了发布会的主角——MIUIV5。

2013年3月MIUIV5测试版发布，它由200多人的MIUI团队历时半年多研发，V5谐音"威武"，被雷军称为"迄今为止最好的MIUI系统"。

4月开始，雷军把更多的心力放在发布会上，与林斌、洪锋、黎万强接连开了几次会议。MIUI部门整理出重要及有趣的点超过500项，但考虑到发布会的时间有限，几位创始人不想把发布会开到深夜，于是，雷军决定讲十几个点以保证节奏和氛围感。他相信，这十几个点足以表达小米的态度：

> 对细节的极致追求,不厌其烦的快速完善,对事物本质的独立思考。

MIUI 是个浩瀚的工程,包括 1 个桌面系统 +5 个常用功能 +18 个小工具 +8 个核心应用。4 月 9 日米粉节当天,雷军从中选择了图标、壁纸、电话、短信、拍照、云服务、录音机、米聊、多看、省电等多个点,展示了 MIUI 的强大。相比于测试版,MIUIV5 正式版已经重绘系统图标及 1000 个常用应用图标,并发起"100 万全球征集一张壁纸"活动。

在 MIUIV5 发布会中,雷军多次提到米粉的贡献:

> 小米是个浩瀚的工程,但我从来没有担心过。因为我不是一个人在战斗,我的背后还有百万米粉!

除了 MIUIV5 首次亮相,小米亦同期发布了小米手机 2S 和 2A,前者是新四核性能之王,后者是减去发烧功能重新设计的小米手机 2 青春版。当然,命运跌宕起伏的小米盒子也正式亮相。

三周年米粉节已显露出小米的诸多新变化:软件体验超越硬件的性价比,开始成为新一代品牌的拉动力。的确,MIUI 用户量的 1000 万是一个节点,此后便迎来爆发式的增长。当 MIUI 用户迅猛飙升到 5000 万时,一家科技媒体采访洪锋,洪锋预测,MIUI 用户在 2015 年春节将突破一个亿。后来果然预言成真。

两款手机新品,按照极客公园创始人张鹏所说,2S 的作用是"保先",彰显技术水平;2A 的作用是"捞实地",抓住年轻用户,这是小米继续细分市场后的决策。

又到五月槐花香。傍晚,北京清河华润五彩城的小米总部,小米的员工们仍在忙碌。雷军坐在位于 15 层的新办公室里,对前来采访的新浪科技记者讲述了创业三年的感受。"刚开始,小米的联合创始人都认为肯定会走弯路,至少会死一回,初期大家都做了输一回的准备。

我劝说大家至少熬四年，"回顾已逝的三年和刚刚落下帷幕的米粉节，他总结说，"极其流畅，没有后悔，非常顺利。"

好运当然不可能永续，雷军知道，起起伏伏才是发展的必然，他说：

> 我不觉得未来没有风险，没有公司能够一帆风顺。小米身为一家创业公司，要看弱点遍地都是，但小米并不会因此自缚手脚，而是要纵向变大。

纵向变大，这正是小米走单品扩张路线的动因。然而，当时小米产品少，阵营势力未免太单薄。雷军的掷地有声是否暗示他还有其他秘而未宣的计划呢？

从后来小米的走向看，这次战略转折应该就是"红米计划"。

2013年7月，雷军手里正握着一款注定令其备受指责的"食言"产品——红米手机。

尽管科技界知名的大佬往往一言九鼎，但是，"食言"这个词也常常与他们相伴。雷军的湖北老乡、奇虎360的CEO周鸿祎，早在发布360安全卫士之时就表示不会进入杀毒领域，然而，2008年7月，360宣布推出杀毒服务，并承诺永久免费；2010年年初，京东商城CEO刘强东宣布5年内不会涉足在线图书销售市场，可同年11月，其图书频道正式启动试营业；马云曾坚称，阿里和淘宝"绝对不会做物流"，但是，2013年1月，阿里巴巴菜鸟网络计划出炉……而雷军的食言要追溯到此前的2012年。

2012年4月，小米确定推出一款售价千元左右的双核智能手机，网上立刻疯传小米手机将出低配版。小米手机定位是为发烧友而生，"发烧"意味着高配，目标是立足高端市场。当时小米手机上市还不到一年，用户对产品的认知度和小米品牌的忠诚度还不高，若出低端手机的话，必然自毁品牌。雷军很快微博辟谣："小米专注在高性能高性价比的发烧手机，认认真真把高端手机做好就够了，不考虑中低端的配置。"

辟谣声明发出后,有人提问:"如果不做中低端配置的手机,小米如何抵御来自其他低端手机的狙击?"

这也正是小米团队思考的问题。手机行业是个红海,高端市场几近饱和,苹果、三星、摩托罗拉、HTC 等在这里激烈斗争。国内的手机用户众多,但绝大多数还是低端手机用户,2012 年第一季度,国内智能手机市场中,700 元—1500 元之间的智能手机约占 64% 的份额,而一年前同期这个比例不足 45%;同时,价格在 1500 元—2000 元的智能手机市占率从 2011 年的 22% 下降至 14%。在淘宝,超过 60% 的智能手机销量来自千元机。

这正好印证了手机行业众所周知的那句话——"往低端走,市场更大"。不断提升的市场空间让小米手机看到了深耕低端手机市场的希望。黎万强觉得涉足低端智能手机市场是大势所趋,即便苹果也不会例外。事实上,苹果确实在 2013 年 9 月发布了 iPhone5C,以抢占中低端市场。其他创始人则有一点担心:"小米做手机一直追求高性能、高性价比,选择的是顶级供应商的高端产品,甚至是最高端元器件。这样的原则会导致小米手机成本高居不下,难以做千元智能机市场。"

雷军一直讲究顺势而为,既然低端智能手机是趋势,自然要站在风口上。至于此前的担心,大家左思右想,决定另建新品牌。这是手机行业的惯例:子品牌或走高端,或走低端,或者只是一个独立的产品线。为了和小米区分开来,子品牌"红米"诞生。小米手机定位发烧友,追求高性能、高性价比;红米手机定位大众用户,追求体验、高性价比。两条线相辅相成,既可让小米杀入更广阔的千元智能机市场,也能避免风险。

2012 年夏天,红米手机正式立项,雷军一行拜访了国内做手机品牌及一线做 ODM 的厂商做调研。为了降低失败的风险,小米还邀请其他有经验的厂商一起选型做研发。

为保证研发有备无患,雷军为红米手机制定了两套方案:H1(国产双核 A9)、H2(MTK 四核 A7)。首先攻关 H1,谁料产品效果不错,却并不能让人满意。该产品在2013年5月被放弃，小米很快取消了刚注册好的入网许可证。后来H2在小米内部测试近4个月，体验超出雷军预期，他才放心发布。

此前，小米一直在小米论坛和新浪微博上展开营销活动，但这次杀入千元智能机市场，则是把QQ空间当成红米首发的唯一入口。这是一场资源整合的双赢之战。QQ空间月度活跃用户达6.11亿，其中70%会通过手机访问QQ空间，核心用户是16—35岁、对价格和性能同样敏感的年轻人群，他们有时尚需求、沟通需求、分享需求、拍照需求，正好切合小米的目标用户定位。

红米手机的上市传达出小米战略的改变：从一线城市向三四线城市扩张。有评论说，小米正在告别一心追求高端的苹果，而走向兼顾高端和低端的三星。而从某种意义上来说，这也是三周年米粉节展露的战略落地。

雷军不再希望通过单独的手机来挣钱，而是要在不同的硬件上"跑"小米软件，走流量。

> 我觉得智能机价格的下降主要是意味着厂家的竞争更加激烈，并不意味着说质量下降，所以我认为大家可以安全使用。另外国外也出现了智能手机（价格）下降的趋势，在当前我感觉这一代手机处在生命周期末期，开始进入价格战，我认为这意味着移动互联网进入了改朝换代的时期。现在是硬件在打价格战，也就是说利润未必集中在硬件上，将来会沿着软件、服务和应用这个方向发展，发展趋势会是个性化应用结合，这方面有优势的手机会更有前途。

就在红米计划实施前后，小米还有两件大事引人关注：一是活塞耳机上市，代表着小米切入了雷军关注已久的手机配件市场；二是估值100亿美元，代表小米实力的增长。

雷军其实早就瞄上了手机配件市场，耳机正是其中需求量最大的。但中国市面上的耳机，国际品牌价格普遍偏高，国内则缺乏知名品牌，市场尚处空白。

至于估值100亿美元，众所周知，小米保持着每年融资一轮的节奏，且每轮融资都是"三级跳"。2010年年底，小米公司完成4100万美元的A轮融资，估值2.5亿美元；2011年12月，小米公司获得9000万美元融资，估值10亿美元；2012年6月底，小米公司融资2.16亿美元，估值40亿美元。估值100亿美元让小米成为仅次于百度、腾讯和阿里巴巴的第四大互联网巨头。

值得一提的是，小米涉足智能电视市场的信号，通过互联网模式做硬件，在产品布局上的"纵向变大"路线，也是新一轮融资中获120亿美元估值的重要原因之一。到底小米电视如何，答案很快就会揭晓。

总要有人先种树

如果说小米有一款产品让科技媒体又爱又恨，那必然是小米平板。

早在 2012 年年初，雷军和小米高层就在微博和各个场合有意无意地谈到过平板这个话题。当时，整个安卓平板电脑还没有所谓的生态链，做一款"用户期待的高质量、非常便宜"的平板电脑并不是一件容易的事情。雷军曾在微博表示，"眼下还不到推出平板的时候"。可不久，金山日本公司就发布了一款由小米和小米手机海外开发部联合研发的 7 英寸非 MIUI 系统的 EdenTab。2013 年 8 月，关于小米平板名为"紫米"的爆料再出，此后，小米每次发布会前都有传"平板是新品之一"，科技媒体却在"狼来了"之后不再主动报道了。

"狼来了"固然有小米营销、媒体宣传的原因，可小米平板迟迟不能上市，与开发历程不太顺利也有关。

小米平板与红米手机算是同期项目，由周光平的手机团队负责硬件开发。然而，小米平板与红米 1 代命运相似。据雷军透露，最初小米平板的代号为 H4，做出来后令人大失所望，就放弃了，只能推倒重做，后来发布的小米平板是代号为 X6 的产品，就是重新设计的。

2014 年春末，小米用 63 台全新发布的 49 英寸小米电视 2 组成的电视墙，展示了小米电视 2 的 4k 高清显示屏带来的精致与震撼，交了一份令米粉满意的答卷。同期问世的，还有令人期待已久的小米平板。

发布会上，雷军仍按照惯例拿小米平板与 iPad 对比，拼参数，但更强调体验，"MIUI 为小米平板进行了深度优化，比如阅读体验、上网体验、视频体验、办公体验等"。小米平板采用 7.9 英寸 2048×1536 分辨率显示屏,跟 iPad 保持一致,而不是一般安卓平板都采用的 16∶10 的屏幕。雷军说:"这是为方便 iPad 应用及游戏和 PC 游戏的移植,推动生态链的发展。"

雷军推动安卓平板生态链的举措可不仅仅如此。当 6 月中旬华为发布平板产品 MediaPad M1 后,雷军立刻建议华为副总裁余承东采用一样的分辨率,共同改善安卓平板的现状。这条微博刚发出去,媒体就做出解读:雷军砸场鄙视华为 MediaPad M1 屏幕分辨率低。

雷军解释:"小米是个创业公司,华为是世界五百强,我不是'鄙视',反而非常尊重华为。我只是倡导同行携手,共同解决安卓平板难用的世界难题。"

舆论没有放过正处于风口浪尖上的小米。关于"小米平板凭什么想带头建立所谓'安卓平板生态圈'"的质疑、讽刺和抹黑迅速席卷网络。

7 月 1 日,小米平板开售。雷军一早就给小米官方博客的负责人赵刚传了一篇文章,让他发布,即《做安卓平板生态,总要有人先种树》。在这篇文章里,雷军援引苹果 CEO 库克的话解说安卓平板的市场定位:"苹果 CEO Tim Cook 没少挖苦安卓平板。去年他说,iPad 占据了平板市场 81% 的流量份额,众多安卓平板加起来过 19%。前年他甚至还说过,所有的安卓平板都在仓库里或者用户的抽屉里吃灰。"雷军认为,安卓平板的问题出在生态链。作为"重内容的消费型"设备,如果没有生态链的内容、服务供给支持,一台平板跟一块板砖没差多少。

> 我说安卓平板很难做起来,就是难在没有优秀、足量的应用和游戏生态链支持。没有好的应用生态,就没有多少用户愿意来用安卓平板;而没有很多用户来使用安卓平板,也就没有多少开发者愿意为安卓平板开发和适配好的应用。

生态链的推动者通常都是芯片厂商和操作系统厂商,而不是像小米这样的设备商。这不仅仅在于号召力,也有关利益分配得失,芯片商和操作系统商可以尽得回报,比如,英特尔出力推动,那 X86 架构的平板市场产出也都有它一份。然而,如果是品牌设备商来推动生态圈的建设,付出在一家,其他竞争者却能跟随受益。

> 在决定要做小米平板时,有同事问我,咱真要做那个先出大力的"傻子"?我说,算了,苹果一次一次羞辱安卓平板市场,总得有人先站出来吧。既然不少用户需要安卓平板,小米愿意给行业做些贡献。库克说安卓平板都是垃圾,小米不服气,那我们就做给你看看。至少能让用户在 iPad 之外多个又好又便宜的选择。

对于外界的质疑,雷军表明了小米推动安卓平板生态的决心。除此之外,小米也掌握着做生态链的方法,即一定要基于成熟的生态链,比如安卓系统、英伟达的 Tegra K1 处理器平台,还有和 iPad Mini Retina 版一样的屏幕、一样的分辨率。"至少在小米平板发布初期,移植生态链是整个工作的核心。"

雷军相信,移动互联网行业继续发展,内容消费的权重会越来越大,安卓平板大有可为。他借回应质疑发出呼吁:"希望行业内优秀的开发者和 CP 们能跟我们一起努力,给安卓平板更大的应用和内容支持。这不仅仅是帮助小米平板,而是将开拓出安卓智能手机之外又一个巨大的市场。"

某种程度上,创新是企业的一种责任。小米要做平板生态的先行者,开发和创新出安卓市场所需要的应用和内容支持,这是一种担当。

2014 年 5 月,在第十六届中国科协年会上,雷军因"软件 + 硬件 + 互联网服务"的模式带动手机行业革新获得第七届周光召基金会"技术创新奖"科技奖。周光召基金会认为,雷军领导的团队把"技术创新、模式创新、服务创新"融合为一体:"他以领先于市场的想象力,在手机大获成功的同时,不断推出了小米机顶盒、小米电视,在市场竞争中领先一步，正走向更大的成功。"雷军激动万分，不仅因为奖品是重达1千克的黄金奖牌和35万港元支票，更因为科技界对于小米创新力的极大认同。

坦率地说，小米的搅局会给安卓平板市场带来新的刺激。但由于本身并不成熟，刚进入市场，想追赶三星、联想等对手还需要时间。

超越自己,颠覆小米

2014年上半年,小米一共销售了2611万台手机,同比增长271%,含税销售额约330亿元,同比增长149%。这一成绩超越了2013年的全年总和。雷军在年初对外宣布,小米2014年的出货量目标是6000万台。从上半年业绩来看,小米完成这一目标似乎不太困难。

在祝贺小米之余,一些行业的观察家、投资人朋友则严肃而冷峻地问雷军:"小米的明天能不能持续?"

7月7日,雷军以一封长微博回应说:

> 作为一个有25年创业经验的IT老兵,我见过无数企业的荣辱兴衰。科技行业发展日新月异,任何企业,只要你不进取,都会遇到波折,这是行业规律。但是我认为,无论小米的未来如何,小米创立并实践的小米模式,一定可以持续。

小米所实践的互联网模式的核心是"互联网七字诀"——专注、极致、口碑、快,即努力做产品,赢取好口碑的意思。但是,几乎所有企业都在这么做,小米为什么与众不同,并相信以此能基业长青?

雷军回答是,小米多了一个态度——"诚意"。他说:"所谓诚意,诚恳的心意,是不欺人也不自欺。"他分别解读三个"诚意":第一个诚意,你能不能拿出诚意来,去倾听用户的意见;第二个诚意,你能不能拿出百分之百的诚意做产品;第三个诚意,你做完这样的诚意产品之后,能不能给它定一个有诚意的价格。"只要我们有诚意,未来中国一定会诞生几十家上百家的世界级企业!"

短短10天后,雷军再次发表《进取之心,顺势而为》。如果仅仅从文章的最后一句——"7月22日,2014小米年度发布会上,你可以更深地感受小米的进取之心"来看,这篇文章的初衷是为小米即将到来的发布会造势,但若细读此文,雷军是在展示小米的进取之心,它的创新精神和对创新的不懈追求。

雷军承认小米站在移动互联网的台风口,但是,他又说:

> 小米今天的成绩,除了大势,还有一点至关重要,那就是"进取之心"。进取之心,就是不满足于现状,有旺盛的求知欲和强烈的好奇心,勇于挑战更高的目标,坚持不懈并为之付出超乎寻常的努力。

在雷军看来,移动互联网时代的进取"首先需要勇气和决心"。小米的几个创始人在做小米之前在各个领域都小有成就,却愿意聚在一起,敢冒风险,挑战新事物。

周光平在小米内部负责手机团队,当时已经57岁,但还是和年轻人一样投入,深夜还在办公室开会,在小米社区里回复用户的问题和建议。"手机行业是红海血海",对于小米来说,通往理想之路,雄关漫道真如铁。"有风口、有机会、有困难、有挫折,如果没有进取之心和坚持的毅力就实在无法走下去。"

当行业同仁以6个月为周期推出新品时,小米的每款产品生命周期都在18个月,这在当下,极为罕见。为了做出让人尖叫的产品,小米会同时启动好几个方案,选择最优的一个推出。反复锤炼胜出的产品才能在4年里大踏步前进,工艺、设计才能稳步提升,小米单品长周期的爆款路线才得以实现。不仅仅是硬件,小米的安卓深度定制系统MIUI也是一样,不断锤炼,每周更新,把微创新做到了极致。

这种进取心还体现在小米员工超强的执行力上。每次新品发布,小米员工都会"疯"一回，全公司多部门的策划设计人员参与"大会战"，关在一个被戏称为"疯人院"的小黑屋里，准备 PPT 和产品站。

7月22日，2014小米年度发布会上，小米的进取之心到底将如何呈现呢？雷军这次决定做什么颠覆？

雷军决定超越自己，颠覆小米手机。他为 7 月 22 日的主打新品小米 4 做了精准定义——主打工艺和手感。

为了巧妙地把工艺和手感传达给大众，黎万强和同事们左思右想，最后将主题敲定为"一块钢板的艺术之旅"，就连给媒体的邀请函也是钢板材质。就在媒体都在猜测钢板和新小米手机有何关系的时候，雷军微博发布了关于钢板的详细信息——这块钢板的学名叫奥氏体304。

作为小米创业 4 年的代表作，小米 4 于 2013 年 2 月立项，研发历时 18 个月。从 309 克的钢板到 19 克的外框，一块钢板从锻压成型、8 次数控机床精密加工，到微米级喷砂工艺、真空镀膜上色及纳米级防指纹镀膜等制程，每个边框都经历 342 名技术人员如艺术品般的雕琢，让每个细节都能完美呈现。在去掉了多余的 290 克并打磨后，一块普通钢板实现华丽变身。拿在手里，整个小米 4 的质感如同婴儿皮肤，诠释了顶级工业设计带来的极致体验。

早在发布会十多天前，雷军就在微博上表示："小米创办四年来，举办过五次大型产品发布会。7 月 22 日，第六次发布会，这次会有些不一样！"当发布会结束，再来看这句话，就能看出其中的深意——小米不再把性能和低价当作卖点，而是在做工和设计上有了翻天覆地的变化。

雷军已经意识到，堆砌硬件参数的硬件思维不具有可持续性，而手机的工艺设计和软件易用性将成为用户的新关注点。工业设计会为小米带来品牌附加值和新的生命力，增强小米 4 的销售时长，成为其抓住用户级差异化的突破点。

在这次发布会上，雷军多次提及小米那个"一定会被耻笑的梦想"——让每个人都能享受科技的乐趣。然而，那些注定会被耻笑的梦想，反而会更有动力成真。一块钢板经过切割打磨、极致追求能实现华丽变身，更何况燃烧着进取心的小米呢？

"诚意之作"的反思

2013年是中国智能路由器元年，第一个吃螃蟹的极路由被称为"跨时代产品"。风口出现后，路由器行业很快进入"战国时代"，百度、360、迅雷等互联网企业均有涉足，小米也不例外。所以，小米产品大家庭的新成员是发烧友的新玩具——小米路由器。

谈及小米路由器，至少要提四个人——李学凌、高少星、黄江吉和唐沐。

小米创办之初，李学凌就多次建议雷军做路由器，因为路由器是大家一直忽略的上网设备，因此，雷军考虑用互联网思维重新塑造路由器。小米路由器工程机发售时，001号机被送给了李学凌。高少星是顺为基金的副总裁，他直接推动了小米路由器立项，是路由器项目的大功臣。雷军没给他发工资，他却不辞辛苦做了很多工作，所以雷军把002号路由器工程机送给了高少星。小米副总裁黄江吉牵头整个项目，而唐沐则是小米路由器的项目负责人，是他们把小米路由器由设想变成了现实。

黄江吉一直是小米的"技术大咖"。在定义小米路由器时，除了最基本的路由器功能，黄江吉还想把它做成一台小型家庭服务器。不得不说，这是小米核心产品的一贯开发思维，不论是手机、电视还是路由器，小米都把它们变成一台超级电脑。黄江吉不愿意把小米路由器看成一台PC，他认为这就是一台Linux服务器，这才是智能设备与传统功能设备之间最大的区别。

家庭服务器这样大众化的需求大家都喜欢，可如何实现？

小米做盒子时，雷军拉王川入伙。小米做智能电视时，他邀请戴青松加入。这次做路由器，雷军又把唐沐请进来。唐沐大学毕业后进入金山做 UI 设计师，是黎万强的下属。2003 年，他离开金山加入腾讯，一手创建了腾讯的用户与体验设计中心，负责 QQ、电脑管家、QQ 浏览器等多款腾讯产品的用户体验设计。擅长用户交互体验设计的唐沐，正是小米路由器这款全新硬件产品的负责人。

雷军慧眼选中唐沐，是因为路由器这个摆放在用户家庭角落里的硬件在工业设计上几乎千篇一律，一点也不好看，且几乎和用户没有沟通，只有网络出问题时用户才会摆弄路由器，因此用户和路由器之间存在一种非常恶劣的情感关系。小米要改变这个现状，开发出一个让用户在情感上喜欢、愉悦的硬件产品。路由器和用户之间的交互，是小米路由器最需要也最难解决的问题，而唐沐恰恰擅长。

为了做小米路由器，黄江吉和唐沐特意购买了市场上销售的网络存储器 NAS 产品分别回家试用。工程师出身的黄江吉花了几乎一天时间才把它设置好；而产品设计出身的唐沐研究了半天之后，糟糕的用户体验让他一怒之下放弃了设置。

吸取上述失败教训之后，"非常易用"成为小米路由器首先要具备的特质。唐沐曾考虑给小米路由器装一块屏幕，以便用户直接操作，后来他放弃了这个想法，因为用户没有直接操作路由器的习惯，装上一块触摸屏不过是增加成本。"屏幕根本不是一个路由器要考虑的东西，手机、电视、平板电脑等所有的终端都是你的屏幕。这个想象空间很大，使用空间也很大。"

为了把小米路由器做成能够跟用户流畅交互的产品，黄江吉和唐沐正常工作日就在办公室里捣鼓各种新玩具，把事情从不明白搞到"啊哈"，把工程师、产品经理拉进来一起折腾、碰撞。回家后，他们继续在米聊群里与大伙讨论产品和技术直到睡觉时间。正是把这种创业的激情拿来做产品，才创造出极致的作品来。

接下来，公测又成了新的难题。一天晚上，黄江吉、唐沐和黎万强在琢磨应该怎么通过产品表达真诚,把路由器拆了又装,"拆装"这个想法就迸发出来了。黎万强觉得,让用户像组装宜家家具一样来"拆装",符合小米公测招募极客用户群的精神属性,也是直接让用户感知品质的最好方式,更能提供无法形容的参与感。大家对小米路由器很有信心,敢让其"裸奔",敢让用户看到主板。但是,用什么把这些部件装起来呢?黎万强从书架上拿出一个木盒子,说:"最奢华莫过于原木盒装。"于是,三个人兴奋地捧着一木盒子路由器零件去找雷军,雷军评价:"创意一百分,可以干!"

小米路由器的拆装版,从外箱到内饰,从说明书到螺丝刀,都选用了最好的材料。整体成本超过1000元,小米只收取用户1元。雷军说:"这种玩法前所未有,连小米的组装工厂富士康刚接到要求时都惊呆了。"

小米的独特玩法以强烈的极客趣味和精致感震撼了用户,他们纷纷在微博、微信晒出组装过程,与朋友比拼组装速度。2013年冬天,苹果公司创始人之一的史蒂夫·沃兹受邀到访小米,还亲自组装了一台小米路由器,他夸赞说:"这就是我要的产品。路由器会成为家庭私有云的中心。"

的确,在雷军的设定中,小米路由器将是未来智能家居的信息交互和流量吞吐枢纽,是"家庭控制中心"。2013年,智能家居市场尚未启动,也没有一套统一的底层传输协议标准,雷军亦无法以一家企业或一款产品来力挽狂澜。所以,他不打算把步子迈得太大。作为一个懂得布局和事先绸缪的人,他知道若要把家电、家居的硬件产品与小米路由器连接起来,开发团队需要和越来越多的开发者配合,这就是他后来打造生态链的初衷。

开发一款产品,市场检验就好像一场考试。关于小米路由器,后来小米内部曾复盘反思,一致认为小米路由器并不成熟,在产品逻辑上的问题是"定义得过沉、过重,成本也过高,硬盘是最大的成本"。若与小米电视来比,电视虽然有些操之过急,但是本质上,产品是在做减法,将重点突出、降低成本。而路由器的思考并不成熟,小米在人工上赋予了它太多东西,这是创业公司常犯的一个典型错误。

由此,小米开始反思单品扩张道路的不足与失误。小米副总裁刘德后来说:"内部在反思,应该用什么样的精神做什么样的领域。"最终的结论是,小米应该以极客精神服务90%的用户,这才是小米擅长的打法。而第一代小米路由器,遗憾的是,只做到了第一句话。

赚全世界的钱

"想办一家世界级的伟大公司。"这是雷军在大学一年级时就立下的愿望。小米创立三年后的冬天,雷军做客《杨澜访谈录》,又谈起自己的国际化梦想,暗示小米绝不会仅仅满足于现有的成绩。

2013年,小米手机的销量仅次于联想和华为,高于酷派、中兴和HTC。但小米在海外的布局不如其他几位对手。小米公司计划在2014年销售6000万台手机,2015年销售1亿台手机。由于中国智能手机的新增用户数量可能下降,销售量的增长主要来自国外市场,因此,国际化已经是必由之路。

事实上,小米在国内市场逐步扩大影响力的同时,雷军早已开始筹划进军国际市场。2013年8月,小米引进谷歌安卓产品管理副总裁雨果·巴拉,由他带领团队拓展国际市场。

小米在中国成功,雷军的号召力功不可没。他在小米的社会化营销中担任旗手作用,感召和影响数百万米粉。然而,在国际化市场,雷军的号召力没有用武之地,国外的消费者几乎没人认识雷军。更不利的是,早期小米学习苹果,雷军被包装成"雷布斯",小米手机被称为"中国的苹果",这很容易让国外用户觉得小米是苹果的中国山寨产品,从而对小米和雷军有负面印象。若小米的国际化形象不佳,必然影响国际化成败。

雷军已经看到这种劣势的"杀伤力",不希望小米被误解。所以,2013年他开始借助新闻事件表态,不做"雷布斯",要做回自己。随着小米的发展，它已经不是纯苹果模式了，小米正在变成"苹果+亚马逊+谷歌"。

2014年春节之前，苹果公司创始人之一史蒂夫·沃兹受邀到访小米，在"极客巅峰：雷军对话沃兹"媒体活动现场，有记者拦住雷军问他对"中国乔布斯"的看法。雷军一改以往回答这个问题时的谦虚和含混，答得颇为坚定："如果二十来岁被大家誉为'中国的乔布斯'我会很激动，但对于四十岁成熟的人来说，我真的不屑于做任何人的第二，这是真心话。"

雨果·巴拉在谷歌是一位重量级高管，也是小米的第一位重量级外援，聘请他是小米为国际化而做出的最高调的动作。雨果·巴拉在谷歌安卓担任副总裁的背景无疑能给小米手机提高国际身价，让小米在人们的印象中从一家中国小公司变成谷歌级别的国际大公司。

在2013年，小米真正实现国际化的是MIUI。若要小米手机国际化，MIUI充分国际化，那MIUI必须在安卓具有更高级的地位。雨果·巴拉的加盟能够帮助MIUI争取更高的地位，从而影响到整个安卓生态圈中的参与者。

另外，国际化不仅仅是营销的国际化，还有两个方面非常重要——资本国际化和文化上的国际化。小米的创始人团队是清一色的华人，不利于小米在国际资本市场的形象。华尔街天生就喜欢白种人，尽管小米的估值达到100亿美元，但有了雨果·巴拉这张国际名片，小米在华尔街将会更受青睐。而雨果·巴拉对于欧美文化和巴西文化的了解，也能帮助小米更平稳有效地进入美国和拉丁美洲市场。

雷军寄望于雨果·巴拉在未来几年内为小米敲开海外市场的大门，并使其成为世界瞩目的明星。当然，此前小米进入香港、台湾市场的尝试，已让雷军对小米国际化更有底气。

2014年2月18日，中国国民党荣誉主席连战来北京参访。中共北京市委书记郭金龙将两部定制版红米手机作为礼物赠予连战。两部礼品手机的机壳背面烫印了一句话："两岸联手赚世界的钱。"这句话是连战 2005 年以国民党主席身份首访大陆,在北京大学发表演讲时提出的宏大设想。仅仅数年,这一构想已经变成一个实实在在的产业——小米。

早在 2010 年秋天,小米创始人团队踏上寻找供应商之旅时,第一个目的地就是台湾。那次拜访收获颇丰,就拿这台作为礼物的红米手机来说,采用了联发科 MT6589 四核 1.5GHz 芯片、台积电 28 纳米制程和友达 IPS 视网膜屏幕,由富士康在河北廊坊的工厂与英华达在江苏南京的工厂代工组装,还有光宝、华通、致伸科技、华邦电子、大力光等 34 家台湾企业提供高质量的零配件,的确是最符合"两岸联手"的产品。

雷军并不满足于此。2012 年夏天,他拜访了台湾业界,打算在竞争激烈的台湾市场与鼎足而立的 HTC、苹果、三星"掰一掰手腕"。2013 年 4 月下旬,小米正式进军台湾。一般来说,进入一个不熟悉的市场主要有两种方式:一是与当地代理商合作,二是采取电商模式。前期小米公司官网与台湾远传电信网站同时开始小米 2S 手机的开放预约,由于小米手机的功能与 HTC 及三星等相近,但售价仅为前两者的四成,故被誉为"平价机皇"。

然而,小米手机在台湾上市 6 天后,台湾民进党立委便要求管制小米手机,后台湾当局以自由贸易且无相关法令为由,并未粗暴管制小米。5 月 20 日,台湾小米通讯公司办公室设立,代理销售小米手机,但雷军曾承诺的台湾小米官方网站却无法实现。

秋初,小米在台湾市场的努力有了收获。台湾经济部投审会同意小米科技透过小米香港公司"吃下"台湾小米通讯公司全部股权。这是大陆资本首家智慧型品牌手机来台投资案,对台湾和小米来说都意义重大。

据台湾《经理人》公布的 2014 年 1 月份月度网络影响力品牌调查显示,进入台湾市场未满一年的小米首次入榜,就荣登全台湾品牌榜第二的位置,仅次于苹果,而原本位居第二的三星下降六个名次。

当然,"两岸"还包括香港。小米在香港的推进也比较顺利,它和台湾一起被视作小米抢进国际市场的"试金石"。而在继续深耕香港、台湾市场，提升品牌和服务的同时，小米面向海外其他地区的发售也在积极地推进。

2014年2月下旬，小米开始进军海外的第一站——新加坡。在林斌看来，进军新加坡是小米海外拓展业务的第一个"好的挑战"。"新加坡各项基础建设都比较发达，可以帮助小米了解如何建立物流和售后服务。"这是小米进军更为复杂的国际市场的"试水"，就算不成功，小米失败的代价也较小。

小米在新加坡仍采用抢购模式，首发红米8分钟售罄，第二批开售6分钟内被抢购完毕。很明显，与华为、中兴的国际化之路相反，小米正在参考国内方式，把小米移植到海外市场。这种模式要求注重品牌营销和粉丝经济，通过高性价比的产品、电商渠道等，降低成本吸引用户，并与粉丝保持互动。小米的产品、物流、客户服务、配送、售后和保修等环节都必须在国外建立起来。

就在雷军国内国际两手抓的时候，雨果·巴拉向雷军提出了"改名"要求。

雨果·巴拉执意要改的是小米的英文名或域名。小米在进军周边市场时，因语言相通，不存在翻译名歧义的问题。然而，必须承认，小米的国际化进程中其英文名称或域名，都并未起到如alibaba.com之于阿里巴巴那样的"加分"作用。

在进入更广大的国外市场前，小米上下一致决定改换域名。2014年4月22日，小米启用全新域名Mi.com。Mi.com消除了语言障碍，而且，Mi作为移动互联网（Mobile Internet）的缩写，对应小米的Logo和英文名称，直接表明小米公司的技术类别，即移动互联网。

就在改换域名的当天，雷军公布了小米国际化的新目标：亚洲的马来西亚、菲律宾、印度、印尼、泰国、越南，欧洲的俄罗斯、土耳其以及美洲的巴西、墨西哥等10个国家。

2014年盛夏，小米在印度首都新德里召开新闻发布会，宣布正式

进入印度市场,雷军说:

> 选择印度是因为印度的市场规模很大。全球除中国以外,只有印度有十亿以上人口。印度经济正处于起飞阶段,相较中国市场的大量同质化竞争,印度智能手机市场仍较为温和,因此这里就是小米突破国际市场的第一站。

小米在印度的首个主打产品是小米3,一周内预约抢购的注册人数是10万,38分50秒内即告售罄。进入印度市场还不到4个月,小米手机销量已突破50万台。

然而,这些成绩并不意味着小米进军国际市场一帆风顺,当雷军在国际化的征程中越走越远时,问题也正一一暴露。

第一,环境多变,"快"字诀失效。每个海外国家的情况并不相同,法律要求、设备认证、物流等都千差万别,加上各种利益纠结,以及当地竞争对手的打压,严重影响着小米是否能快速进入指定市场。

第二,产品质量考验加剧。海外市场差异较大,对产品的质量要求非常高,尤其是对于手机这样的电子产品。小米通过快速迭代使产品质量不断提升,但是在国际化征途中,小米需要更加注重产品质量问题,如果出现群体性的用户质量投诉,必然会引发负面口碑,损害自身形象。

第三,缺乏足够的专利储备。专利问题一直是悬在小米头上的"达摩克利斯之剑"。小米自成立一年开始申请专利,在国际化初期,小米只有1141项专利,而中兴有55728项专利,华为专利数量更高达71903项。为了解决这个问题,除了继续申请专利外,雷军还学习了联想的国际化经验,通过收购来储存专利资源。

面对激烈的竞争,未来要保持高速增长,小米需要国际化做支撑。在适应国际化的过程中,小米可能要与不同的市场融合与碰撞。然而,国际化的梦想催促着小米,既然选择了这条道路,即便一路都是阻力和难关,壮志在心的雷军也绝不会动摇。

第九章
小米，大棋局

随着小米在市场上被更多的人所追捧，雷军开始被人称为"雷布斯"。虽然无法断言雷军最终是否会超越青年时期的偶像，但可以肯定的是，他正在孜孜不倦地创造着一个另类的手机生态世界，这个世界包罗万象、无所不有。

联合更多的盟友

竞争的最大价值不是击败对手，而是发展自己，竞争者就是企业的磨刀石，让你越磨越快、越磨越亮。面对对手气势汹汹的进攻，雷军说："欢迎大家跟我们学习，推动整个行业的互联网化，这个互联网化靠小米一家是不足以完成的。"话虽如此，白热化的市场竞争还是让小米连连遇挫，不得不调整战略布局。

由于发展过快，战线太长，小米手机之外的单品接连遭遇阻击，电视和路由器未达到雷军期待中的成功，小米盒子也没有引爆市场。

面对单品扩张失利，小米内部不止一次进行讨论反思。多次"复盘"之后，原因渐渐明晰，雷军将之总结为两个关键词——克制、专注。小米面对不断延长的智能硬件链条不够克制，产品线太长，以至于无法专注于某一个或者几个品类。这种做法违反了雷军所说的互联网七字要诀中的"专注"。

但是，专注并不意味着成为一家专门做手机的公司，这既不是雷军的梦想，也绝不是成为一家伟大公司应该走的道路。有人总结，互联网时代，新模式的红利期只有3到5年，红利期结束之时，便是下一轮颠覆到来之时。也就是说，如果只卖手机，小米的红利期会随着市场饱和而萎缩。

另一方面，智能化和物联网的呼声越来越高，2013年年初达到顶峰。2013年2月17日，国务院发布《关于推进物联网有序健康发展的指导意见》，明确指出要加快传感器网络、智能终端、大数据处理、智能分析、服务集成等关键技术研发创新。

雷军和小米处在一个两难的境地：既要保持专注，又要迅速扩张单品，布局智能硬件。不过，小米合作方的亮眼表现让雷军找到了解决办法。

2013年"双十一"，万魔（1MORE）爆款小米活塞耳机创造了网络销售传奇，一天之内卖出了20万件。这个成绩是之前的国产耳机所不可想象的。2013年之前，国内品牌耳机市场全部被国际品牌占据，定价99元的小米活塞耳机从杂乱的国内耳机品牌中杀了出来，如同小米手机一样，竖起国产品牌大旗。

与小米手机、路由器、电视不同的是，小米活塞耳机并非出自小米自营体系，只能算是"雇佣军"。小米活塞耳机由加一联创研发制造，加一联创是小米投资的创业公司，两者的合作模式非常新颖：耳机产品使用小米的品牌和销售渠道，同时产品以出厂价供应给小米，双方在销售完成后再按利润分成。

2013年年底，雷军复盘总结的时候，被这种体外扩张模式的成功所吸引。困扰他的智能生态链难题似乎有了解决的办法。雷军敏锐地意识到，小米公司内部，仅仅是复制了盒子、电视、路由器等几款产品，便已经感到吃力，依靠自身能力想要拓展整条智能生态链，成功的几率微乎其微。但是，如果能在智能时代的风口浪尖，投资有潜力的初创公司，小米便可以专注于几款核心产品，其他生态链产品，则通过外部扩张实现。

反复推导之后，雷军兴奋得睡不着觉，这的确是最优化的解决办法。小米之所以能够在短时间内从创业公司跨越为大公司，很大程度上是因为践行了雷军的七字方针：专注、极致、口碑、快。在七字方针中，"专注"是前提，如果不够专注，后面三项就无从谈起。另一方面，智能的概念又与专注矛盾：如果一个房间是智能的，这个房间里所有的硬件就都要是智能的。

既要专注，又要无所不包，最好的办法就是联合更多的盟友，共同实现这个目标。每一家智能硬件公司都专注于某一款产品，做到极致，同时，所有的产品围绕一个智能核心。核心由小米掌控，整个链条则通过投资智能硬件初创公司来实现。小米提供资金、技术、平台，并将小米赖以成功的经营模式、产品理念注入到这些初创公司中，于是，这些初创公司便似乎成为了小米的分身，也像初创的小米一样，专注于一两款产品，为产品品质死磕到底，产品一出，便具备超高性价比，能够成为行业颠覆者。

这样的决策意味着，小米将迎来新的战略调整，原先的"手机、电视、路由器"战略升级为"手机、电视、路由器＋生态链"。小米的硬件核心由手机、电视、路由器三大产品线构成，中心不做品类扩张，只进行优化迭代。品类扩张全部交给外围公司，小米用入股的方式投资各个领域的硬件初创企业，这些企业按照小米的品类要求和品质标准开发出新产品，然后贴上小米的品牌标签，在小米的渠道内销售。

至于生态链团队的负责人，雷军早就想好了——生态链公司产品必须和小米的工业设计对接，最懂工业设计而又稳健严苛的刘德是最合适的人选。智能硬件生态链团队成立之初，雷军下了两个"命令"：第一，用五年的时间，让尽可能多的产品和小米手机连在一起；第二是花钱，"3年投资50家企业，花掉10亿元人民币"。

自那时开始，刘德和孙鹏就开始疯狂出差，每周前半周在北京参加会议、处理工作，后半周就和团队一起去各地寻找合适的硬件团队。小米网开源硬件负责人史颉华的工作职责就是与各种硬件创作团队沟通，扶植好的开源硬件项目，建立一个互利共生的体系。2013年下半年，他约见的硬件创业团队约有300个。小米还与众筹机构点名时间合作，投资100万元资助出色的硬件项目。

生态链团队投资的第一站是华米。华米是合肥的一家初创公司，原名智器，主要业务是平板阅读器和互联网发行，他们被小米看上的产品是最新开发的智能手表。雷军参与了对华米的考察，亲自戴上智器的智能手表进行体验。一天后,雷军便决定合作,他承诺"让华米成为可穿戴领域的小米"。

与小米这样的大公司合作,华米必须以对方为主导。于是,原有的平板电脑新品及智能手表新品的研发被停掉,价值几百万元的新模具被废掉,他们要做的是之前从来没有做过的产品——手环。2014年年初,华米团队从合肥赶到北京,在小米九楼的会议室里闭关三个月,潜心研发小米手环。

除了华米,小米在2014年四处出击,投资了25家智能硬件公司。路由器团队挖掘了小蚁智能摄像头、小米智能插座、Yeelight灯、小米智能遥控中心等智能家居配件;生态链团队则投资了做空气净化器的智米、做智能血压仪的九安、做蓝牙耳机的蓝米、做小家电研发的云米、做智能家庭套装的绿米等。

值得一提的是,小米还入股了一家同行——21克手机。这是一家专为老年人定制手机的厂商。双方从2013年6月开始商谈,2014年7月,小米、顺为资本正式为21克手机注资几千万元,这意味着小米在老人智能硬件市场占据了一席之地。

这些潜力巨大的优质公司,在短时间内聚集在小米周围,共同组成强大的智能生态阵容,他们一方面借助小米的品牌和资源优势迅速成长,一方面成为小米战略的一部分,共同完成小米的帝国拼图。

雷军也适时转变角色,不再只讲手机、电视和路由器,而是把生态链挂在嘴边,四处扮演"布道者"的角色。甚至小米上下紧张备战2014年"双十一"的时候,雷军还像传教士一样宣讲小米的布局,为小米生态链公司背书。

2014年10月末,雷军在郑州把"复制100家小米"当做演讲的重头戏,他说:

> 我们认为手机越来越重要,成为个人的信息中心,如果用手机能够连接办公室家里的所有设备,包括可穿戴设备的话,手机

的重要性就自然而然凸显出来，有了好的硬件，怎么能够通过互联网服务整合，由电商平台全部打通，在全世界销售。

这些被"复制"出来的小米，就像被装上火箭助推器一样迅速升空。2014年"双十一"，不仅小米手机、电视、路由器等中心产品拿下各自品类第一，小米手环勇夺智能可穿戴设备销量第一，小米移动电源稳居3C配件类销量第一，小米活塞耳机也拿下有线控耳机类销量第一。

相比核心产品的强势表现，生态链产品的成功经验更让雷军欣慰，这预示着小米新战略的光明前景。不过，小米的智能生态链布局远没有形成气候。至少在短期内，初创公司的智能硬件还只能算是边缘产品，人们生活中最常用的硬件产品，还牢牢把握在传统巨头手里，能否搞定这些巨头，是小米智能生态链战略能否落地的关键。

小米可以更美的

谈智能家居,绝不可能绕开传统家电企业。在中国,传统白电企业的领军者是海尔、美的和格力;黑电中,以创维、海信、TCL、长虹和康佳五大企业为主。如何把其中一个巨头拉到小米的智能生态中,成为雷军思考最多的问题。

事实上,参照小米的战略,合作的选择对象已经非常明晰。首先,主营业务不能与小米核心硬件冲突,黑电企业便不在考虑范围。其次,考虑到雷军和董明珠之间的口水战,以及董明珠对待小米模式的态度,两者合作也不可能。那么,主要考虑对象便只有两个——海尔和美的。

海尔和美的确实是小米最理想的合作伙伴,这两家家电企业都是很有创新活力的民营企业,产品品类也比较丰富,市场占有率大,主营产品均处在国内前三。

但是,与海尔刚一接触,雷军便放弃了与之合作的念头。海尔在智慧家庭方面已深耕多年,且有"海尔平台",肯定不愿让小米中途插手。换言之,在智能家居方面,海尔是小米强有力的对手,要想让这家国内最大的家电企业放弃自有智能平台与小米合作,几乎不可能。于是,小米的工作重心马上转向美的。

其实,早在2014年1月,美的就已经主动找到小米路由器项目负责人唐沐,探讨合作可能。小米在一个月后给予了积极回应,派出团队与美的智能家居研究院、空调事业部、小家电事业部负责人见面。虽然之后双方并没有展开具体合作,但一直保持着密切接触,逐步提高谈判级别。

作为雷军心仪的合作伙伴，美的有着非常优良的资质：美的是家电行业的老兵，早在1980年便进入家电业，旗下拥有美的、小天鹅等十余个品牌，主要产品覆盖有空调、冰箱、洗衣机、微波炉、风扇、电磁炉、豆浆机等多个领域。

2013年之后，面对互联网，美的也摆出了开放的姿态。2013年年底，美的在集团层面成立电商模块，集团的电子商务公司在2014年上半年成立。根据美的2014年半年报显示，美的电商销售额同比增长160%。另外，京东和淘宝的销售额同比增长220%、132%。2014年"双十一"期间，集团董事长方洪波还亲临现场鼓舞士气。

到2014年年底，当小米提出全面合作之后，美的方面表现得很有热情。不过，出于谨慎，一切行动都在秘密进行。12月6日，商谈进入最关键的一步，雷军亲率小米生态链投资的联合创始人刘德与财务负责人张金玲飞往广东顺德。

从寒冷的北京一路向南，下飞机的时候，顺德的浓浓暖意让雷军倍感舒适，而美的集团的热情态度更让雷军愉快。除了董事长方洪波外，已经退休多年的美的创始人何享健也亲自到场。

这边谈判在紧张进行，那边风声已经传出。12月8日上午，美的集团发布临时停牌公告："美的集团发生对股价可能产生较大影响、没有公开披露的重大事项。"当晚，美的再次发出公告称，9日起将继续停牌，待公司披露相关事项后复牌。

外界对于美的停牌原因已经猜了个八九不离十，雷军到集团总部拜访的消息也被传得沸沸扬扬。尽管美的和小米对这些消息不置可否，外界仍通过种种蛛丝马迹，越来越接近事实。

终于，12月14日晚，一切尘埃落定。小米公司与美的集团同时发布公告，小米科技斥资12.66亿元入股美的集团，美的集团将以每股23.01元价格向小米科技定向增发5500万股，募资不超过12.66亿元。发行完成后，小米科技将持有美的集团股份1.29%，并可提名一名核心高管为美的集团董事。

此外，双方将以面向用户的产品体验和服务为导向，在智能家居及其生态链、移动互联网业务领域进行多种模式合作，建立双方高层的密切沟通机制，并对接双方在智能家居、电商和战略投资等领域的合作团队，积极探索多种合作模式，支持双方相关业务的发展。

从正式谈判到合作敲定，小米和美的仅仅用了一周时间，如此大规模的"资本投资＋战略合作"协议在如此短的时间达成，足见双方合作意愿之强烈和认同度之高。

这一消息无疑是2014年年末的中国企业界最重磅的一颗炸弹，多数分析人士认为，这是一项天作之合：美的拥有家电领域最齐全的产品链之一，是白电领域巨头，而小米在智能手机、电视和路由器为三大核心业务上表现优秀，堪称黑电领域的领袖。另外，小米在智能家居、移动互联的生态链全系统的布局和发展领先于整个行业。

如果说复制100家小米是雷军打造智能生态链的重要战略布局，和美的联手则是这项战略中的关键性战役。当然，无论从体量还是合作方式来看，小米入股美的都和投资初创智能企业不同。但是，两者联合也是小米模式的一种复制，小米的思维和理念嫁接到美的身上。

合作达成10天之后，方洪波在美的集团年度工作会议上说："互联网已经不是一种思维，而是一种时代的力量，这种力量正在改变一切，移动互联不但重新解构行业，重塑公司的竞争力，更是扩展和模糊了整个行业的边界。"

"小米＋美的"将共同成为小米智能生态圈的两根强大支柱，如果小米复制100家智能硬件公司的目标能够顺利实施，小米就能够让一切智能产品成为体系。而当小米能够实现万物互联的时候，小米就成了一个事实标准，雷军正在无限接近硬件产品大联接的梦想。

在物物互联领域，智能硬件接口的标准是排他的，谁有实力制定标准，谁就能够成为智能硬件领域的主导者。当然，也正是因此，小米和美的的联姻招来的不仅是一片惊叹和喝彩，还有凶猛的批评和攻击。

对小米和美的联姻最凶猛的攻击来自于格力集团董事长董明珠。2014年12月14日，她在中国企业领袖年会上公开说："昨天我在网上看了一篇文章，听说小米和美的合作了，董明珠有点急，我急什么。美的偷格力的专利，法院判你赔我两百万，小米和美的，两个骗子在一起，那就是小偷集团。""铁娘子"掌门人的尖锐评价顿时在业内引起轩然大波。

面对这个性格强硬的对头，雷军并没有像以往一样针锋相对，直到第二天，他才比较温和地回应了董明珠的发言："因为我们业务比较复杂，有时候大家不太会看得懂。我们业务实际的核心是通过做智能手机、智能电视等平台性硬件，建立一个互联网平台，这就是我们的核心业务。基于这个核心业务以后，我们其他的业务都是跟创业公司，跟其他的成长公司，甚至大型公司的合作。所以，整个小米都是开放合作的态度。"

之所以温和，很大程度上是因为小米的平台战略，联合在小米周围的硬件公司越多，小米平台就越稳固，小米的护城河就越宽。

2014年12月16日，雷军获颁有"中国商界奥斯卡"之称的中国最佳商业领袖奖。其获奖理由有两条：一是带领小米在全球经济破冰回暖的外部环境中激流勇进，2014年，以手机、电视机、平板、智能手环、空气净化器等为代表的小米产品线全线开花；二是带领小米打造了"硬件＋软件＋互联网服务"生态圈，已成为制造企业拥抱互联网思维进行商业模式创新的成功典范。颁奖词这样评价："雷军创办的小米不是中国的苹果，而是世界的小米。"

巧合的是，这一天还是雷军45岁生日。志得意满的雷军和猎豹移动CEO傅盛、凡客诚品创始人陈年、欢聚时代创始人李学凌、UC创始人俞永福等四个好友一起庆祝到凌晨。

在2014年行将结束的时候，雷军就这样度过了从创办小米以来的第5个生日。小米也以3个10亿美元投资为这一年画上了句号——在经过米聊和单品扩张的试错后，小米的新战略终于走上了正确的轨道。

除了在硬件产业投资 10 亿美元之外，另外两个 10 亿美元的投资计划分别是云计算产业以及视频与内容产业。至此，小米边界分明，战略明晰。小米核心硬件只有手机、电视、路由器三大产品线，掌控小米网、MIUI、供应链等核心环节，形成软件、硬件、服务、内容等"生态链"系统。雷军的战略布局就此完成。

随着战略布局浮出水面，小米不再有秘密可言，那些看不见、看不透小米的对手们逐渐跟了上来。华为和魅族在手机领域步步紧逼，乐视在电视方面寸土不让，搅局者也不断加入。2015 年的小米，虽然已经拥有了强壮的体魄，有了足够强大的城墙，但是，身后的追兵让它窒息，面前又没有成功的范例，未来的路将更加凶险、坎坷。

从零开始

2015年中国企业界的喧闹是由雷军的一条微博引发的。

12月29日是2014年最后一周的周一,当天下午,雷军在微博宣布了小米新一轮的融资消息:

> 小米上周末刚完成最新一轮融资,公司估值450亿美元,总融资额11亿美元,投资者包括All-stars、DST、GIC、厚朴投资和云锋基金等投资机构。这次融资是对小米创业四年多成绩的肯定,也是揭开新的发展阶段的序幕。小米将以归零的心态重新出发,为"让所有人都能享受科技的乐趣"的梦想继续努力,"高品质、高性能、好体验"永远是我们追求的目标。

在雷军宣布之前,关于小米估值的猜测从未停止,现在,尘埃落定,450亿美元——相当于三个联想集团的估值。作为一家创立不到5年的企业,小米创造了令人瞠目结舌的神话。

享受掌声和鲜花的同时,雷军也明白,成为领导者意味着小米的一举一动都被对手死死盯着,未来的竞争将更加激烈。

在手机领域,小米的优势被逐渐蚕食。一开始并未将小米放在眼里的华为,特意设立了互联网品牌荣耀,主打1000到2000元价位。荣耀从创立开始,无论产品性能定位还是营销,都对小米贴身肉搏;华为拥有更强大的自主研发实力,在核心技术方面更具优势,在国际市场的表现也好过小米。老对手魅族则投靠阿里巴巴,有了充沛的资金和阿里来自系统、云服务和电商等各方面资源的支持,开始迅速铺开市场。360与酷派也达成合作,出资4亿美元成立合资公司,重新回到智能手机领域。

另一方面,国内智能手机市场状况也在趋向饱和。据工信部数据统计,2014年全年,中国手机市场累积出货量为4.52亿台,比2013年的5.79亿台下降了21.9%。在市场趋向饱和的情况下,所有厂商都喊着要翻倍,2015年智能手机市场的竞争激烈程度可见一斑。

手机之外,小米其他产品线的情况也不乐观。小米和美的联手没多久,魅族便宣布加入海尔U+平台;小米电视也遭遇乐视TV强有力的围剿,而乐视的胃口还远不止于电视,它隐隐透出与小米全方位竞争的信息。

小米的危机还远不止这些。海外扩张方面,印度市场禁售虽然解除,但进入印度的小米手机都只能配置高通公司生产的芯片。

智能硬件初创公司投资方面,小米也存在很大的隐患——小米无论联合多少盟友,都会将更多的企业变成对手。一旦小米对立面的智能硬件公司依靠统一的智能模块达成联盟,后果将不堪设想。

正因为这样,即便2014年小米站在了大多数企业无法企及的高度,雷军却比以往更加焦虑。2015年1月4日,新年的第一个工作日,雷军给小米全体员工群发了一封内部邮件——"去到别人梦想都未曾抵达的地方"。在这封邮件中,雷军对于未来的规划提出了三点要求,一是回归产品和服务的初心,二是完善生态链布局,三是心怀国际化的梦想。

确实,5年来,小米从不被看好的初创公司,以火箭般的速度成长为一家估值450亿美元的庞然大物。小米成长得太快了,当整个战略框架足够清晰,它在每一个领域的弱点都暴露了出来。没有哪个企业能够像小米一样,有这么完整的软硬件生态体系,但是小米的体系又非常脆弱,它在每一个领域的护城河都不够宽广。

好在雷军清晰地认识到了这一点，他一方面将夯实基础、修炼内功作为小米未来3至5年的战略布局，另一方面，他对外摆出更加友好开放的姿态，希望对手更少一点、朋友更多一点。

雷军在微博中说"重新出发"的时候，黎万强已经准备收拾行李了。从宣布"去硅谷闭关"开始，黎万强就一边交接手头的工作，一边休整，为出国做准备。早在两个多月前，黎万强的硅谷之行就已经确定，不过，外界对此毫不知情。事实上，黎万强闭关的真正原因在于，与小米一起狂飙突进近5年之后，39岁的黎万强遭遇了"中年危机"。一方面越来越成熟，另一方面却又陷入迷惑，这种状态让黎万强无法适应小米高速发展的节奏。2015年8月，他再次回归公众视线的时候，做的事情与互联网一点关系都没有——他举办了一场个人摄影展。当然，这都是后话了。

在黎万强离开小米的同时，雷军开始在不同的场合将小米的战略规划和盘托出。2014年末接受《财经》杂志专访时，雷军表示，小米的生态包括三层，第一层是智能硬件生态链，第二层是内容产业生态链，第三层是云服务。

谈到未来挑战的时候，他将智能手机的技术问题和专利问题放在重要的位置。

> 整个智能手机的工业都有很多难题，现在处于整个技术的瓶颈期，比如电子和电芯技术，这是整个消费电子最慢的，不仅要解决技术创新，还要解决可靠性和量产问题，不容易。另外，专利的挑战，专利战是小米成人礼。这个成人礼怎么过呢？小米明年预计要申请1300项专利，其中300项国际发明专利，现在关键是时间太短。我们最需要的就是时间，我们要把发明想法变成专利，才能在这一轮竞争中持有门票。

由此来看，雷军紧急部署的工作包括四个方面：一是做出智能硬件生态链的"大杀器",在智能家居浪潮中掌握核心优势;二是在内容产业链方面有所作为,成为行业中的领先者;三是在云服务方面追赶 BAT,进入第一集团;四是解决核心技术缺乏和专利缺乏的问题。

决定从零开始、修炼内功的同时,小米也开始尝试以另一种姿态出现在世人面前。小米 Note 的定位便是一个强烈的信号。

2015 年 1 月 15 日,小米在北京国家会议中心举办小米 Note 的产品发布会。小米 Note 传承了小米的一贯理念,采用顶尖配置:高通骁龙 8108 核 64 位处理器、2K 高清屏、4GB 内存 +64GB 闪存。值得注意的是其定价:标配版(16G)2299 元、(64G)2799 元、顶配版 3299 元。

关于为什么做高端机,雷军回答:"因为我们的用户需要。"事实上,小米也需要用高端机摆脱低姿态。正因如此,小米 Note 一改雷军"无设计就是最好的设计"理念,采用了双曲面玻璃设计,外观时尚美观。会议现场的一位重量级嘉宾更成为小米调整姿态的注解:时尚集团总裁苏芒一袭红粉装,雷军拿着小米 NOTE 与她合影。小米联合创始人王川调侃道:"苏芒要帮助我们 IT 屌丝更时尚啊!"一句话道出了小米 Note 背后的意义。

小米手机在 2014 年出货量超过 6000 万台,入口布局已接近完成。但是,小米手机给人低端、廉价的印象却急需改观。另一方面,小米手机平庸的外观给人以缺乏技术创新的印象。面对竞争对手的围追堵截,小米需要以高端产品重新树立品牌形象。

然而,商场如战场,对手会紧盯你的每一个动作,如影随形、步步紧逼。

牌都摆到桌面上

小米 NOTE 刚刚预热，华为终端公司董事长余承东就开炮了。2015 年 1 月 22 日下午，余承东在微博中称："看到小米 Note 仅 3000mAh 电池 5.7 英寸 2K 屏，我想告诉大家的是，电池续航能力一定很糟糕！"雷军马上转发并评论："小米 Note 让老余急了！"短短一句话，彻底让"余大嘴"打开了话匣子，一系列关于 2K 屏和 1080P 屏的思辨在余承东的微博上迅速更新。

事实上，余承东的炮轰只是新一轮竞争的开始，类似的争吵随时都在发生。马上要到来的米粉节，一方面是小米成绩的总结，另一方面则是对手更凶猛进攻的开始。

北京的春天如期到来，海淀区清河路两旁的橡树身着绿装，散发着浓郁的春天气息。小米总部大楼里，员工们往来穿梭，米粉节将至，他们更加忙碌了。

46 岁的雷军坐在 15 楼办公室的窗边，享受午后的片刻宁静。他手边放着小米最新发布的小米 Note，他已经习惯了用手机办公。手机上显示的是微博页面，小米公司官方微博几小时前发布了一条讯息："雷军获选《财富》杂志全球 50 大杰出领袖。"与雷军同时入选的还有姚明、蒂姆·库克、比尔·盖茨等全球知名人士。

事实上，雷军对于上头条已经习以为常了。4 天之前，即 2015 年 3 月 23 日，《时代周刊》用长篇幅报道了雷军和小米手机，并将他称为

"China's phone king（中国手机之王）"。

略微思考之后，雷军拿起手机，将这条微博转发，并加上评论："这是送给我们小米五周年的礼物，我们会非常珍惜这些荣誉，一定继续专心把产品、品质和供应做好！"言语间流露出难以抑制的骄傲。

初春的这段时间，雷军变得多愁善感，除了仍旧将产品和战略挂在嘴边之外，他时不时还会吐露几句岁月沧桑的话。2015 年 3 月 31 日，雷军在小米总参会议室里感慨："时光如飞梭，岁月如炮弹，转眼 5 年就过去了。"这一天，雷军一口气发布了五款新品：小米 Note 女神版、红米手机 2A、55 英寸小米电视 2 以及小米生态链合作伙伴的小米体重秤和小米插线板。这五款新品都会在米粉节上进行发售。

4 月 8 日"米粉节"当天，小米卖出了 211 万台手机，创下了"单一网上平台 24 小时销售手机最多"的吉尼斯世界纪录。此外，小米当天还卖出了 3.86 万台电视，7.9 万台路由器，以及超过 77 万个智能硬件，支付总额突破 20.8 亿元，比 2014 年 15 亿元的销售额增长了 5.8 亿元，可谓战绩辉煌。211 万台手机也打破天猫电器城"24 小时内售出 189 万台"的世界纪录。

雷军对这个成绩应该是满意的，"米粉节"当天，他不断在微博里刷屏，每一张照片都面带微笑，最后甚至和同事喝着香槟吃起了烤肉。

小米的高调很快拉来了相当多的"仇恨"，其中最惹人瞩目的要数乐视。米粉节的烟火尚未散尽，乐视便放出"大招"，将触手伸向了小米的核心——手机。

4 月 14 日，乐视在北京万事达中心举办了主题为"打破边界，生态化反"乐视超级手机发布会，久未露面的乐视董事长贾跃亭亲任主持。两个多小时的演讲中，贾跃亭声称乐视超级手机"无论是硬件和性能，还是做工和用户体验，都超越了竞争对手"。他还喊出了"绝不做低端的垃圾手机"的口号，并向小米 NOTE 喊话："不服 SOLO！"在电子游戏中，SOLO 即单挑的意思。

与华为、乐视的争执只是小米面临残酷竞争局面的一个缩影，很多不看好小米的评论者开始大谈小米"危局",声称小米"手机不如华为、电视不如乐视、电商不如阿里、京东、云计算不如BAT"。拿一个企业的各个方面与其他所有企业联合对比的方式是不客观的,但雷军也知道,小米的整个生态圈任何一面都不能被打穿,否则整个框架将会站立不稳。

在与竞争对手你来我往交战的同时,小米在各方面的"补强"工作时刻不停地在进行。智能生态链企业、国际化团队、电视内容团队在各自领域冲锋陷阵,不断为小米拓展疆土,加固护城河。

进入2015年,智能生态链公司捷报频传:

小米Note发布三天后,小米总裁林斌在极客公园主办的GIF2015创新大会上发布了小米生态链的最新产品"智能家庭套装",包括多功能网关、人体传感器、门窗传感器、无线开关等。一周后,小米智能套装300套限量公测,小米在智能家庭方面的初步探测启动。与此同时,3月27日,第三代活塞耳机发布,售价99元,外观再次获奖,2015德国红点奖被小米耳机夺取。小米耳机在同行之间的优势进一步巩固。

作为生态链公司中的佼佼者,华米也动作不断,接二连三给雷军和米粉们带来惊喜。3月16日,李宁公司宣布与小米生态链企业、小米手环缔造者华米科技达成战略协议,共同打造新一代智能跑鞋,开始探索大数据健康领域。半月之后,华米科技再次出手,与支付宝达成战略合作,共同打造基于可穿戴设备的新一代移动支付方案。

4月,小米携手宝马中国共同打造智能生活,建立智能家庭体验馆,在全国10座城市陆续开放。

最吸引眼球的是小米在4月中旬的一次收购。4月15日,雷军宣布小米入股电动平衡车企业Ninebot。小米的生态链企业再添虎将。

6月30日,小米和美的联姻之后的第一个大招放出——发布小米&美的i青春智能空调,售价2699元起,小米智能家居生态向大家电延伸。

国际化团队也扛着小米的旗帜奔赴世界各地,不断突破。

4月23日，小米手机4i和小米手环在印度发布，雷军第一次在小米海外发布会亮相，印度米粉们热情高涨。

5月19日，小米商城正式登陆欧美，欧美用户可以直接在网上购买小米手环、小米移动电源、小米耳机等产品。5月底，国内电商渠道也取得重大进展，小米官方旗舰店正式入驻京东商城，赶上京东的年中大促。

到了6月，雨果·巴拉把小米产品带回故国，他在巴西圣保罗举办发布会，宣布红米2、小米手环、10400mAh小米移动电源将在当地开卖。

经历了专利问题的磕磕绊绊之后，小米终于又走在国际化的正确轨道上，至少目前一切顺利进行。

2015年的小米在雷军布局的多个方面下潜，不断加强、相互促进。与之前几年火箭般的飞升速度不同，小米的轮廓越来越清晰。上半年将要结束的时候，雷军已经丝毫不吝啬于讲透小米的战略布局了。在接受《21世纪经济报道》的专访时，雷军说：

> 过去五年是小米生态链的布局，未来五年则是优化，现在牌都摆到桌面上了，小米的布局已经完成。

确实，小米的智能家居、内容生态链、小米金融等战略已陆续发布，唯一没有公开的是小米在做芯片。过去五年，小米在幕后低调布局，而今大幕拉开，所有角色都闪亮登场，舞台宽广。

从小米起飞开始，对手们的攻击、同行们的模仿和评论家们的猜测就从未停止过，但是所有人都无法完全看清雷军的布局，雷军认为，每家公司都只学了小米的一部分，盲人摸象，没有学到小米的全部。但是现在，雷军说："小米会把完整的逻辑分享给行业。"

相信梦想的力量

2015年6月的最后一天,华为和魅族不约而同地发布新产品,手机圈内一片沸腾。就在两者争执不下的时候,小米悄然披露上半年手机销量:3470万台,同比增长33%。按照这样的增长速度,小米在2015年很难达到年初定下的目标:手机销售8000万到1亿台。在风口浪尖五年之后,小米前进的道路依然充满艰辛。

在过去几年,小米模式几乎成了成功的代名词,"互联网思维""口碑营销""风口""互联网+"等名词伴随着小米的飞速发展,被人们反复研究。

一波又一波制造企业到小米参观,甚至连雷军最尊敬的柳传志都表示小米值得尊敬,公开宣称要学习小米的营销方法。连房地产企业也到小米参观,万科的郁亮带团队参观学习之后,碧桂园集团董事局主席杨国强与小米创始人雷军两度会面,其营销打法也与之前大不一样,推出了"全民营销平台"。

雷军最引以为傲的是"改造中国制造业",他说:

> 小米式创新,不止是小米一家公司的创新,可能是所有中国制造业的创新:过去三十年,中国制造业的推动力是人口红利,低成本,低价格;小米模式则证明了,运用互联网思维,以互联网技术为基础,依靠新的商业运营模式,再加上创新式的产品模式,

中国制造业将会出现巨大的"创新红利"空间。与人口红利的相比，创新红利的空间更大，更持久，更健康。

当然，小米最核心的竞争力是战略，产品、营销、技术都可以在很短时间内被学会，但战略布局则是小米最不易被模仿的强大之处。按照雷军的描述，小米整个战略由三个生态圈构成：

第一个圈是移动互联生态圈。MIUI 在小米设备上创建了生态圈，作为一个入口整合其他应用软件。最传统的方式是应用商店，截止到 2014 年年底，小米应用商店分发总量已达到 50 亿次，小米消息推送次数也影响上亿终端。而雷军绝不仅仅是剑指软件分发，移动支付、第三方账户登录以及互联网视频内容也已开始布局。小米与第三方公司合作，最终是想打造从发现消费者需求到完成消费者需求的完整移动闭环。

第二个圈是智能终端生态圈。小米将以手机、路由器、电视作为核心，整合家居场景。美的加上小米投资的智能硬件公司，有足够的终端。假如小米能够在智能家居场景中，完成设备的互联互通标准以及内部软件协议的统一，必然有更多的智能家居终端加入其中，从智能家居延伸到办公室再延伸到各种生活场景中去。

第三个圈是小米互联网平台。几乎所有人都忽略了小米的电商平台，但不要忘记，小米 2015 年在电商平台 12 小时就销售了 211 万台手机，销售总额达 20.8 亿。小米平台的移动电源、插座、体重秤等物品供不应求。当然，互联网方面，还有雷军并未讲透的云服务和大数据。

雷军将未来五年的规划称作对这三个圈的完善和优化，在他看来，如果每个方向都成了，那么小米科技就成了。

6 月 28 日，雷军受邀回到梦想的起点——武汉大学，参加武汉大学毕业典礼，为学弟学妹们做一场演讲。

故地重游的雷军感慨万千，大学时代的一幕幕又重新浮现在眼前：他勤奋读书的样子，创办三色公司的激情，以及搬着小板凳参加毕业典礼的期待。雷军格外重视这场演讲，习惯了休闲着装的他又穿上纯白色的正装衬衫，面对整齐坐在台下的热情后辈们，他将演讲内容归结为一个主题——梦想。他说："为什么在这里谈梦想，这是因为回顾我过去走过的路，在我的人生中，我最难忘的就是武汉大学，因为武汉大学在我的人生历程中起着不可磨灭的作用。"

他又讲到了《硅谷之火》，谈及在武汉大学的读书经历，并将成功归结为对于梦想的确立：

> 我觉得最大的不一样是我比他们更早地确立了人生的梦想，并且付出了实践。这就是我给大家的第一个建议，要永远相信梦想的力量。今天，大家即将走上人生的征程，尽早地确立梦想和目标，并且尽早地去付诸行动，我觉得这是人生的开始。

然后，雷军感同身受地讲到对于梦想的坚持，他讲到三色公司创业的失败经历，讲到在金山的艰苦奋斗，讲到小米起步时候的各种磨难。"有梦想很容易，去实践梦想也很容易，但是坚持梦想很难。你今天能坚持，五年后还能坚持吗，十年后二十年后还能坚持吗？"

他意味深长地讲到创办小米的心路历程：

> 我自己参与了金山软件的创办，深知创业的艰难，那是什么启发我退休以后再创业的呢？是在我在快40岁的时候，有天晚上做梦醒来，觉得自己好像离梦想渐行渐远，我问我自己是否有勇气再来一回。其实这个问题很难回答，我想了半年多的时间才下定决心，不管这次创业成功与否，我不能让人生充满遗憾。我一定要去试一下，看自己能不能创办一家世界级的技术公司，做一件造福世界上每一个人的事情，所以我下定决心要做这件事情。

演讲结束后，雷军被潮水般的学生们围起来合影留念，询问各种各样的问题,雷军耐心而热情地和学弟学妹们合照、聊天。在互动的间隙,他竟有一瞬间的恍惚,仿佛又回到大学时代,又回到三色公司结束时回归校园的那一天。

那天,他走在阳光明媚的武大樱花路上,轻松却又有点落寞,时间大把大把可以挥霍,梦想似乎遥不可及,他穿过樱花大道,消失在通往宿舍楼的拐角处。

在武大校园里,时光仿佛从没有流逝,虽然已经过了樱花烂漫的季节,但是校园内的风景还是一如从前。雷军却和以前有了天翻地覆的变化,他成了众星捧月的明星企业家,正在无限接近自己的梦想。

不过,对小米而言,一场始料未及的危机正悄然到来。

第十章

艰难时刻

　　小米没能逃过许多创业公司盛极必衰的魔咒。当"小米不行了"的声音不绝于耳,雷军开始反思,并得出了结论:小米已经失去了创业的心态。整军再战,雷军把希望放到了未来。

遭遇"拐点"

2015年是小米成立的第五个年头,但让所有人扼腕的是,小米也没逃过盛极必衰的魔咒。

数据显示,小米2011至2014年度的手机销售量分别为30万台、719万台、1870万台、6112万台。2015年,雷军定下的目标是8000万到1亿台,然而时间尚未过半,所有人就都知道,这个目标已经成为空中楼阁。或者说,雷军接下来应该思考的不是如何完成目标,而是如何让今年的成绩单尽量好看一些。

2015年7月,小米公布上半年销售业绩,第一、第二季度手机销量分别是1500万台、2000万台。自2013年小米每半年报告一次销售数据,这是小米手机销量首次出现环比下降。

对于小米的"减速",雷军以及一众小米高层似乎并不放在心上。

雷军在一份公开声明中称:"即便在2015年中国智能机市场增速放缓的情况下,小米仍保持33%同比增长率,小米跑赢大市,交出了一份出色的成绩单。"林斌也坦言:"外界对小米期望值太高。"

直到第三季度销量数据出炉,"小米不行了"的声音再也无法掩盖。

据IDC数据,小米第三季度出货量为1850万台,增幅仅为5.6%,不仅增幅远低于第二季度,也低于全球6.8%的出货量增速。有业内人士感叹,在硬件这个领域,最可怕的不是增长慢,而是由盛而衰,即趋势曲线触顶后下滑。

不管雷军和林斌承不承认，小米的"拐点"到了。

雷军一再强调，小米不靠硬件赚钱。但不得不说，作为小米目前的支柱产业，智能手机依然至关重要，销量的下滑与之不无关系。2015年下半年，小米发布的红米Note2、Note3等机型，基本上除了简单的外观优化、机身材料处理、配置升级外，并无太多新意。

一直以来，小米用"性价比"横扫友商，但是小米的战术也已经被友商学得有模有样。2015年8月16日，红米Note2发布。当友商的千元机型都在标榜青春、时尚，同一定位的红米也终于将注意力放到了一直以来都稍显不足的"颜值"上。只不过红米将所谓"颜值"等同于色彩艳丽可更换的手机后壳，而不是其他工艺材质上的创新。

尽管红米Note2在性价比上，依然称得上"吊打"同级别机型，可好景不长，友商纷纷跟进：10月21日，魅族发布魅蓝Metal；10月27日，乐视发布"乐1s"。在旗舰机小米5缺席的情况下，红米难担大任，无法拉开产品上的差距。

2015年"双十一"，几乎是小米有史以来最艰难的一战。相比华为荣耀的强势崛起，"双十一"的桂冠对于降速中的小米更加重要。为了将2014年发布的旗舰机小米4卖出去，小米甚至能够接受降价200至300元。

在"双十一"结束前，小米团队几乎彻夜不眠，时刻关注着不断变化的销售数据。看着一直与华为旗鼓相当的成绩，在最后两小时临时决定给每个用户发出50元手机优惠券，只要在天猫旗舰店购买手机就能使用。直到最后一分钟结束，尽管销售额第一被华为摘下，好在手机销售量上小米拿下了第一。

对于消费者来说，谁是第一没有什么区别。然而对于小米来说，2015年"双十一"比以往任何一次"双十一"都更重要。尽管小米没有传出雷军亲自督战的消息，但11月12日凌晨，雷军得到销售反馈之后，第一时间发布微博称天猫"双十一"小米手机销量第一。而直到12日早晨，华为旗下的荣耀才正式对外宣布，荣耀获得了天猫手机品类冠军。

小米还是原来的小米，只是新的"小米们"已然崛起，正携自己的"脚"走加强版小米的路。

与友商穷追不舍的姿态相比，小米却显得"疲于奔命"。11月24日，小米发布新品红米Note3。此时，距离红米Note2发布仅仅相隔三个月。在小米发机史上，几乎没有两款同系列产品更新换代如此之快。

在红米Note3的发布会上，雷军几近"哽咽"，这是他在发布会中少有的一次失态。雷军坦言，红米这个品牌，来自小米青春版，出发点是在小米"为发烧而生"的基础上，面向更广大的年轻人。看到红米，雷军想到的是那些年轻人，也是24年前的自己。

这一番深情演讲，感染四座，所有人都没有想到，"雷布斯"原来还会煽情。发布会结束后，雷军发布长微博，内容正是发布会上这段讲话的笔录，主题叫"我所有的向往"，同时也是红米Note3的宣传广告词。雷军表示：

> 红米Note3这么牛叉的产品，我希望找句同样牛叉的广告词。找了两个多月，找得很辛苦，最后，我们找到了这句话：我所有的向往！

在选择红米Note3广告词的时候，雷军首先想到了罗永浩的三大名言之一"彪悍的人生"，其次是"钢铁战士"，最后是"霸道总裁"，但都由于这样或者那样的原因被否定了。最后，才确定了"我所有的向往"这句话。

情怀即便再浓厚，也无法改变这场号称"压轴大戏"的新品发布会，带来的仅是一款千元机。不管雷军在那几寸方圆的平台上如何打动人心，依旧改变不了销量分毫。

Are you OK？我不OK

2015年12月2日,波士顿咨询公司（BCG）公布了2015年度全球最具创新力企业50强榜单,中国有三家公司入榜,其中腾讯位列第12名,为中国企业里排名最高,华为、联想分列第45和第50名。对比2014年榜单,去年上榜的小米却被踢出局。

从一骑绝尘,到走下神坛,外界最大的感受,就是小米的品牌影响力正在减弱。当所谓的"互联网模式"被友商复制,除开高配低价和MIUI两大法宝外,小米已经没有其他能够吸引粉丝的地方。可以说,在众多优秀的新兴互联网品牌中,小米已经很难再引起粉丝们的尖叫。

在产品策略上,小米持续高性价比的策略,随着酷派大神、华为荣耀、魅族魅蓝等品牌的逼迫,小米逐渐下调手机价格以保持竞争优势。价格越低,也就意味着品牌溢价越低。

据媒体报道,小米递交给深圳证交所的一份文件显示,小米的利润率低得吓人,其毛利润率仅为1.8%。这样的利润率且不谈与苹果的28.7%、三星的18.7%相比,即使是与国内的华为、OPPO、VIVO的10%左右相比,也远远不如。

还有更现实的原因是,中国智能手机市场增长在放缓,有两个趋势,一个是智能手机销量本身在放缓,另一个是中国市场消费升级。对小米而言,消费者升级的趋势与其产品策略有所冲突,而进行产品升级也不一定能赶上消费者需求。一位业内人士称,之前几年小米的产品能超过大家的预期,但现在越来越难,有时还低于预期。

2016年1月15日，尽管上一年的销售额没有完成，小米年会还是如期进行。开场，林斌宣布："过去的一年小米手机出货量达到了超7000万台，依然全国第一。"同时，林斌身后的屏幕上显示着"让友商很遗憾"几个大字，十分抢眼。

然而在各大媒体的报道中，"全国第一"这四个字后面都跟了一个大大的问号。此前，华为宣布2015年旗下手机出货量突破1亿台。为了区别华为的"全球销量"，陈彤还在微博上特意强调，小米是"全国"而不是"全球"。

在年会上，雷军反问："面对这样的成绩单，Are you OK？说实话，我不OK。"

在雷军看来，过去的一年小米实在过得太不容易了。各种各样的负面报道和批评甚至诋毁，比如，"小米手机不再发烧了"，"小米就是个屌丝机"，"小米的产品节奏乱了"，甚至有友商说"五年后，小米肯定消失"。

面对这些质疑，雷军思考了很长时间，最后得出了结论——"我们内心有心魔"。

> 年初我们定了一个8000万台的销售预期，面对这样的市场形势，不知不觉我们把预期当成了任务。我们所有的工作，都不自觉地围绕这个任务来展开，每天都在想怎么完成。在这样的压力下，我们的动作变形了，每个人脸上都一点一点失去了笑容。

小米失去的是销量吗？不是。

在雷军看来，小米失去的是创业的心态。创业心态的本质是什么，就是要做自己觉得酷的产品，就是要享受这个过程。无论有多少困难，无论有多少问题，都要享受这个过程。吃再多的苦，最后想起来都是值得。

回归初心，雷军定下了2016年最重要的战略：开心就好。他要求全公司继续坚持"去KPI"的战略，放下包袱，解掉绳索，开开心心地做事情。

> 开心了才有激情动力，开心了才有创造的灵感，我们每一个同事开心了，用户就一定能开心，成绩就一定会有。

一切不满意，已经过去。雷军把希望放到了新的一年。

整军再战，雷军为2016年提出了三个关键词。

第一个关键词是"聚焦"。

这是解决产品上的问题，要聚焦核心业务，突破关键技术。过去一年，小米的确在各个业务线上高速奔跑，开拓了非常多的新业务，但是在核心业务上，却达到了成长的瓶颈。雷军认为，小米需要让精力回归到核心业务上，同时要在关键技术上寻求重大突破。为此，雷军在手机部门成立了核心器件部，并提出要求：在显示、照相、电池等方向上死磕到底，在硬件越来越同质化的背景下，通过核心元器件的定制优化，实现小米整体性能和综合体验方面的长期优势。

第二个关键词是"补课"。

小米已经超高速成长了五年多，直到增速下降，雷军意识到小米还有很多基础工作不扎实。因此雷军提出了"补课"的要求，苦练内功，夯实基础。"在这一点上我们要从三个方面开始，第一个就是精细化运营，第二个是品牌建设，第三个是员工激励制度。"

第三个关键词是"探索"。

小米的使命是让每个人都能享受科技的乐趣。五年前，小米做了当时非常酷的智能手机，不仅仅让米粉们感受到了科技的乐趣，更重要的是，让雷军自己和一众创始人也享受到了这种乐趣。

在雷军的理解中，科技乐趣的核心在于激发想象力和满足好奇心。抛开销量带来的"魔障"，站在今天时代的潮头，小米怎么不断地给用户带来新的乐趣？这是小米接下来的前进方向。在脚踏实地做好核心业务的同时，也不要忘了仰望星空。"我们决定抽出一个小分队，开始筹建小米探索实验室，初期重点投入虚拟现实（VR）和智能机器人等新方向，为小米的发展奠定下一个台阶，也为所有喜欢科技的人们提前发现未来。"

被"黑"的新品

"全力备战小米5",是雷军2016年开局的头等大事,也是小米"减速"之后的第一次反击,意义重大。在业界看来,如果小米5能在2015年推出,或许能够完成其年度目标。经过18个月的打磨,甚至忍受一年的静默,是王者归来还是大势已去,雷军将接下来的幸与不幸全部赌在了小米5身上。

2016年1月26日上午10点,雷军在微博上爆料称,小米5自己已经用了一个多月,体验超乎想象,还有很多惊喜,比如"手感就特别好,拿起来就放不下"。他还公布了小米5的发布时间为2月24日,下方的预告海报主题是"为想象而来,而又超越想象"。

发布会之前,正在度假的林斌也在微博上发布了两张海鸟飞过的照片。从照片效果看来,小米5在摄像头方面应该下了工夫。

而黎万强则是隔几天就"爆料"一次:骁龙820,1080屏幕,NFC功能……一个小米5的雏形被慢慢描绘出来,吊足了消费者的胃口。

此外,发布会阵容也堪称庞大,预计邀请1000名米粉、600位媒体以及400名嘉宾出席。还有传闻,小米5的售价将突破1999元,甚至将主打高端用户,突破3000元关口。用户会为小米埋单吗?谁也不知道。

2月24日,小米5在万众期待下揭开了神秘面纱。

设计、配置与此前的传闻猜测相差无几。5.15英寸1080P屏幕、高通骁龙820处理器、4G运行内存、128GB存储、3000mAh电池、极窄边框、改进腰线、3D陶瓷机身等。在确保了整体参数不落伍的前提下，加入指纹识别、VoLTE技术以及全功能NFC。这款创造了小米史上用时最长纪录的小米5，配置、外观各方面都比较均衡。

售价方面，小米5用的是一套组合拳：标准版、高配版和尊享版，分别定价为1999元、2299元和2699元。很明显，小米想用一款产品实现来"一箭三雕"，既保住1999这个价位小米的竞争力，留住老用户的心，又想冲击中高端市场，与OPPO、VIVO和华为竞争。

出乎意料的不仅是价格版本繁多，也有其依旧延续本性的发布会形式。在发布会上，雷军丢出一连串的参数数值，以及"十项黑科技"，将小米的主要竞争对手们悉数轰炸了一遍。尽管现场效果出众，引得米粉欢呼，但也让小米在此后更显被动。

外界对于小米5的"十大黑科技"进行了彻底的"解剖"。有专业人士指出，其中除了4轴光学防抖和16颗灯的高亮屏幕勉强算得上黑科技，其他所谓的"黑科技"基本上都基于硬件供应商，谈不上"黑科技"。有网友一句话总结："今天是个值得铭记的日子，小米重新定义了黑科技的含义——黑色背景的科技参数。"

而小米5最大的看点之一高通骁龙820，也是第一个能买到的量产型骁龙820手机，但小米5标准版处理器主频仅为1.8GHz，而骁龙820官方额定频率为2.2GHz，GPU也被降频至510MHz（正常频率为624MHz），内存频率被降低至1333MHz（正常频率为1866MHz）。可以肯定的是，小米5标准版在性能上进行了妥协。

不仅如此，加载了"十大黑科技"的小米5，在业界看来，也远远称不上"杀手锏"。3月3日晚，雷军在微博上询问："大家最喜欢小米5的哪点？"不料却遭网友"群殴"，无法现货购买和黑边严重，成为网友集中吐槽的焦点。

雷军此前曾透露，小米5的备货量是以往的数倍，上市时有望现货供应。但实际情况仍然是严重的供需失衡，绝大多数想要购买小米5的用户无法正常买到，再一次上演抢购大戏，许多用户心生不满，大肆抱怨。此外,窄边框设计导致小米5开机后出现明显的黑边,视觉美观度瞬间下降。

对于雷军而言,小米5就像自家的孩子,全身都是优点。小米5打出了激情和温情的组合牌,能否帮助小米彻底扭转形象还不得而知,但至少奠定了小米转型的基调。可对于用户而言,小米5难以承载"米粉们"那热切的期待。

产品之外的另一个重点,是关于小米销售渠道的变化,雷军在发布会上宣布小米从线下体验店到零售店的角色转换。他表示,未来将把"小米之家"由"服务店"升级为"线下零售店",在线下开200家到300家"小米之家"零售店。

在小米5"褒贬不一"的情况下,扭转小米颓势的重责被转移到渠道上。对小米来说,线下传统渠道的布局也会带来更多挑战。如何平衡第三方分销渠道的利润,如何控制线下销售成本的增长,如何保证线下铺货商的积极性,以及后续营销和整合策略的适应与变化,都需要小米沉下心来好好想一想。

雷军已经直言不再追求销量数字,但手机行业残酷的竞争并非主动。市场的选择正在改变小米的抉择,不管是在定价上还是在销售模式上。

难撕的旧标签

小米 5 未能带来想象中的高潮,为观众眼中的小米蒙上了一层阴影。然而关于小米的未来,雷军给了一个新说法。在 2016 年 6 月的夏季达沃斯论坛上,雷军说:

> 小米要做的是科技界的无印良品。

"无印良品",日语翻译的意思是"我只生产我看见的、需要的产品",中文意指"产品本位"。有人认为无印良品的成功在于产品设计与创意,但归根结底,产品设计理念来源于品牌战略。而小米的品牌形象,几乎已经快成为"屌丝"的代名词,这也是雷军希望改变的现状。

7 月 10 日,沉默了一段时间的雷军又一次在央视亮相。雷军坦言,做小米的最大动力,是想改变国人便宜没好货的观点。

次日,小米举办红米手机销量累计达到 1.1 亿台的庆功宴。舞台后方的红色大屏幕上,红米手机的最新累计销量"1.1 亿台"格外显眼。雷军身前的一张长条桌上,摆满了 12 瓶香槟和 11 块蛋糕,这 11 块蛋糕上的字拼在一起就是"110,000,000"这一数字。

雷军先介绍了红米三位新的明星代言人吴秀波、刘诗诗以及刘昊然,在一轮拍照留念之后,雷军独自端着香槟走向台前。他的身后,小米几位高管正分成几组相互交谈着,黎万强也正式回应了小米 2016 年下半年开发高端产品的思路。只有雷军似乎在思索着什么,金色的液体在杯中摇曳起伏。

雷军比谁都清楚，红米巨大的销量背后，仍然难掩小米模式的失灵。据国际数据公司IDC公布的《全球手机季度跟踪报告》显示，2016年第一季度，智能手机出货量前五强分别是三星、苹果、华为、OPPO、vivo。小米的位置已经被OPPO、VIVO超越。

套用金立集团董事长刘立荣的一段话："几年前大家都流行说'我便宜'，现在连'性价比'都没人愿意提了。只有能够卖高价的手机产品才能称之为品牌，而仅仅靠低价产品，未来甚至都没法生存。"

针对高端手机大战，魅族也在2015年9月发布了"PRO"。华为除了"荣耀"品牌之外，旗下一直主打高端手机市场。与之相比，小米在中端市场和高端市场没有清晰划分，都采用了"小米"品牌，价格区间上也没有明显差距。

其实，小米一直有进军高端市场的计划。关于品牌的高端化，此前小米5已经采用了多种策略：诸如使用全新的品牌宣言，从为发烧而生进化到探索黑科技，意图摆脱性价比标签，彰显小米的科技创新精神；再如更具杀伤力的价格和更为细分的市场区隔，以覆盖更多的消费人群。但是这些举措并没有得到市场的过多认可，也并未从实质上提升小米的品牌形象。

业内人士指出："智能手机市场的饱和、竞争对手纷纷发力中高端市场，主打中高端市场的小米Note系列表现得不尽如人意。高端和性价比这两个概念，是很难同时存在的。性价比更多是在低端起作用，小米进军高端产品领域，可能也是在中低端树立一个更好的形象。"

10月25日，小米再次发力，推出年度旗舰产品小米Note2和小米MIX概念手机，意图再一次发起对国产高端市场的冲击，扭转品牌困局。

小米这次的发布会请来了梁朝伟站台。用小米的话说，梁朝伟的风格气质与小米Note2比较符合。它正面配备了一块5.7英寸双曲面屏，中框采用7系铝合金材质，背面为玻璃材质，并且两边也采用了曲面的处理。售价方面，小米Note2也达到中高端水准，标准版2799元，高配版3299元，全球版为3499元。

虽然三星、VIVO等已经发布了双曲面产品，而传闻华为即将发布的Mate9也会有双曲面版本，但是小米这一次反应颇为迅速，没有重蹈去年指纹功能迟迟不上的覆辙，在当下市场上亦属于差异化的打造。

另一款产品，主打全面屏的小米MIX，小米为其注入了更多的未来感。集全陶瓷结构机身和全面屏幕于一身，按雷军的说法，仅全陶瓷机身，成本就达到了1000元。而6.4英寸、91.3%的超高屏占比，在亮屏状态下也极富视觉冲击力和科技感。售价方面，小米MIX更高一筹，旗舰版售价3499元，尊享版售价3999元。

雷军自豪地说："这是一款属于未来的手机，是未来手机前进的一个方向。"

随着智能手机日趋陷入同质化的境地，消费者对于产品求新求不同的诉求已经远大于以往。此次，小米的两款新品都称得上更为大胆和激进。以双曲面屏幕迎合消费需求，用全屏幕释放科技探索，又辅以性价比，随着小米渠道建设的初见成效，这两款手机的确有望让小米产品踏入国产高端市场。

不管小米愿不愿意，高端化已经成为必然趋势。小米发布会结束后，华为随即在11月14日发布了年度旗舰产品Mate9，共有三款旗舰手机，同样主打商务人群。

小米凭借低价高配的特性崛起，也因此被贴上"屌丝机"的标签，想要撕掉标签并不是一件容易的事情。可只有这样才能让小米"焕然一新"，所以，不管能否取得成功，高端化这条路，雷军含着泪也必须走下去。

收回拳头，为了再打出去

冬天总是显得很长，从踩下"刹车"，到跌落谷底，小米的挣扎如此无力。回望年初，雷军定下了"开心就好"的战略基调，可现实让雷军开心不起来。"补课元年"，雷军忙着讲新的故事，小米也狂奔在追赶的路上，却不见起色。

2016年12月2日，雷军出席中国移动全球合作伙伴大会称，2016年预计小米智能生态硬件全年收入可达到150亿元。但对于小米智能手机的销量和盈利情况，雷军未过多地说明。

"三十年河东，三十年河西"，对于高速发展的互联网，现实更加残酷，几乎可以称为"一年河东，一年河西"，让人不寒而栗。尽管雷军没有公布销量，但根据第三方IDC数据，2016年第一季度到第四季度，小米智能手机销量同比下跌分别为：32%、38.4%、42.3%、40.5%，全年出货量同比下跌达36%，市场份额也从2015年的15.1%下跌到8.9%。

没有对比，就没有伤害。与小米形成鲜明对比的是，OPPO、VIVO却创造了新的智能手机神话，2016年OPPO手机出货量同比增长率达到96.9%，VIVO更是达到了惊人的122.2%，两者市场份额分别占据了16.8%、14.8%。

是什么原因导致了今天的局面？

在渠道方面，尽管雷军已经反应过来，要进行线下"补课"，但仍然错过了最佳时机。过去一年里，小米依然主要依靠线上抢购的模式进行销售,线下渠道的铺货和营销都没有"质变",与一心通过明星代言和专卖店洗脑的 OPPO、VIVO 对比,堪称两个极端。销量上的差距,也正是来自于此。据小米印度负责人透露,小米手机在中国市场线上和线下销售额的比例为 7∶3,而中国智能手机市场线上和线下销售比是 2∶8,和小米几乎完全相反。

在产品方面,小米全年推出了 14 款手机,囊括了从 499 元到 3499 元各价格区间。尽管理论上可以让消费者有更多选择,但纵观整个产品体系,除了小米 Note 和 MIX 稍稍让人提起一点兴趣,其他机型再无亮点。甚至一些低配机还经常使用降配的处理器,反而影响小米产品的口碑,完全没有做到雷军曾提出的"聚焦"。

在产能方面,小米对供应链的掌控力不足,缺货几乎成为小米的年度"关键词"。小米频频遭遇缺货困扰,使其产品错过黄金销售期,正如雷军所言:

> 小米在 2016 年,至少有三个月供应链处于极度缺货状态,导致出货量不及预期。诸如下半年推出的小米 Note2,采用了双曲面屏幕这一前沿要素,但是在发售后就一度处于缺货状态。而小米推出的蕴含黑科技的口碑性产品小米 MIX,其极低的良品率,更是遭遇了更大的产能的限制。

在创新方面,尽管小米 5 在全球首发四轴光学防抖和 3D 陶瓷;小米 5s 在中国首发超感光相机,单位像素面积达到 1.55um,还在全球首发无孔式超声波指纹;小米 Note2 率先采用双曲面柔性屏,小米 MIX 在全球首发全面屏和全陶瓷机身。但其中真正让用户"尖叫"的探索并不多。

虽然如此看来,小米几乎错失消费升级新风口,但并非没有补救的机会。如小米 MIX 就树立了一个很好的榜样,给小米带来巨大的鼓励。这也正说明,只要产品真的足够激动人心,消费者是愿意为其买单的,小米仍旧有机会。

好在"最坏的时候已经过去了"。2017年1月13日,雷军在小米年会上"自省":

> 前几年我们冲得太快,创造了现代商业史上的成长奇迹,但也提前透支了一部分成长性。所以,我们必须放慢脚步、认真补课,而且早补要比晚补好,文火慢补要比急火猛药好。

刚刚过去的一年,对所有小米人来说,都是艰难的一年,对于雷军更是刻骨铭心。正如习总书记在新年致辞中讲到的:"是非凡的一年,也是难忘的一年。"雷军直言,公司将要进入急速发展以后的"过渡时期",将不再公布年度销量。

相对于小米智能手机的惨淡,唯一能够让雷军感到一丝安慰的,就是小米智能生态硬件的成长。数百款智能产品带来的"米家"故事,最起码能够让用户不会忘记小米。

现在的小米,已经不是之前那个单纯的手机工坊了。旗下的米家百货枝叶渐茂,衣服、鞋帽、充电插板、路由器、电视、电动车等生活类方面均有涉猎,甚至还推出自己研发的松果SoC进军芯片领域。

150亿元的成绩,的确值得欣喜。根据雷军透露,小米已投资77家生态链公司,其中30家已经发布了产品,4家为独角兽公司,16家公司年收入超过1亿元,3家年收入更是超过了10亿元。但生态链战略和手机战略怎么去平衡,是雷军需要解决的一个问题。

业内也不乏质疑,彭博社专栏作家蒂姆·库尔潘曾公开表示:"小米公关人员喜欢为该公司庞大的产品目录编造故事,他们大谈生态系统效应,好证明小米不是一家普通的设备制造商。我并不买账。不是说你给一系列产品贴上'联网'的标签,就可以打造一个智能家居品牌了。就连苹果玩这招都没有成功。"

2017年2月8日,雷军出席第十七届亚布力中国企业家论坛,发表名为"小米新常态"的主题演讲,演讲中提到"社群电商""互联网平台""生态链投资"等关键词。雷军毫不避讳自己去年很迷茫,遇到最大的问题是"如何创造新的销售模型"。

雷军再次谈到了要做"科技界的无印良品",这也是小米现在做了这么多产品的原因。

> 我们通过手机为切入点,来实现我们的商业梦想,所以三年前我们开始了生态链计划,只要你产品做得好,我们就把你纳入小米生态链。

在演讲中雷军再次强调了"互联网思维",很多人告诉他线下渠道一定要有利润空间,他最终接受了。但是,雷军认为零售仍然存在很大的问题,"产品没人买而且还贵",物美价廉基本不可能。"如何让传统渠道具备高效率,并实现性价比",这是雷军在思考的。

雷军承认了小米的失败,但不承认小米错了。在他看来,捡回昔日荣耀的关键,在于"小米是否能够夯实基础面,因为拳头收回来,是为了再打出去"。

第十一章

回归初心,走出困境

　　随着小米首款自主研发的芯片澎湃 S1 发布,小米终于走出了整整一年半的低迷,但这只是触底反弹、扬眉吐气的开始。雷军深知,只有登到成功的那一刻,才能享受到消费者的掌声。

反弹的起点

经历了整整一年半的"跌跌不休"后，2017年对于雷军来说，是触底反弹、扬眉吐气的一年。就在所有人翘首期盼着小米的开年大戏时，没想到，2017年小米的第一场发布会的重点竟然不是手机。

2017年2月28日，小米首款自主研发的芯片澎湃S1发布，同时发布的还有搭载同款芯片的小米5c。澎湃S1是由小米全资子公司松果电子研发，定位中高端，并已经实现量产。

雷军的保密措施做得很好，澎湃S1研发历时28个月，为此雷军还向不少行业人士请教。实际上，从两年前开始，小米就在准备做芯片，但是不少人纷纷劝诫雷军慎重下手，因为芯片行业至少要10亿元人民币起跑，预计要投入10亿美元，要花10年时间才有结果。而且，在这个过程中，还面临很多不可知的风险。

雷军一意孤行，在他看来，芯片是手机科技的制高点，小米想成为一家伟大的公司，必须要掌握核心技术。

> 目前世界前三大的手机公司，都掌握了芯片技术，小米要想跻身全球前几大手机厂商的话，也要拥有自己的核心技术。

就这样，小米研发部门全力运转起来。2015年7月，澎湃S1进入流片阶段，2015年9月，基本调通芯片的基础功能，顺利步入量产阶段。之所以定位为中高端，雷军说，当时国内已有不少公司在入门级芯片做得非常好。

现在回想起来,整个过程的确很艰难,但雷军不后悔。

> 做芯片的确很难,如果单独做一个芯片公司,我觉得10亿美元都搞不定。但小米的优势是,在我们决定做芯片的时候,小米手机已经有很大的出货量基础了。就算不少人认为做芯片九死一生,但小米仍然坚持要做。

与华为历时10多年孕育出的麒麟芯片不同,小米推出澎湃S1,从成立芯片公司到成品出来,只用了短短28个月。如此速度让外界颇感惊心,甚至不敢相信。然而无论是小米还是米粉们,都有清醒的认识,不会要求澎湃S1短时间达到华为麒麟的高度。

不管如何,作为小米拿出的首款自主研发芯片,澎湃S1值得人们内心"澎湃"一次。因为这是小米"去高通""去联发科"的第一步。自主芯片是小米专利技术的一个补充与提升,要想让手机产品进一步,专利部分靠"买买买"是不现实的。

反观一同发布的小米5C,其光芒完全被澎湃S1所掩盖。小米5C售价1499元,除加载了澎湃S1,还采用了纳米注塑一体化金属设计,配备5.15英寸屏幕,拥有1.66mm超窄边框,加持3GBRAM+64GBROM存储组合,拥有1200万像素超感光相机,还配备前置指纹识别,支持9V2A快充。

整体来看,除了颜值颇高,作为首款搭载自主处理器的手机产品,小米5c并没有令人惊艳的感觉,当然也并不逊于诸多同档位产品,可以用"中规中矩"来形容。这也无可厚非,作为小米"第N"款手机,显然不及"第一"款芯片意义重大。

尽管大家都很"澎湃",但小米2017年到底有何打算,旗舰机什么时候出?这才是大家最关心的问题。雷军应该很清楚,小米即便做得再多,也仍然亟需一款能够撑起销量的产品。

4月对小米来说是一个非常重要的月份,这是小米公司成立的纪念日,往年来说,4月大多会有新品发售以及米粉节促销。然而,2017年的4月很平淡,关于米粉节的消息一点一滴都没有,小米所有的应用上都没有米粉节预告。直到4月6日,小米出了一个米粉节的优惠券赠送的游戏,也未能让心心念念的"米粉们"激动起来。

就在所有人怀疑,小米可能不会出新品时,雷军却已经准备好放"大招"。

2017年4月19日,小米6发布。

小米6几乎避开了此前小米5、5s系列上犯过的所有错误,不仅在国内首发了骁龙835移动平台,还标配了6GB内存,采用了更为成熟的光学指纹,整机表现全面无黑点,是一款名副其实的"水桶机"。

价格方面分为三档,标配版2499元、高配版2899元、尊享版2999元。其中,尊享版采用陶瓷机身,以18K镀金相机装饰环来凸显尊贵,而这尊贵只需要多加100元即可。但是价格亮点并不是小米的全部,很多人关注小米更多的是关注配置和设计。简单来说,小米6三款机型,均采用"四曲面+6GB+光学双摄"。

在讲解产品的时候,雷军道出了全天下工程师的心声:

> 为什么我们要一直挑战最难的工艺?为什么要坚持探索?非常简单,因为我们是工程师。小米在七年前就是由一群工程师创办,我们一直期望做出极致的作品,做出与众不同的作品,做出伟大的作品。要达成这样的目标,我们一定要不怕困难,不畏千难险阻,执着前行。在整个探索的过程中,不是鲜花,不是掌声,全部是汗水,全部是心血,只有你登到成功的那一刻,你才能享受到消费者的掌声。
>
> 工程师是一群什么样的人呢?他们看起来很闷,他们不善言辞,就像我一样。但我们的内心非常的狂热,在做技术的时候我们是苦行僧,在做工艺的时候我们是受虐狂,谈到体验的时候吹

毛求疵，但是做产品的时候我们野心勃勃。

伴随着舒缓的钢琴曲作为背景，雷军的每一段讲话都让人觉得像是在看《艺术人生》现场版。雷军将小米6称为"创业七年的心血之作"，小米官微称，小米6除了依旧是性能怪兽外，在工艺上更是七年探索的梦幻之作。

发布会后，有网友在微博上感慨称："铺天盖地的小米6负面要来了，这个时候我只想说，我拿的是假小米6吗？他们说的问题我这个（小米6）都没有。"没想到，雷军亲自转发了网友微博，只用一个"唉"字作为呼应，可见雷军也很无奈，只能一声叹息。

一番磨砺，小米终于在销量上传来捷报：2017年第二季度，小米手机出货量2316万台，环比增长70%，创造了该品牌季度手机出货量的新纪录。雷军在对外公布这一消息时表态，年初小米设定了一个"小目标"，销售破千亿，"目前看来，实现的把握很大"。

新零售的奇迹

时间拉回 2016 年 10 月的一天。上午雷军刚在某会议上第一次谈到小米正在做"新零售",当天下午,马云就在另一个城市也提到了"新零售"。一时间,"新零售"这个词成为焦点。

雷军是中国最早的电商平台卓越网的创始人,所以对零售,尤其是电商,有着极其深刻的理解。甚至可以说,在电商领域,雷军跟以此起家的马云是同一个重量级。

雷军认为,在信息流、资金流和物流角度,电商相对于传统零售,是提升效率的典范;但在获得效率的同时,也带来了两个缺点:

一是损失了体验性。从信息流的角度看,电商提高了商品信息的易得性,但是损失了商品信息的体验性,比如衣服无法试穿,沙发不能躺倒,墙纸不能铺满后身临其境感受效果。

二是损失了即得性。从物流的角度看,电商通过集中式仓库提高了效率,但是快递配送导致了用户无法即刻获得商品。

但很明显的一个趋势是,电商一路高歌猛进,成长到 2015 年左右已经陷入了一个巨大瓶颈,那就是电商用户的增速开始放缓。小米线上销量的"减速",以及 OPPO、VIVO 等线下的"爆发",其中的反差正佐证了这一点。

很多人在生活中可能都有过这样的感受,以为电子商务已经统治了消费者的购买行为。这其实是一种基于主观的"错觉"。央视财经频道发布的报告数据显示，从2013年开始，网上零售增速开始降至50%以下，2015年，增速首次低于40%，2016年，增速居然变成了26.2%。尽管2017年网上零售的增速上升至28%，但从总量上来看，电商零售额占社会消费品零售总额的比重也仅为15%。也就是说，剩下的85%消费，因为习惯、地域、年龄等原因，依然存在于线下。

怎么办？只有回到地面上，也就是"新零售"，抓住线下的"体验性"和"即得性"优势，同时做到更有"效率"。不仅是小米，阿里巴巴、京东等电商平台也都体会到了这一点。虽然战术各不相同，但从小米的小米之家，到阿里巴巴的天猫小店，再到京东的京东家电，逻辑上其实并无二致。

"这个行业有很多规则，都是大家二三十年总结下来的，不是我们杀进去三五年就全部搞懂的。"雷军说。他也担心失败，但没有办法，按照小米前两年的形式，不转型几乎一定会失败，转型起码还有机会，那就"拼一把"。

截至2017年5月底，小米开设了100家小米之家，而两个月后，小米之家的数量已经达到150家，这意味着几乎平均每天都有一家新的门店开业，小米之家开店速度正在加快。事实证明，转型是对的。在小米之家飞速扩张的同时，2017年第二季度，小米创造了成立七年以来季度手机出货量的新纪录。

看到小米之家运转良好，雷军就跟朋友开玩笑，建议他们星期天别去逛小米之家，"因为人实在是太多了，周一到周五去可能好点儿"。言辞之间透露着真诚，也透露着炫耀。

小米之家到底做得怎么样？据雷军透露，截至2017年8月28日，小米之家累计客流达到1570万人次，消费者满意度94.75%，单店月均流水519万元，年坪效27万元，排世界第二。

9月26日深夜，林斌和张剑慧并排坐在深圳万象天地街边的石板上。路上已经没有多少行人，周围的店铺也关得差不多了，但这两位小米高管还没有回酒店休息。唯一灯火通明的地方是路对面的小米之家全球首家旗舰店。距离正式开业还有不到12个小时，但一想起这家旗舰店的来之不易，二人内心可谓五味杂陈。

深圳万象天地商街是华润集团旗下的一个项目，小米总部所在的北京五彩城，也是华润的项目。第一家小米之家是在中关村当代商城，第二家则是开在了小米公司总部所在的五彩城地下一层。早期的时候，由于小米之家营业情况不明朗，很多商场对于小米开店持有怀疑态度。

他们认为小米是一个做电商的企业，对于其线下开店的能力不信任，所以小米在最初的选址上屡屡碰壁，拿不到理想的位置。"在2015年、2016年，我们跟所有的商场谈，他们都不会把一楼、地下一楼人流最好的位置给我们，给钱都拿不到位置，有的不跟我们谈，有的谈也只肯给四楼、五楼那类很偏的位置。我们在2016年立志要进入商场的一楼。"张剑慧回忆说。

深圳万象天地是华润集团旗下的一个高端项目，如果不是小米之家的成绩已经得到了证实，华润是不会安排接纳小米进入的。深圳万象天地的总经理于楠在跟小米旗舰店建设团队接触之后，有两种情绪。

首先是兴奋。于楠觉得小米与苹果有非常大的不同，苹果是手机，而小米是全业态的，产品非常丰富，可以形成一个生活方式的闭环。以前也有其他手机厂商找万象天地谈过旗舰店的开设，但于楠都是直接把它们放到万象天地Mall的顶楼——数码产品区，只有小米是个例外，是在主街的中间独立店面的位置上。

然后是担心。这是小米首家旗舰店，虽然小米之家一直以来的经营数据都很不错，但是小米有没有能力做出一家形象很好的旗舰店，于楠并不敢断言，即便是苹果开一家店通常也要经历两年时间。另一方面，小米的品牌形象跟轻奢和时尚并不搭界，在这条主街上都是非常著名的轻奢大牌，如果把小米放在中间，会不会显得很突兀，甚至引起其他品牌不好的感官，这也可能是一个麻烦。

实际上，林斌第一次与于楠见面讨论店面位置的时候，并不是林斌选的这个位置。当时，于楠指着万象天地的沙盘问林斌："你们有没有想过要这个位置?"林斌一时间没有反应过来,愣了许久,因为于楠指的位置在主街的正中间,平时商场的活动都会安排在这里。此前,这里最核心的位置,是万象天地计划留给苹果的。

9月27日,小米之家全球首家旗舰店"如约而至",小米的全体高管以及小米生态链公司高管悉数到场,雷军也没有缺席。不仅如此,包括雷军在内的一众高管还作为实习店员到店内为"米粉"服务,激起300多名到场"米粉"的巨大热情。

开业活动结束后,雷军发文讲述了小米之家转型的历程:

> 去年(2016年)2月开始,我们决定进行战略突破,把小米之家的职能从服务中心转变为零售店。之前我们花了大量的时间研究零售业的门道,咨询了一些业内人士,他们都表示线下零售业真的很难做,我们就是付出高昂的学费,也不一定能做成。我和公司高管们讨论后觉得线上线下相融合追求最高效率的新零售业态一定是未来的趋势。

10月31日,微软CEO萨提亚·纳德拉参观了位于北京五彩城的小米之家,雷军、王翔等小米高管陪同讲解。会谈结束后,雷军赠送纳德拉一台小米MIX2手机。罗永浩、余承东等友商CEO,也纷纷"踩点"小米之家。

雷军说:"今年是小米全面复兴的一年。"这样说是有底气的。小米历史上最优成绩是7100万台,但2017年10月,小米就完成了7000万台的销售目标。雷军还给小米定了一个小目标:"明年我们要力争1亿台,还有个大胆的目标是2018年进入世界500强。"

和以往更关注线上销量相比,2017年的"双十一",小米多了一个关注点,那就是小米之家。小米团队也没有像往年那样一直紧张地盯着数据,活动开场仅一小时,雷军就带着团队开香槟准备庆祝了。

林斌感叹道:"今年(2017年)的'双十一'最轻松。"仅用3

分 57 秒，小米天猫平台销售额即破亿，全天销售额为 24.64 亿元。在随后的战绩庆祝中，雷军更是激动地跳上桌子。2017 年也是首次小米商城、天猫、京东等其他第三方平台全天 24 小时开放，以往为了给天猫导流，小米自有的小米商城要么关闭，要么只开 12 小时。

小米之家也表现不俗。"双十一"当天，小米之家 200 多个店销售额达到 1.14 亿元，平均每家店在 50 万元左右。尽管林斌已经早有预感，但没想到效果会这么好，他用"恐怖"来形容已有成绩。10 月 1 日，所有门店营业额不到 7000 万元，"双十一"当天，营业额攀升至 1.14 亿元。

2017 年 11 月末，小米已经在国内 30 个省 158 个城市开设了 242 家小米之家，单月营业额突破 7.5 亿元。在经历了两年的迷茫期之后，"新零售"仅用一年时间就再次超越了此前所创造的巅峰。

摘冠印度

印度是小米的福地。在国内小米手机销量跌出前五时，小米已经成为 2016 年第四季度印度销量第二高的手机。然而 2017 年年初，负责小米国际业务的副总裁雨果·巴拉宣布离职。以雨果·巴拉的能力和名气，他的离开对小米来说无疑是一大损失。实际上，小米并不是印度市场的先行者，但小米能够后来居上，成为印度市场第二大厂商，和雨果有很大关系。

拥有十几亿人口的印度市场对小米至关重要，所幸雷军很快找到了接替雨果·巴拉的人选，那就是雨果的工作搭档马努·库马尔·杰恩。杰恩是雨果在小米公司关系比较密切的同事之一，也是小米印度业务部门的负责人。2014 年加入小米之前，他曾共同创立过一个在线零售网站 jabong.com 以及一家名为 Gynger 的科技公司。

杰恩的微博就像小米海外的官微，完全被他用于向本国用户展示小米所取得的成绩。但媒体关于杰恩的报道并不多，这在互联网圈很少见，尤其是小米在印度本身就极其受关注。作为站在雨果背后的人，杰恩不论在国内还是在硅谷的知名度都远不及雨果。

如果说雨果的强大让人敬畏，那杰恩就是以幽默让人喜爱。有一次，员工在测试小米 3 时发现，手机无法识别 SIM 卡。杰恩直接找到那名员工，了解了具体情况后，他的反应非常独特，他既不着急也不生气，而是笑着说："这可不行啊，你用什么取的卡？不是曲别针吧？哈哈哈，来，换一个手机试试。"该员工表示，这是他第一次和高管反映产品问题而以笑声收场。

2017年3月26日，雷军抵达印度首都新德里，对印度展开为期一周的访问。次日晚间，雷军在微博上晒出了拜会印度总理以及财政部长的经历，这一方面彰显了小米扎根印度的决心，另一方面也展示出杰恩强大的政府公关能力。

雷军表示：

> 今天印度总理莫迪接见了我和小米印度负责人Manu，谈了三十分钟。我介绍了小米在印度的发展情况，他非常关注我们印度制造的进展和遇到的困难。我说，智能手机非常重要，对印度互联网的发展普及有巨大的价值，莫迪问我，可不可以预装他们政府的App。最后，我邀请他合影，还用印度热销的红米Note4X自拍。

接替雨果的工作也意味着杰恩不再局限于印度市场，而是要与小米资深副总裁王翔配合，跟随小米国际化的步伐，走向更多的市场。4月2日，杰恩在微博上晒出小米几位高管在自己家中聚餐的照片，其中包括雷军、林斌、王翔和周受资。

2017年5月，小米在班加罗尔的Phoenix Market City Mall开设了印度首家小米之家，米粉可以在店里买到一系列小米产品，如手机、移动电源、耳机、手环、空气净化器，以及在印度发布的生态链产品。杰恩透露，小米计划未来两年在印度开设100家小米之家，遍布德里、孟买、海德拉巴、金奈等大都市，其中都有单独区域供米粉体验小米产品。

在印度市场上，还没有哪家厂商发展速度像小米这么快。更为重要的是，无论是印度本土还是外来的品牌，此前没有一个品牌在印度市场上能超过三星电子公司。IDC智能手机数据显示，2017年第三季度，小米凭借920万台手机出货量，占有印度智能手机23.5%的市场份额，成为印度第一大手机品牌。这也是小米首次追上三星，跻身印度智能手机市场第一名。

有海外分析师表示，在通过智能营销、推出具有吸引力的产品和聚焦在线渠道吸引消费者方面，小米做得一直很成功。市场研究公司Counterpoint Research移动设备及生态系统高级分析师塔伦·帕萨科表示，通过提供具有竞争力的价格，小米的做法获得了市场青睐。

价格亲民的高端功能智能手机，是小米在印度市场做大的主要原因之一。例如，其畅销产品红米Note4在2017年保持第一畅销智能手机的时间超过10个月。该智能手机装载高通Snapdragon625芯片、4GBRAM、64GB内存，配置金属外壳，续航时间最长可达2天。分析师称，装载4GBRAM、64GB内存的任何类似智能手机的价格都在18000卢比至25000卢比，而红米Note4价格只有13000卢比。

红米Note4发售时，杰恩压力很大，这可以说是他上任后推出的第一款产品，但他唯一能够指望的是该公司Facebook上1万个印度粉丝。他笑着说："我生命中唯一的目标是卖掉1万台。"发售当天下午2点，销售情况却让杰恩大吃一惊——印度电商平台Flipkart瘫痪了，超过50万人参与在线闪购，该电商平台网站的服务器无法承受这么巨大的流量压力。

2017年7月，小米在印度开展第二次闪购，2秒内就卖出了1万台。杰恩抱着"看好戏"的心态，等着电商平台网站服务器瘫痪，可惜Flipkart联合创始人萨钦·班萨尔早就做好了充分的准备，保障所有产品全部得以抢完。

雷军对杰恩的表现相当满意，他认为杰恩实实在在让小米模式落地印度，销售业绩一路高歌猛进，即便整个小米在2016年处于最低谷期时印度也能传来捷报。7月，雷军在内部信中透露，2017年上半年小米在印度的业绩同比增长328%，市场份额仅次于三星，排名第二；2017年第二季度，红米Note4出货量超过200万台，成为印度智能手机市场有史以来单季出货最多的智能手机。

过去几年，小米在海外整体上其实并未有大的跨越，比如巴西市场已经退出，其他很多市场进展也比较缓慢，唯独印度地区表现极其出色。常驻印度的杰恩，每个季度都会飞到北京向雷军汇报业务进展。

而国内其他手机厂商，例如，在中国市场反超小米的OPPO、VIVO，在印度的遭遇就与小米截然不同。虽然中国也是从智能手机市场的初级阶段过来的，但是客观来说，中印两国综合实力的差距仍然较大，中国消费者的购买力比起印度人来说还是强了不少。

IDC的报告显示，2016年印度人均可支配收入只有1808美元，大约是中国的40%，2015年印度智能手机市场平均售价为132美元，约等于印度人平均一个月的工资。这就决定了印度人还是偏爱千元机，在Flipkart平台销量前20的手机区间为700至1200元。

而千元机市场一直都不是OPPO、VIVO擅长的，他们把中国那套娴熟的玩法搬到印度，有了份额想赚钱时，发现利润上不去了，因为利润率更高的中高端机型没人买账，而且庞大的线下体系成本也更高。2017年年底，据印度媒体报道，OPPO、VIVO在3个月中，大幅削减了对印度户外、电视和印刷媒体广告的营销投入，同时降低了印度手机连锁店的利润分成。

11月3日，雷军在微头条上表示，根据国际研究机构IDC最新报告，2017年第三季度，小米出货量达2760万台，同比增长102.6%，市场份额从2016年同期的3.7%增加到7.4%。2017年小米收获的丰功伟绩，让雷军难以言表的喜悦。

生态链反哺

小米的逆转,除了手机销量和小米之家居功,不得不再次提及小米生态链。

2017年11月28日,小米在京召开首届小米IoT(物联网)开发者大会。大会一开始,雷军宣布,小米IoT已经成为全球最大智能硬件IoT平台。截至2017年年末,小米IoT平台联网设备超过8500万,日活设备超过1000万,接入设备超过800种,合作伙伴超过400家。

在互联网领域,只有锦上添花,没有雪中送炭。实际上,雷军在2016年就提过生态链成绩,但是一直被业界认为是用来掩盖手机的失败,现在的情况截然不同。越来越多的优质小米产品开始被用户所熟知,也开始反哺小米手机甚至整个小米品牌,使得小米的社会认可度越来越高。

其实早在2011年,小米就尝试过做移动电源,但效果一般。到了2013年,小米再次踏足这个领域,面对的形势却完全不一样。那时的小米已经有了1.5亿成熟活跃的用户群,如果能打造像手机一样性价比高的手机周边产品,那这些产品一定能享受到手机销售带来的红利。就好比烤个红薯,余热就能把周边别的东西烤熟,这就是"烤红薯效应"。

雷军也因此有了生态链的构想,以投资孵化的形式围绕手机向外展开,他还定下了5年内投资100家生态链企业的目标。按照雷军的思路,生态产品主要分为三层:第一层是手机周边,比如耳机、小音箱、移动电源等;第二层是智能硬件,比如空气净化器、净水器、电饭煲等传统白电的智能化;第三层是生活耗材,比如毛巾、牙刷等。

截至 2017 年 6 月 30 日,小米生态链企业已经达到 89 家,距离雷军制定的目标越来越近。而除了数字的变化,负责小米生态链的刘德表示,小米生态链的打法也在改变。虽然 89 家中只有 30 多家发布了产品,但已经诞生了小米移动电源、小米手环等销量过千万级的爆品。

雷军也认为,小米是一家科技公司,而科技公司最大的问题就是不确定性,因为谁都不一定能够始终站在科技的制高点上,而当一家科技公司拥有大量生活耗材类的生意时,它们就能够对这家公司不确定的属性产生巨大的对冲作用。

而随着打法和体系的成熟,原先依靠小米品牌红利成长起来的小米生态链,已经开始反过来为小米带来不可替代的价值。以小米的线下渠道小米之家为例,小米生态链为其提供了丰富的品类,通过多个低频次的产品组合成单个高频次购买的店铺,这也是小米之家能够实现较高坪效的秘诀所在。

刘德将小米看作一个热腾腾的火炉,而生态链则利用了它周围的余热。刘德认为,小米生态主要享受了小米四个方面的红利:一是小米的品牌红利,因为有一个品牌在,拓展品类的时候就很容易;二是小米的用户群红利,小米有超过 2 亿的用户,很多是理工男,这些用户需要的,都是小米要做的;三是渠道红利,尤其是小米线上销售能力、全网销售能力,现在又有了线下小米之家销售能力,包括"米家有品"新平台的能力;四是随着小米海外业务的攀升,会带动生态链海外市场的红利。

在小米生态链逐步壮大后,雷军和刘德经常被问的一个问题是:"小米投了那么多品类,你们的边界在哪?"实际上,当小米销售的产品涵盖空气净化器、电饭煲,甚至毛巾、电动牙刷时,小米用户、媒体和业界都有这样的疑问,小米怎么就从一家手机公司变成了"百货公司"?

关于这个问题,其实雷军早有回答,雷军曾喊出做"科技界无印良品"的口号,并在 2016 年 3 月正式推出了米家品牌来专门承载生态链产品。实际上就已经表明，小米将来推出生态链产品时不会继续泛化小米品牌，而是要有一个更精准的智能家居品牌。

2017年4月，小米发布电商平台"米家有品"，起初卖毛巾的时候用户都在骂："大家都觉得小米怎么卖毛巾，你还是个科技公司吗？"过了一段时间，"米家有品"甚至开始卖内裤了，起初小米还惴惴不安怕被骂，但结果这次用户没有再骂了。"很多用户已经接受了，我们前两天开始卖茶叶了，他们也能接受。"刘德说。

小米生态链原来按领域来布局，比如智能白电、个人交通、玩具等。而现在则开始以用户群来划分，也即围绕着小米用户群来投资。"我们关注用户群时，就围绕着2.24亿的小米核心用户群做服务、做产品，你会发现无所谓考虑不考虑边界了，只要用户需要的我们就做，他们强烈需要的我们就早点做，离手机近的早点做，离手机远的晚点做。"刘德表示。

孵化模式上，小米也进行了改变。过去小米更重视初创团队，认为他们灵活、更容易调整队伍，做产品投入比较小，风险比较少。而现在，刘德认为小米已经投了八九十家公司，数量已经做得差不多了，再找公司就必须关注质量，也就是说，小米把目光从小规划公司转移到中等规模公司，甚至是有些领域的隐形冠军，以及有先发优势的公司。

小米逐步放弃了签署排他性协议的做法，适度保持竞争，甚至让一些做得不好的企业退出去。此前小米每个领域投资一家公司，都会承诺两年内不再投第二家。但是现在刘德取消了这个做法："因为我们发现排他协议有集中力量打大仗的好处，但也有不好的地方。一旦有排他以后，就影响了这家公司的竞争。"

之前小米曾经把行车记录仪领域给了一家生态链公司，但这家公司两年没有做出产品，这就导致小米在两年里没法进入行车记录仪这个行业，耗费了巨大的时间成本，基本上让小米错过了这个领域。

2017年8月，"米家有品"正式改名为"有品"，并引入三方品牌入驻。之所以更名，是为了更好地建立品牌认知。较之小米网和小米之家,"有品"的品类最宽,更像是一家小型的百货公司,是一个开放的平台。

更名也意味着"有品"将脱离米家的光环,布局更有自身特色,更为开放地发展。"有品"将继续依托小米生态链体系,延续小米的"爆品"模式,致力于将小米式的极致性价比延伸到更广泛的家居生活领域。

在小米最艰难的两年里,刘德认为小米生态链的价值至关重要。"第一是保持了活性,我们一边补课、一边盘整,调整队伍、调整产品。第二个是保持热度,我们不断地有新产品出来,能够保持市场的热度和媒体的热度。"

还有一个超出预期的作用,那就是用户群的拓展。2015年年底,小米生态链有一半是小米用户,苹果用户和非小米的安卓用户各占四分之一。到了2016年,小米用户占比已经降至三分之一,苹果用户和非小米的安卓用户比例也都升至三分之一。

"今年(2017年)我认为非小米的安卓用户和苹果用户都会进一步增加,这说明小米生态链的产品慢慢地开始超出了小米原有的用户体系,有越来越多的苹果用户和越来越多的非小米用户来用我们的产品。"刘德认为,对以前依赖小米手机红利的小米生态链来说,现在也到了助力小米手机的时候了。

第十二章

把人生活成一个传奇

  正如当年所计划的那样,雷军正带领小米成为一家世界级伟大公司,现在的雷军仍和少年时一样斗志昂扬、心怀梦想,而小米将会被铭记,它的成败得失将凝聚成后来者前进的力量。

跨越千亿

2017年是雷军48岁的本命年,这一年,雷军和小米注定难忘。"本命年犯太岁,无喜必有祸"的俗语由来已久,雷军带领小米打了一场漂亮的翻身仗,在内部会上,雷军慷慨陈词:

> 业内有一句话说,世界上没有任何一家手机公司销量下滑后,能够成功逆转的。除了小米。

2017年11月24日,小米突然进行了人事架构的大调整,最引人注目的是两位联合创始人林斌、黎万强调岗转任,从更高的全新维度为小米发展护航。而新生代的"少壮派"高管开始逐步担当重任,成为支撑小米下一个阶段成长的生力军。

业内人士评价说,这可谓是小米迄今最重要的一次人事调整,意味着小米的核心管理团队构成更多样、基盘更稳固,也是小米承上启下的一次传承更迭。林斌转而兼任小米手机总经理,将为雷军分担手机业务繁重事务,让雷军的精力得以解放,更多倾注到小米整体战略上来。而黎万强出任小米品牌战略官,将从更高的维度推动小米品牌的建设和完善。

2017年12月16日是雷军的生日。由于是周六,小米内部提前一天为雷军庆生。

15日,雷军在微博上表示:今年小米业绩不错,快到年底了,为了表达满满的感恩心,我们决定任性一把,送 1.5 亿现金券,100 万份 100 元小米现金券,没有任何消费门槛,可以直接使用。"

小米产业投资部合伙人孙昌旭晒出两张小米员工给雷军庆生的照片,雷军笑容满面,满场都是蓝白色的气球,蛋糕也是蓝白色的,还有一副可能是送给雷军作为礼物的梅花图。这幅梅花图上写有"梅花香自苦寒来,米动中原会有时"。

这句话背后确有深意。寓意 2017 年是小米的"逆转之年""跨越之年",也代表小米即将开始新征程。

2018 年 2 月 2 日,IDC 发布 2017 年全球手机市场出货量报告,苹果以 19.2% 的市场份额居首,三星为 18.4% 次之,华为、小米以及 OPPO 排在三至五位。值得一提的是,在市场整体下滑 6.3% 的情况下,第四季度排名前五的手机厂商中,仅小米实现同比增长,且增速高达 96.9%,销量排名上升到世界第四。

雷军在报告出炉后发了封全员信以示祝贺:"这说明小米经历风雨洗礼后,获得了用户的更广泛更坚定的认可。感谢大家支持,我们会永远坚持做感动人心、价格厚道的好产品!"

2 月 7 日,小米年会如期召开。雷军先是坦言小米已经跨过千亿门槛,同时对标国际巨头:"跨过千亿门槛,小米仅仅用了 7 年时间。我查了一下,营收过千亿,国际科技巨头中,苹果用了 20 年,Facebook 用了 12 年,Google 用了 9 年,国内科技公司,阿里用了 17 年,腾讯用了 17 年,华为用了 21 年。不仅如此,今年我们有很大机会进入世界 500 强的行列。"

小米凭什么实现逆转?雷军也做了解答:"因为我们一直'用望远镜看创新,用显微镜看品质'。创新决定我们能飞多高,而品质决定我们能走多远。"

过去一年里,小米在设计领域的长期投入迎来了爆发式的大丰收,实现了全球四大顶级设计奖项(美国 IDEA 设计金奖、德国 iF 设计金奖、德国红点设计奖、日本 Good Design Best100)的金奖大满贯。小米 MIX、小米 MIX2 领衔的五款手机获得国际顶级设计奖项,小米 MIX

系列手机更是被法国蓬皮杜艺术中心、芬兰国家设计博物馆、德国慕尼黑国际设计博物馆等世界顶级博物馆收藏。

让雷军十分骄傲的是,小米正在实现从"中国制造"到"中国设计"的跨越。

外界对"小米模式"的质疑也被彻底击碎,雷军说:

> 我们的商业模式和价值观经历了淬火般的考验,充分证明了其正确性和先进性,并坚实确立起了我们的模式自信、道路自信、文化自信和价值观自信。

不过,雷军并没有被胜利所迷惑,他认为,2018年,中国手机市场规模将出现十多年来罕见的下降趋势,同时,品牌集中度也将进一步加剧,行业竞争将会更加惨烈。虽然小米海外亮眼,但中国市场是小米的根基,是全球大消费电子市场,也是全球行业竞争的高地。

雷军设定了一个新目标:10个季度内,国内市场重回第一。

> 这场决战中,我们要坚定地战场前移,指挥部设在前线。我们要以省为单位、以城市为单位、以每个县乡甚至社区网格为单位,在战场的每一处始终保持勇猛机敏,寸土必争、血战到底。

在年会的高潮,雷军和小米一众大佬全都换上海军衫、军绿裤,系上红领巾再次登场,一起献上了劲歌热舞,引起台下的阵阵骚动。

重回国内第一,对于小米来说将是一场艰苦的战役,因为中国市场已经进入衰退期。

根据市场调研机构 Canalys 报告显示:2017年中国智能手机市场进入了负增长时代,2017年中国智能手机市场总出货量为4.59亿部,较2016年下跌4%。工信部数据显示,2018年1月国内手机市场出货量为3906.4万部,同比下降16.6%。

常言道，覆巢之下焉有完卵，事实上，对于智能手机厂商而言，其出货量的表现与市场大势有着莫大的关系。

雷军把期望寄托在组织和管理上，林斌和黎万强的调岗是一个开始。

2018年9月13日，雷军通过内部邮件宣布了小米最新的组织架构调整和人事任命。这是小米上市之后的首次重大调整，也是小米成立以来最大的组织架构变革。具体来说，新设集团参谋部和集团组织部，进一步增强总部管理职能，同时调整王川、刘德、洪锋和尚进等高管的工作分工；改组电视部、生态链部、MIUI部和互娱部等四个业务部重组成10个新的业务部，80后年轻高管走上前台。

这次雷军亲自调整架构，将一大批年轻人提拔上了前线，按照雷军的说法：谁都是从年轻的时候走过来的，要发现人才，就必须给他们试错的机会。雷军希望：

> 从现在开始，培养、提拔一大批年轻的管理干部，构建更具活力、更有进取心的各级前线指挥团队。让每一个有能力、有抱负、有冲劲、敢担当的年轻人，都能在战争中学习战斗，在战斗中快速成长。

业内专家认为：小米在组织架构上发生的裂变，是成长型企业的一个重要表征。改组业务部门，决策和执行更加快速，员工自主性增强，更贴近市场。这样的裂变会给员工更多舞台，也有利于人才梯队建设。

雷军"食言"

关于 IPO,雷军一直讳莫如深,他甚至在 2014 年、2015 年以及 2016 年都公开表明过小米不上市的态度。

2018 年 1 月 13 日,小米 CFO 周受资在微博上晒出一张 PPT 图片,图中写道:"未来的一年里,连睡觉都是浪费时间。"网友留言:这是在为上市做准备吗?周受资随手点赞,让外界认为这一举动默认了小米即将 IPO 的猜想。

一时间,无数关于小米上市的分析和报道纷沓而至,但真相如何,雷军一直没有揭晓。

直到 5 月 3 日上午,据港交所官网消息,小米已正式提交 IPO 申请文件。

上市敲钟,对雷军来说已经是驾轻就熟。

金山、YY、猎豹移动的上市,雷军的敲钟次数在互联网领域绝对排得上号。甚至于迅雷上市的时候,作为第一大股东的迅雷,并没有出现在纳斯达克交易所的巅峰,而是在北京的一家露天吧纳凉。迅雷 CEO 邹胜龙曾邀请雷军为迅雷敲钟,但雷军拒绝了,理由是:倒时差对他来说很不容易,不想来回地折腾。

有人说,雷军敲钟敲累了。

然而这一次,是雷军无法拒绝的一次。

雷军一直把小米定义为创业公司,这个创业时间已经不短了。并不是所有人都像雷军本人一样有耐心,特别是经历了两年的低潮期,一批老员工的焦虑展现无遗,不乏有小米工号排名前 50 的老员工离职。

他们中的有些人,手中甚至握着小米价值上亿的原始股,但他们依然承受煎熬,因为手中的股权无法变现。

实际上,在2017年11月,雷军就已经推翻了自己说过的"不上市",将其改口为:小米会在一个"业务比较舒服"的时候再IPO。尽管雷军没有承认小米会在短时间内IPO,但也拒不透露IPO的具体时间节点。

周鸿祎曾说:"雷军是一个有野心,并且野心非常大的人。"周鸿祎是对的,或许在过去的一年里,雷军都在为小米的IPO"暗度陈仓",只是大多数人没有留意到蛛丝马迹。

从2017年开始,雷军就一直在进行团队架构调整,同属八位联合创始人的黄江吉、周光平纷纷以"个人原因""新的生活方式"等理由离职,包括林斌、黎万强的职务变化。外界一直认为,雷军是在为扭转小米业绩做努力,反而忽略了是在为上市做准备。

还有一个与小米IPO关系极其密切的人,那就是毕业于伦敦大学经济系,且拥有哈佛商学院MBA学位的周受资。当时他空降小米,让外界曾一度猜测小米是在为上市做准备。但雷军扔下一颗烟雾弹,说只是因为公司大了,希望有个人来帮自己管理投资。现在看来,周受资或许是最早知道IPO计划的小米高层之一。

而在传出IPO消息后,小米生态链公司华米科技率先提交了IPO招股说明书。据华米科技招股说明书上显示,其CEO黄汪持股为39.4%,为华米科技第一单一大股东;顺为资本持股20.4%,为第二大股东;小米旗下基金People Better limited持股为19.3%;雷军掌控39.7%股权,高于黄汪。

华米科技的上市,被业界看作雷军为"小米系"打响的第一枪,也让业界对小米在2018年上市更有信心,但没人想到这一天来得如此之快。

究竟是怎样的鬼使神差,让雷军一下子想通了?

上市对于小米来说,能够带来的好处,无外乎可以募集到长期的发展资金,改善资本结构,在品牌形象与员工激励等方面也会产生积极效果,从多方面提高企业竞争力。但另一方面,也要担心创始人手中的股权因上市被严重稀释,导致丧失对公司的绝对控制权的情况发生。

国内无论是 A 股还是港股都有着"同股同权"的规定,以雷军个人的持股 31.41% 来看,上市很难规避控制权风险。

雷军能快速做出决定,港交所也起到了不小的作用。2018 年 4 月 30 日,港交所《新兴及创新产业公司上市制度咨询总结》正式生效,这意味着在原有的上市制度基础上,港交所将放开对同股不同权结构公司、未有收入生物科技类公司以及将港交所作为第二上市地的公司这三类公司上市的限制。而在此之前,这三类公司是不允许的,此前阿里巴巴也曾希望在香港 IPO,但是由于同股同权造成的障碍,最终港交所错过了阿里巴巴。

常规情况下的"同股同权,同股同利",需要满足几个条件:同次发行的股票;每股的发行条件和价格应当相同;任何单位或者个人所认购的股份,每股应当支付相同价额。

而"同股不同权",又称双重股权结构,或 AB 股结构。意思是管理层希望以少量的资本控制整个公司,因此将公司的股票分为高投票权的股票和低投票权的股票两种,高投票权股每股具有 2—10 份投票权,是 B 类股。简单说,你的股票一股有一份投票权,而我的股票,一股最多可以有 10 份投票权,这样尽管咱们拥有的股票数量一样,但是我投票的时候拥有多达 10 倍的话语权。

小米以"同股不同权"的方式申请 IPO,虽然雷军只持有 31.41%的股份,但在 AB 股的制度下,雷军的表决权超过 50%,具有完全的表决权,解决了雷军最大的疑虑。

迎来千亿独角兽小米,让港交所弥补了错失阿里巴巴的遗憾,同时也将承受不小的压力。随着投资者大量举债来认购新股,香港炙手可热的 IPO 市场通常会出现股票发行超额认购,超额认购倍数有时甚至达数百倍。

雷军曾在多个场合说过,小米是他最后一次创业。从 2010 年创办至今,雷军和他的小米似乎始终处在风口浪尖上。从一碗小米粥开始,41 岁的雷军站在了风口上,开始了"小米 + 步枪"的创业之旅。

从来没有哪一刻,雷军如此期待敲钟,因为小米是他后半生的心血。

魔幻的估值

小米 IPO，市值能达到多少，成为业界重点关注的热点话题，而说法众说纷纭。

小米的估值一直以来都很魔幻。

根据历年媒体报道：2010年年底，小米累计融资4100万美元，估值2.5亿美元；2011年获得9000万美元融资，估值10亿美元；2012年获得2.16亿美元融资，估值40亿美元；2013年新一轮融资数额不详，估值100亿美元；2014年融资11亿美元，估值达到450亿美元，这也是外界知道的小米最后一轮融资，当时小米的估值是2010年的180倍。

2018年3月，根据外界曝光的号称小米Pre-IPO的融资推介材料显示，小米当下估值680亿美元，假设小米于2018年第四季度上市，市值将在854亿至1351亿美元之间。而按照一些媒体的说法，雷军为小米设定了2000亿美元的预期市值。

这意味着现在的估值是2010年的800倍。在不到8年的时间里，估值翻800倍，这样的增长速度令人咂舌。

关于小米的估值，原国美电器董事长陈晓讲过一段轶事。那是在2014年的时候，他有一次去拜访雷军，雷军给他算小米的估值说："小米有7000万用户，每个用户价值380美元，这样算下来，小米市值300亿美元。"

陈晓很吃惊，竟然还能这样估值？这在传统行业根本不可能，所以陈晓当时并不怎么相信。结果两个月后，小米进行了一轮融资，估值就达到450亿美金，又涨了50%！

后来，陈晓明白了，这就是所谓的互联网思维和互联网定价。互联网领域，行业地位很重要，市场份额很重要，品牌影响力很重要，未来更重要。这和传统行业的企业价值评判标准完全不一样，所以只有互联网能产生这种近乎千倍增长的奇迹。

2000亿美元市值是什么概念？

等于2/5的腾讯，1/2的阿里，2个半百度，3个半京东。

截至2017年最后一个交易日，互联网科技领域的中概股市值情况显示，腾讯控股市值31955亿元（4900多亿美元），阿里巴巴市值28491亿元（4378亿美元），百度市值5269亿元（809亿美元），京东市值3813亿元（586亿美元）。

这是在整个互联网行业里比较，再看看手机行业。截至2017年年底，苹果的市值接近9000亿美元，并且有望成为历史上第一家达到万亿美元市值的公司，而三星的估值"仅为"3200亿美元。

也就是说，小米的估值，接近苹果的1/4，超过1/2个三星。

苹果的估值高，来自于它极高的利润率。根据市场研究机构Counterpoint Research发布的研究报告显示，每部iPhone的利润为151美元，而每部小米手机的利润只有2美元，两者相差75.5倍。

如此看来，小米的2000亿美元估值，相当魔幻。

按照传统的市盈率、市销率等数据，已经无法解释和支撑小米估值了。就像艾媒咨询CEO张毅所说："投资小米不仅是按梦想投资，投资者看好小米的原因是小米站在'产业交叉点'之上，'智能手机＋移动互联网'给了投资者极大的想象空间。"

其实，雷军早在2012年小米估值达到40亿美元的时候，就对看不懂小米估值的人做出了解释：

> 小米依靠的是"市梦率"，而不是市盈率。这个词可以说是专门为小米创造的。

雷军的意思是，投资者给予小米手机高估值，与小米手机销量关系不大，他们看到的是小米手机的未来，投资者相信小米有可能。

要想确定小米究竟值多少钱，必须先弄清楚它到底是一家什么样的公司。在小米提交的招股书中，雷军说："小米是一家以手机和 IoT 智能硬件为核心的互联网公司。"雷军多次强调，小米业务由"铁人三项"组成：硬件、互联网服务和新零售（以 IoT 为核心的新零售和智能硬件）。

这也是决定小米市值的三大板块。招股说明书显示：2017 年小米的收入构成中，以手机为核心的硬件业务占比为 70.3%，互联网服务占 8.6%，新零售（物联网和智能硬件）占 20.5%。

从业务构成来看，小米兼具手机厂商和互联网公司双重属性。最近几年，小米互联网服务和新零售的占比在逐年提高。2015 年，小米的智能手机业务收入占比为 80.4%，对比 2018 年降低了 10%，这部分空间由智能手机转移到互联网服务和新零售服务上，这让小米更像一家互联网公司。

互联网服务是小米和其他手机公司最大的区别。招股书显示：小米 MIUI 用户月活达到了 1.9 亿。MIUI 不仅做联运，还拥有自己的游戏开发者接口，包括帐户体系、支付体系，在小米游戏中心，不少游戏还有专门的"小米版"。MIUI 庞大的用户量给小米带来了可观的游戏收入和广告收入。

最后是 IoT 业务，也就是小米的"新零售"，这也是其他手机厂商不具备的，它让小米成为了一家电商公司。电商平台"小米网"以及 2017 年以来小米大力布局的线下体验店"小米之家"，承载了小米的智能硬件和物联网业务。在小米网上，从小米配件到其他智能数码产品，再到非数码类的生活消费品牌，总共有数百个产品品类，在线下零售店小米之家，长期销售的品类也超过 400 个。

虽然各家手机厂商也有官方商城和线下店，但从销售产品上就能看出差距。小米投资了数十家小米生态链企业，并掌握了主导权。依托于"生态链模式"，小米不需要自己生产就能拥有上百种产品。

反而是小米的智能手机业务,并没有多大想象力。尽管在招股说明书中,小米手机业务看似占据主导,可圈可点,但平均售价上一直没有增长:2015年的平均售价是807.2元,2016年是879.9元,2017年是881.3元。用一句玩笑话来说,小米手机算是做到了"三年不涨价",在豆浆油条都涨价的今天,这很难想象。

一家业务比较成熟稳定的企业,估值常常用市盈率就能大体判断。通常来说,市盈率在0—13倍,意味着该股票的价值很可能被低估;14—20倍为较合理的范围,21—28倍股票价值或被高估,而如果超过了28倍,则说明很可能存在着较高的泡沫。但互联网公司的市盈率较高,在40—60倍,2017年阿里巴巴和腾讯的市盈率在50—70倍。

按小米提交的招股说明书披露的2015年到2017年净利润的增长状况,预计2018年小米的净利润将超过120亿元。按照60倍市盈率计算,小米的估值大概在7000亿元,大约为1100亿美元,距离2000亿美元仍相去甚远。

当然也并非没有可能。曾经就有一个疯狂的例子,很像今天的小米,那就是亚马逊。亚马逊的市盈率在全世界都是一个"谜一样的存在",尽管其利润也不高,但一度达到3000倍市盈率,并常年处于数百倍的水平,2017年年底其市盈率为230多倍。小米的市盈率能不能像亚马逊一样疯狂,谁也无法断言。

回到现实,距离小米2000亿美元估值最近的就是阿里巴巴,上市首日上涨36.3%,市值达2383.32亿美元。不管雷军的目标如何,至少资本并不拒绝泡沫,能否再次创造一场2000亿的狂欢,只有时间能够证明。

可以确定的是,小米上市将让不少跟随着雷军的小米人获得丰厚回报。有传言称,小米员工的身家,大致可以根据工号来判断,早期进入小米的都有期权,如果不出意外,前100号员工未来都可能成为亿万富翁,前1000号员工未来也可能成为千万富翁。他们的成功,比雷军自己的成功,更能让他满足。

我们的征途是星辰大海

在枯燥的招股说明书中,雷军发表了公开信,信中透着浓浓的"互联网情怀",他再次提到"我们的征途是星辰大海"。

雷军说:

> 小米未来将成为全球几十亿人生活中的一部分。我们会更看重长期用户价值的维护,小米的商业价值和您的投资价值,也将来源且仅来源于用户价值的不断放大实现。小米走到了历史性的重要节点。面向未来,小米建立的全球化商业生态有着极具想象力的远大前景。

雷军提到了很多数据,都能证明小米取得的成绩:2017年小米收入1146亿元,7年时间就跨过1000亿营收门槛。2017年收入同比增长67.5%,2018年第一季度同比增长更是高达85.7%。小米的电商及新零售平台贡献的收入占比63.7%。另外,互联网服务收入占比8.6%,也达到99亿元的惊人规模,2018年第一季度互联网服务收入占比提升至9.4%。这充分证明小米互联网的业务能力,可以把硬件和电商带来的流量转换成收入和利润。

真正让雷军感到自豪的并非是这些数字,而是中国智能手机和智能设备等一系列行业的面貌因为小米的出现而彻底改变。"优秀的公司赚的是利润,卓越的公司赢的是人心。"在雷军心里,小米应该算得上是卓越的公司。

对小米的未来,雷军也给予了构建,他提出:

> 小米要构建的绝不是一个封闭的商业帝国。小米也不仅是一家创新的科技公司,更是数字时代的生活方式的创立和推动者。让全球每个人都能享受科技带来的美好生活,要实现这一目标,1家小米远远不够,需要100家甚至更多的小米,一起建立起丰富而繁荣的新商业生态。

关于 IPO 所募集的资金,雷军已经做好了计划:30% 用于研发及开发核心产品,包括智能手机、电视、笔记本电脑、人工智能音响和智能路由器等;30% 用于扩大投资及强化 IoT 与生活消费品与移动互联网服务(包括人工智能)生态链;30% 用于全球扩张;10% 用作营运资金及公司一般用途。

值得注意的是,资金使用上硬件占比还不到三分之一。在 2018 年第一季度,小米产品组合中有约 1600 种产品的 SKU 在中国大陆销售,均为自主研发或与生态链企业合作研发。小米向中国大陆消费者供应组合产品,包括智能手机、智能家电、可穿戴设备及出行设备等多种 IoT 生活消费品,而在全球其他国家及地区供应的硬件产品各异。

尽管硬件是小米的重要用户入口,但雷军并不期望它成为利润的主要来源。"我们把设计精良、性能品质出众的产品紧贴硬件成本定价,通过自有或者直供的高效线上线下新零售渠道直接交付到用户手中,然后持续为用户提供丰富的互联网服务。"

对于小米未来的硬件发展,雷军还做出了一个承诺:"从 2018 年开始,每年小米整体硬件业务(包括智能手机、IoT 及生活消费产品)的综合净利率不会超过 5%。如有超出部分,我们都将回馈给用户。"

按照行业公开信息,2017 年苹果整体业务净利率为 21.1%,华为整体业务净利率为 7.9%,5% 可以说很少有企业能够做到。其实在小米内部的讨论中,雷军的想法原本更为极端,他想要不超过3%,但是投资人一致反对。3%太低了,哪怕汇率波动一下就可能使公司进入亏损,最终才改成5%。

此外,小米投资或孵化超过210家公司,将专注于发展智能硬件以加强小米生态系统。根据艾瑞咨询统计,2017年全球出货量第一的移动电源、空气净化器和电动代步车公司,以及中国大陆第一的智能穿戴设备公司,均是小米投资的公司。

全球化扩张方面,小米于2014年"出海",2016年加快步伐。截至2018年3月31日,小米的产品销往五大洲74个国家和地区。据IDC统计,就2017年第四季度出货量而言,小米在15个国家及地区名列智能手机品牌前五名,包括中国大陆、印度、俄罗斯、乌克兰、埃及等。

过去几年,小米在中国大陆以外地区的收入占比不断提高,2015年为6.1%,2016年为13.4%,2017年则增长至28%。未来,小米在选择新销售目的国家和地区方面,会优先考虑人口众多、具有良好电信基础设施及战略性的市场。

雷军希望建立全球化的开放生态,让小米长期发展的机遇更多、边界更广阔、根基更稳健。"大数据、人工智能的时代就在眼前,我们相信我们全球生态平台所生成的大量独特的数据,能让我们更为敏锐、精准地洞察用户的需求,为我们在未来赢得巨大优势。"

在这份公开信的结尾处,雷军说出了一番煽情的话:"许商业以敦厚,许科技以温暖,许大众以幸福。"在雷军看来,对于"星辰大海",小米IPO才是走出的第一步,"我们已经改变了几亿人的生活,未来我们将成为全球几十亿人生活中的一部分"。

归来仍是少年

2018年7月9日上午9点30分,经过八年奋斗,小米集团股票在港交所正式挂牌交易,估值543亿美元,跻身有史以来全球科技股前三大IPO。小米作为"同股不同权"第一股备受瞩目,此前有几十万投资者参与认购,包括李嘉诚、马云、马化腾等商界领袖。雷军说:"唯有继续奋斗,才能回报这份信任。"

由于小米香港IPO的定价区间低于高盛、摩根士丹利、摩根大通银行、中信里昂证券、瑞信等机构给出800亿至940亿美元的估值。最终,雷军将股价定在了最低价位。小米开盘当天报收16.8港元/股,市值为3759.19亿港元(约479亿美元)。

从传出上市消息开始,小米的市值就从450亿到2000亿之间几经波动,而招股过程中,小米更是经受了首日遇冷、最后一天突然逆转的跌宕起伏。但是面对着这一切纷繁,雷军看得很淡,也看得很开,在接受央视记者采访时,雷军表示,真正重要的,是不断增加投资者回报,这才是他唯一关心的事。

> 我觉得估值不应该是我们管理层最关心的内容,我们最关心的还是业务能不能持续的高成长。去年小米的业务成长了67.5%,一季度的财报我们成长了89.5%,如果能够连续保持几年的高速增长,这是对投资者、对股东最好的回报。

京东 CEO 刘强东对雷军将 IPO 股价定在最低价位表示赞许，认为"让股民赚钱才是值得骄傲的事情"。因为这些成功的企业家都深知，有时候，比估值更重要的是价值观，比身家更重要的是人心。

虽然上市没能让雷军成为首富，但却成就了他的梦想。

关于雷军的梦想，至少有两个人知道。一个是湖北老乡刘芹。雷军决定做小米前，给晨兴资本合伙人刘芹通了一个长达 12 小时的电话。从晚上 9 点到第二天早上 9 点，雷军描绘出几十年一次的手机变革机遇，打动了刘芹。2010 年春天那碗小米粥后，雷军拉着一支 14 人的队伍出发了。第一轮融资时，雷军打电话问："刘芹，我要做手机，你投不投？"刘芹说投啊。当时，雷军没有商业计划书，甚至连想法都不是很清晰。刘芹毅然按 2500 万美元估值，投资了 500 万美元。此后 6 个月，小米第二轮融资时，除了 54 人团队外，什么都没有，刘芹还是投了。再过半年第三轮融资时，估值 10 亿美元的小米公司虽然有了 34 万台手机订单，但一台都没卖出去。刘芹又来领投，有人不解地问刘芹："雷军什么都没有，你为何还敢第三轮投资？"刘芹说："因为人啊。你想想看，雷军已经创过业，成功地上市，他投资的企业也这么成功。你认为雷军出来创业，市值到多大程度才能满足他自己的抱负？所以雷军的估值只要在百亿美元之内，我都闭着眼睛就投。"小米上市之后，刘芹那笔 500 万美元的投资，回报率高达 866 倍。

另一个也是湖北老乡，龚虹嘉。2018 年 5 月 3 日，海康威视的最大天使投资人龚虹嘉在小米递交招股书后，在朋友圈分享这份公开信时，配了一段长达 204 字的转发语。作为中国最优秀天使投资人之一的龚虹嘉没有想到，四年前的一个晚上，雷军从会场赶到天使会成员聚会的酒吧后，拿着酒杯反复地问他们："五年之后中国会有几家市值超过千亿美元的互联网科技公司？"这些投资大咖一边摇着酒杯一边数，数来数去，都没有人数到小米。在小米上市之前，想起往事的龚虹嘉在文字末尾意犹未尽地重现了雷军之问——"Are you OK？"

与其说刘芹投资的是小米手机，倒不如说投资的是雷军这个人。

而想起往事的龚虹嘉,更多地应该是想起了曾被其忽略的雷军的梦想。

一个人,因为拥有了梦想,就有了奋斗的理由。一件事情,因为有了梦想,就有了存在的价值。在递交招股书后的 5 月 4 日,雷军发了名为《小米是谁,小米为什么而奋斗》的公开信。看到这封信后,一大批中国企业家、互联网公司 CEO 以及投资大佬纷纷追忆和雷军交往的细节,以及模仿"雷军体",书写自己公司的愿景和使命。或许是雷军的信,触动了他们的情怀。其实,很多人都有情怀,只不过在琐细工作和生活中,磨淡了理想,磨损了来路,只剩下由数字支撑起瘦骨嶙峋的现实,聊以慰藉罢了。

雷军与小米砥砺共进的路上,很多人都有疑问——小米到底在做什么,小米到底在想什么?其实,他想的和做的不过是一件抵达内心情怀的产品而已。"为什么生产和流通的效率长期不能提高?为什么商业运转中间环节的巨大耗损要让用户买单?为什么所有'cost down'的努力都只在那 10% 的生产成本里抠索,而从不向无谓耗损的那 90% 运营、交易成本开刀?"在商场摸爬滚打多年的雷军所积累起的疑问,一点点显露他的情怀底色。

罗曼·罗兰曾说,"世界上只有一种真正的英雄主义,就是认清了生活的真相后还依然热爱它"。对雷军而言,16 年金山工作的苦与累,尤其是 8 年金山的上市路,难以忘记,还依然投身小米。有人说他是生活的英雄,而被雷军称作"中关村才女"的梁宁评价更为深刻:"雷军的操作系统跟我们的不一样。如果他想要的那个,他得不到,就像万蚁噬心那样痛苦。牺牲什么都可以,他必须得到他想要的那个东西。"

雷军说,时间是小米的朋友。其实,时间也是小米的过客。时间路过的地方,小米都留下故事;路过的人,都会将心比心。正如雷军所言:"最大的平等,莫过于日常生活体验的平等:让所有人,不论他/她是什么肤色、什么信仰,来自什么地方,受过什么教育,都能一样轻松享受科技带来的美好生活。"

小米上市不是终点,更是一个新起点。这是雷军八年艰苦奋斗的成功，也是在 IT 行业沉浮起落二十多年的大成。他曾因"站在风口上，猪也能飞上天"的"风口论"名满天下，也曾因陷入逆境而被推向舆论的风口浪尖，他沉默以对，却无法置身事外。经历过沉浮起落，雷军固然追求成功的结果，但更享受过程。

> 每个人眼里的成功都不一样。我认为，成功不是别人觉得你成功就是成功，成功是一种内心深处的自我感受。我不认为自己是成功者，也不认为自己是失败者，我只是在追求内心的一些东西，在路上！

雷军正带领小米成为一家世界级伟大公司，当然，也有可能失败，但无论如何，现在的雷军仍和当初那个少年一样斗志昂扬、心怀梦想，而小米将会被铭记，它的成败得失注定将凝聚成后来者前进的力量。雷军说：

> 我的目标不是做成小米。我的目标是把小米成为中国的国民品牌，影响整个中国的工业，让全世界的每个人受益。这就是我要做全球市场最大的动力。我在创办小米前，应该就已经是亿万富翁了。所以做小米的所有目的都跟钱无关，重要的是怎么让世界接受我，让大家知道我们的雄心壮志。

没人能想到，雷军和小米前进的步伐竟然如此快速。

2019 年 7 月 22 日下午，美国《财富》杂志发布 2019 年世界 500 强榜单。小米集团首次登榜，排名第 468 位。在上榜的全球互联网企业中排名第 7 位，在上榜的中国企业中排名第 112 位。在《财富》的榜单中，小米被定义为"互联网服务和零售"行业企业，是继京东、阿里巴巴、腾讯之后第 4 家登榜的中国互联网企业，也是全球第 7 家登榜的互联网企业。

《财富》世界500强榜单,一向被视为全球最权威最著名的企业排行榜,也是世界经济的风向标之一,依据公司年度营收以及利润作为评选准则。迈进《财富》500强的征途,腾讯、阿里巴巴、京东和华为分别走了14年、18年、18年和23年。而小米集团自2010年4月创立到登上《财富》世界500强榜单,仅仅用时9年,成为目前最快上榜的中国互联网科技企业。

事实上,雷军对于"世界500强"一直存有执念。2017年在接受媒体采访时,雷军曾表示,2018年小米的目标就是进入世界500强。2018年雷军又表示,小米有99%的可能进入世界500强,但愿望并未成真。而这一次,随着2019年《财富》世界500强榜单的发布,雷军终于得偿所愿。

榜单正式公布后,雷军第一时间在微博上发布了这一喜讯,并直言"虽然很想假装'世界500强不算啥',但按捺不住的激动"。而在激动的同时,雷军也十分清醒,对于前进的方向更是无比明晰,他在发给小米全球同事的公开信中写道:

> 作为世界500强最年轻的公司,我们已经走上了全球商业的顶级舞台。年轻,是我们最不一样的地方,只要我们永葆一颗年轻的'少年心',我们就有无穷的热情、无尽的可能和无畏的信念,从过去的成功,真正走向伟大的愿景。沧海横流,方显英雄本色,同学们,怀抱我们的梦想,牢记我们的使命,碾压一切险阻,向着理想的方向,小米终将成为一家伟大的公司!

大事记

1969年12月16日	雷军出生于湖北省仙桃市。
1991年	雷军毕业于武汉大学计算机系。
1992年初	雷军加盟金山公司。先后出任金山公司北京开发部经理、珠海公司副总经理、北京金山软件公司总经理等职务。
1994年	雷军出任北京金山总经理。
1998年8月	雷军担任金山公司总经理。
2000年年底	金山公司股份制改组后,雷军出任北京金山软件股份有限公司总裁。
2007年10月9日	雷军带领金山登陆港交所。
2007年12月20日	雷军辞去金山CEO职务。
2010年4月6日	雷军带领其他创始人正式成立小米公司。
2010年8月16日	小米推出MIUI首个内测版。
2010年12月10日	小米发布米聊Android内测版。
2011年7月12日	小米创始团队正式亮相,宣布进军手机市场,揭秘旗下3款产品:MIUI、米聊、小米手机。

2011年8月16日	小米手机发布会暨MIUI周年粉丝庆典在798举行，国内首款双核1.5G手机——小米手机正式发布。
2011年8月29日	小米手机1000台工程纪念版开始发售。
2011年9月5日	小米手机正式开放网络预订，两天内预订超30万台。
2011年10月20日	小米手机通过小米网正式发售。
2011年12月18日	小米手机第一轮开放购买，3小时内10万台库存销售一空。
2011年12月20日	小米联通合约机发布。
2012年3月初	第100万台小米手机售出。
2012年4月6日	小米公司两周年庆典"米粉节"，小米手机电信合约机公布，第六轮10万台开放购买，6分钟售罄。
2012年4月18日	米聊YY语音上线，是国内首个实现无话费网络通话功能的软件。
2012年5月7日	米吧公测。米吧为国内首个支持跨操作平台、跨运营商的手机端移动社区。
2012年5月11日	"我的150克青春"报名活动启动，逾百万用户报名。
2012年5月18日	小米手机青春版限量开放购买，15万台11分钟内售罄。
2012年6月7日	小米手机销量突破300万台。

2012年8月16日	小米手机发布会在798举行,发布小米1S和小米2两款新品。小米1S开始预约登记。
2013年1月4日	小米公司为小米手机老用户准备了60万张50元配件现金券,总额3000万元。
2013年1月8日	小米推出1S青春版手机暴风影音用户专场。
2013年1月9日	MIUI米柚全球用户突破1000万,小米手机1S青春版金山词霸用户专场上线。
2013年1月19日	2013小米爆米花全国行第一批待选城市投票。
2013年1月26日	小米手机2电信版首卖。
2013年3月1日	MIUIV5版本公测,小米手机2用户首发公测。
2013年3月2日	小米公司北京国贸授权服务中心形象店开业。
2013年3月19日	小米盒子和小米手机同步销售。
2013年3月	雷军荣获英国《财富》杂志"全球十一位颠覆商业规则的创新者"的奖项。
2013年4月9日	第二届米粉节在北京国家会议中心举办,雷军发布了最新的MIUIV5手机系统、小米手机2增强版2S、小米手机2青春版2A。
2013年4月28日	100万征集小米手机壁纸活动预告发布,小米随手拍致青春微博活动上线,老用户专场小米手机2S和小米盒子开售。
2013年5月4日	小米首个体验店亮相全球移动互联网大会。
2013年5月29日	《爆米花》杂志米粉节特刊发布。

2013年6月3日	小米社区新首页改版上线。
2013年6月4日	32GB电信版小米手机2S在小米网首卖。
2013年6月8日	小米公司参与电商大战，疯狂促销15天。
2013年6月20日	小米活塞耳机发布，售价99元。
2013年7月1日	小米年度微电影招募百万人监制活动正式启动，2013小米年度微电影《1699毕业季》预告片发布。
2013年7月5日	小米正式发布了微电影《1699公里》。
2013年7月22日	小米荣获2013（第十三届）中国企业"未来之星"奖；小米天猫旗舰店正式上线运营；首届米粉相亲会招募米粉红娘/月老。
2013年7月31日	小米千元双卡双待神器——红米手机正式发布，超过900万用户通过QQ空间预约。
2013年8月9日	小米手机认证空间粉丝破1000万；小米获全国最佳呼叫中心奖。
2013年8月13日	小米网2013年度改版上线。
2013年8月16日	MIUI三周年生日，小米举行多看疯狂七小时狂欢。
2013年8月20日	小米上的中国《云南篇》米2延时摄影作品发布。
2013年8月23日	小米完成新一轮融资，估值达100亿美元。这意味着小米已成中国第四大互联网公司，仅次于阿里、腾讯、百度。

2013年8月29日	谷歌全球副总裁、Android产品副总裁Hugo Barra确认将加盟小米。
2013年9月5日	小米公司发布小米手机3和小米电视。
2013年9月24日	新小米盒子发布。
2013年9月26日	小米公司荣获《财富》杂志2013年"最受赞赏的中国公司"。
2013年9月27日	2013年小米好声音网络赛区启动;小米应用商店全线下架360产品。
2013年10月1日	习总书记等党和国家领导人参观小米公司创新科技产品。
2013年10月8日	雷军获得《华尔街日报》中文版2013中国创新人物奖科技类奖。
2013年10月22日	小米公司开放购买旗下产品。除了备受关注的小米手机3和小米电视,小米手机2S、红米手机和小米盒子也加入其中。此次是小米公司首次将旗下所有产品都开放购买。
2013年11月11日	小米公司首次参加天猫"双十一"促销活动,荣获淘宝单店销售额第一、单店破亿速度第一、手机类品牌关注度第一、手机类单店销售额第一。
2013年11月13日	小米售后服务升级,全国百家授权中心推出1小时快修服务;珠海小米之家旗舰店开业。
2013年11月14日	小米副总裁黎万强入围中国设计业十大杰出青年。

2013 年 11 月 16 日	上海小米之家旗舰店开业。
2013 年 11 月 20 日	小米路由器发布。
2013 年 11 月 24 日	小米创始人 CEO 雷军做客央视《对话：寻找硅谷 DNA》。
2013 年 12 月 1 日	雷军做客《杨澜访谈录》：我要做一家世界级的公司。
2013 年 12 月 3 日	中国经济年度人物 30 位候选人公布，小米公司董事长雷军入围；小米 10400 毫安移动电源发布。
2013 年 12 月 14 日	上海、珠海小米之家体验日活动开启。
2013 年 12 月 27 日	2013 小米爆米花年度盛典在国家会议中心举行。
2013 年 12 月 31 日	小米 3 联通版、小米随身 WiFi 小米网首发。
2014 年 11 月 11 日	小米"双十一"活动中手机销量在天猫、京东、苏宁三平台销量冠军。
2014 年 12 月 1 日	小米酷玩新品发布，Yeelight 智能灯 1 元首发公测。
2014 年 12 月 4 日	小米官方直营店登陆淘宝。
2014 年 12 月 8 日	小米社区酷玩新品公测，智能便携按摩贴 Magic Touch 开展 0 元公测活动。
2014 年 12 月 9 日	小米公司召开小米新品沟通会，发布小米空气净化器，售价仅 899 元。

2015年1月4日	红米手机2015年度新品红米手机2在手机QQ发布。
2015年1月15日	小米在北京国家会议中心举办重量级旗舰产品发布会，发布小米Note。
2015年1月19日	小米总裁林斌在极客公园主办的GIF2015创新大会上发布了小米生态链的最新产品"智能家庭套装"。
2015年1月21日	小米联合今日头条独家新品首发小米小盒子。
2015年2月3日	小米公司宣布全资收购设计公司RIGO Design，作为一个独立部门。
2015年2月10日	红米手机2增强版发布，配备2GRAM/16GROM，售价799元。
2015年2月13日	小米首次在美国旧金山举行媒体沟通会，正式宣布即将启动小米网美国站，并开始销售小米手环、小米移动电源、小米耳机等产品。
2015年3月2日	轻量级新品发布，发布了小蚁运动相机并开卖。
2015年3月3日	小米之家开通手机意外保服务。
2015年3月10日	4G移动版红米Note在小米网首卖。
2015年3月16日	李宁公司宣布与小米生态链企业、小米手环缔造者华米科技达成战略协议，共同打造新一代智能跑鞋，并探索大数据健康领域。
2015年3月17日	小米Note特别版首发。

2015年3月18日	微软WinHEC宣布，小米4手机的忠实用户将被邀请参与Windows10体验。
2015年3月24日	小米公司发布40英寸小米电视，售价仅1999元。
2015年3月31日	小米公司举办米粉节新品沟通会，发布五款新品：小米Note（女神版）、小米插线板、小米电视2（55英寸）、小米体重秤、红米手机2A。
2015年4月2日	小米生态链企业、小米手环缔造者华米科技宣布与支付宝达成战略合作，共同打造基于可穿戴设备的新一代移动支付方案。
2015年4月9日	世界吉尼斯纪录的工作人员沃顿先生在小米公司宣布小米网打破了世界单一网上平台24小时销售手机最多的吉尼斯世界纪录。
2015年5月6日	小米召开小米Note顶配版鉴赏会，正式发布小米Note顶配版。
2015年5月19日	小米商城正式登陆欧美，销售小米手环、小米移动电源、小米耳机等产品。
2015年5月28日	小米官方旗舰店正式入驻京东商城。
2015年5月19日	小米手机4出货量超过1000万台，是小米第五款销量突破千万的机型。
2015年6月9日	红米手机2系列出货量突破1300万台，是小米第六款销量突破千万的机型。

2015年6月10日	高通公司全球高级副总裁兼大中华区总裁王翔加入小米公司，担任高级副总裁，负责战略合作与重要合作伙伴关系。
2015年6月18日	小米公司四大新品在小米网首发，包括全新小米路由器、小米蓝牙耳机、小米智能家庭套装、Yeelight床头灯。
2015年6月30日	小米全球副总裁Hugo Barra在老家巴西圣保罗举办发布会，宣布红米2、小米手环、10400mAh小米移动电源将在当地开卖。
2015年7月16日	小米公司发布小米电视2S和小米净水器。
2015年8月5日	小米全新设计的新版小米官网上线。
2015年8月13日	小米在北京国家会议中心召开秋季新品发布会，发布了全新的MIUI。
2015年8月16日	红米Note2、小米路由器青春版在小米网首卖，小米网开展5周年优惠活动，当天红米Note2在小米网共售出80万台，创造新品首发销量纪录。
2015年9月8日	红米手机2A增强版首发。
2015年9月12日	北京当代商城小米之家开业。
2015年9月8日	小米在北京五洲皇冠假日酒店发布小米手机4C。
2015年10月19日	小米在北京新云南假日酒店召开次世代新品发布会。

2015年10月30日	2015年10月30日,小米电视2S、小米蓝牙音箱、小米蓝牙耳机、小米插线板荣获2015 Good Design Award全球著名设计大奖。
2015年12月22日	小米以旧换新服务上线,闲置小米/红米手机可以抵价购买新手机。
2016年2月24日	小米举办2016春季新品发布会,发布了新一代旗舰手机小米5。
2016年4月6日	小米举办第五届米粉节,线上参与人数超4683万人,总销售额突破18.7亿元。
2016年6月1日	小米与微软进一步扩展全球合作伙伴关系。
2016年7月27日	红米Pro、小米笔记本Air正式亮相。
2016年9月27日	小米举办2016秋季新品发布会,发布了小米5S、小米5SPlus、55英寸小米电视3S和65英寸小米电视3s。
2016年10月25日	小米发布Note系列的第二代智能手机小米Note2和全面屏概念手机小米MIX。
2016年11月11日	小米"双十一"销售总金额达12.95亿元,红米4A破100万台,手机单品销量第一。
2017年2月28日	小米首款自主研发芯片澎湃S1发布,搭载该芯片的小米5C同时亮相。
2017年4月6日	小米举办第六届米粉节,线上参与人数超5740万人,总销售额突破13.6亿元。
2017年4月19日	7年工艺巅峰之作小米6发布。

2017年5月25日	小米 Max2 发布,搭载 6.44 英寸屏幕,电池容量达 5300 毫安,主打大屏大电量。
2017年7月7日	第二季度手机销量达 2316 万台,小米重返世界前五。
2017年7月26日	小米召开发布会,联合小米手机品牌代言人吴亦凡发布了新零售战略产品小米 5X 和新一代操作系统 MIUI9。
2017年8月20日	小米 MIX 荣获 IDEA 设计金奖。
2017年8月10日	小米举办 816 超值到尖叫狂欢盛典,线上参与人数 4160 万人,总销售额突破 24.2 亿元,小米商城销售额突破 11.1 亿元。
2017年9月11日	小米 MIX2 全面屏手机发布、小米 Note3 和小米笔记本 Pro 同时发布。
2017年11月5日	小米之家首家旗舰店开业,新零售开启新征程。
2017年11月11日	小米天猫"双十一"五连冠,支付金额破纪录。
2017年11月14日	国际数据公司(IDC)最新调查数据显示,小米印度排名第一,国际化突飞猛进。
2017年11月28日	小米成为全球最大智能硬件 IoT 平台。
2017年12月7日	千元全面屏手机红米 5 和红米 5Plus 发布。
2017年12月14日	小米 MIX2 被蓬皮杜艺术中心收藏。
2017年12月	雷军荣获 2017"质量之光"年度质量人物奖。

2018年1月9日	小米与Oculus联手在CES2018大展共同发布了小米VR一体机和Oculus Go；米兔积木机器人履带机甲、米兔指尖积木，分别荣获美国玩具界权威性奖项"堤利威格"2018年最受家长喜爱玩具产品奖和最具创意乐趣奖。
2018年2月1日	小米MIX2等13款小米产品荣获2018年iF设计奖。
2018年3月9日	米家全景相机荣获2018年德国iF设计金奖。
2018年3月16日	AI双摄红米Note5发布。
2018年3月27日	小米MIX2S发布，小米游戏本和小米小爱音箱mini同时发布。
2018年4月25日	小米6X发布，雷军在发布会上宣布，小米硬件综合净利润率永远不会超过5%，如有超出的部分，将超出部分全部返还给用户。
2018年5月8日	与大英博物馆合作，小米MIX2S艺术特别版发布。
2018年5月31日	小米8发布，小米8透明探索版和MIUI10同时发布。
2018年7月9日	小米集团在香港主板上市，同时启动小米感恩庆典。
2018年7月19日	小米Max3发布。
2018年8月17日	小米米家智能后视镜系统界面设计荣获2018年德国红点最佳设计奖。

2018年8月22日	2018年第二季度,小米集团收入452.36亿元,同比增长68.3%。
2018年9月13日	小米集团新设集团组织部和集团参谋部。
2018年9月19日	小米8青春版、小米8屏幕指纹版发布。据IDC调研报告,小米手机第二季度全球销量3200万台,同比增长48.8%,增长率全球第一。
2018年10月1日	全球最大的小米之家旗舰店落户武汉楚河汉街。
2018年10月25日	开创性磁动力滑盖全面屏,小米在故宫博物院发布小米MIX3。
2018年10月26日	小米手机2018年出货量突破1亿台,提前完成全年目标。
2018年10月	雷军被中央统战部、全国工商联推荐为"改革开放40年百名杰出民营企业家"。
2018年11月11日	"双十一"当天,小米新零售全渠道支付金额创下52.51亿元新纪录。
2018年11月28日	小米AIoT平台全面开放升级,与宜家达成全球战略合作。
2018年12月24日	小米发布新品类手机小米Play。
2019年1月6日	TCL集团发布公告,宣布小米集团战略入股TCL集团。
2019年1月10日	新品牌红米Redmi发布,旗下首款产品红米Note7同时发布,首次提供18个月质保服务。

2019 年 1 月 11 日	小米启动"手机+AIoT"双引擎战略,5 年 100 亿投入 AIoT。
2019 年 2 月 13 日	TFBOYS 之一的王源正式成为小米手机品牌代言人。
2019 年 2 月 20 日	小米 9 发布,小米 9SE 和小米 9 透明尊享版同时发布。
2019 年 3 月 18 日	小米集团副总裁、Redmi 品牌总经理卢伟冰发表"Redmi 品牌独立宣言";Redmi 四大新品同时发布,包括 Redmi Note 7Pro、Redmi7、Redmi 全自动波轮洗衣机和 Redmi AirDots 真无线蓝牙耳机。
2019 年 3 月 19 日	小米集团发布 2018 年财报,总收入 1749 亿元,增长 52.6%。
2019 年 4 月 24 日	小米举办 2019 年米粉节,销售总支付金额 19.3 亿元,小米 AIoT 再创佳绩,智能设备销量超 70.3 万台。

名言录

1. 王川给我一本书。两块一一本,《硅谷之火》。从此,乔布斯给了我一个与众不同的梦想。我要追求的东西就是一个世界级的梦想。

2. 我特别害怕落后,怕一旦落后,我就追不上,我不是一个善于在逆境中生存的人。我会把一个事情想得非常透彻,目的是不让自己陷入逆境。我是首先让自己立于不败之地,然后再出发的人。

3. 从苹果公司的成功故事里,我第一次知道了风险投资,给我后来职业生涯带来了很大的影响。

4. 编程的原因是喜欢,不是为了别的。从摸上电脑的那一刻,我就知道,这才是我的世界。我一心一意地想做个程序员,尽管知道很累。但我热爱编程这个工作,可以肯定我会干上一辈子。

5. 我不提倡不鼓励大学生创业,因为中国跟美国的国情差别很远,我们的大学教育包括高中的素质教育和能力教育相对偏弱,这样出来创业的话,成功率非常之低。过去十年,很多大学都鼓励大学生创业,但结果几乎是全军覆没。而且我们鼓励学生创业还耽误了他应该有的学业,有点得不偿失。

6. 我觉得做什么事情想清楚,如果能从信念上升到信仰的话,你无所畏惧。

7. 在金山后期我就觉得不对了,当你坚信自己很强大的时候,像坦克车一样,逢山开路,遇水架桥,披荆斩棘。但是当你杀下来以后,遍体鳞伤,累得要死,你在想,别人成功咋就那么容易?

8. 20年前,我会知其不可为而为之,觉得没有什么不可能做的事情。现在,我会事先掂量一下——没有必要什么事情都去做,要做重要的事情,少做点事情。

9. 我在《评估创业项目的十大标准》中给出了评估团队的六条标准:(1)能洞察用户需求,对市场极其敏感;(2)志存高远并脚踏实地;(3)最好是两三个优势互补的人一起创业;(4)一定要有技术过硬并能带队伍的技术带头人(互联网项目);(5)低成本情况下的快速扩张能力;(6)履历漂亮的人优先,比如有创业成功经验的人会加分。

10. 2005年,我也不知道我的判断是对是错。通常我做判断的胜率比较高,那只是因为我做判断的机会比较多。我做企业二十几年,成功经验没有,失败教训倒是一把一把的。企业家都是在错误中成长起来的。如果我当时就知道对错,我就不是天使,我成神了。

11. 小米开始的那一年半,我们不允许任何人讲小米是我雷军办的。那一年半里,我也不接受任何媒体的采访,我想我偷偷干吧,如果成了,我就承认;如果失败了,我就死都不承认小米是我办的。

12. 口碑的铁三角:(1)发动机——产品;(2)加速器——社会化媒体;(3)关系链——用户关系。参与感三三法则的三个战略:做爆品,做粉丝,做自媒体。

13. 我们不是做产品,我们是做用户,做社交网络。互联网时代,任何人之间的关系发生了改变,产生了Facebook这样的社交网络与公司,人和产品之间的关系也会变化。你可以把小米公司理解成这样的社交网络公司。

14. 小米是个浩瀚的工程,但我从来没有担心过。因为我不是一个人在战斗,我的背后还有百万米粉。

15. 人民战争的核心就是互联网,你怎么发动群众,怎么依靠群众,怎么从群众中来到群众中去,怎么能跟群众打成一片,这是一个很关键的问题。

16. 我可以告诉你一个真理,好的东西不一定有口碑,便宜的东西也不一定有口碑,又好又便宜的东西也不一定有口碑。海底捞的服务肯定不会比五星级的酒店服务好,那为什么有这么强的口碑呢?这个口碑的真谛是超预期。一星级的地方做了两星级服务就是高口碑,如果在五星级酒店做五星级的服务是没有口碑的。五星级的酒店一定得做六星级和七星级的服务才有机会。小米在做产品的时候一直试图超预期,只有超预期的东西才能形成口碑。

17. 我会到40岁才决定再做小米,是因为原来很多东西想得不透。作为一个工程师,想法比较简单,对技术比较痴迷,但是科技创新的同时,还要有模式创新,还要和战略相结合,才能做很大的事情。到了40岁,我已经具备了条件。

18. 更多的互联网公司喜欢研究数字,说今天新增了一千个用户,流失了多少个。在小米的观念里面,不要把人当数字看,把人一当数字看,他就不活灵活现了,不生动了。甚至有时候数字会欺骗你,只要你搞个常驻内存,不管用户的体验怎么样,数字是好看的。今天的互联网有很多类似的流氓软件,就是被数字逼的,其实那个数字是虚假的泡沫。

19. 有追求不一定有原则,有原则不一定有追求,原则和追求是两个意思,梦想是指内心的追求,当你内心有目标,你就会过得比较充实,内心没有目标,会迷失。今天我们这个社会有很多迷失,迷失之后他就会没有原则。只要你有目标,每个人都可以很伟大。哪怕你扫地,把地扫得很干净,这也是一个目标,现在关键问题是,很多人连地板都扫不干净。

20. 做一百款手机太容易了,贴个牌子就行。但是,当你的手机型号多了以后,你作为老板用得过来吗?我问的这个问题很尖锐吧?很多手机公司一年出50款以上,老板都用吗?如果你都没用过,你说的痛点也好,宣传点也罢,不都是编出来的嘛。我们为这个社会创造价值,是去解决大家的痛苦,我们的营销就是把我们解决的过程告诉你。

21. 山寨这个词很复杂,最关键的是做一个创新产品的风险是很高的。今天中国整个创新的能力离国际水平是有差距的,我们需要走过这个阶段，这个阶段我们不可能跨越，整个国家都不可能。为什么我们不能做一个世界领先的汽车？因为我们国内的基础研发还没有到这个程度。复制和能不能创新是有很大差距的。第一个做成的人都是无数人死过以后成功的，这和别人做出来我们再去复制，难度是不一样的。

22. 在决定要做小米平板时，有同事问我，咱真要做那个先出大力的"傻子"？我说，算了，苹果一次一次羞辱安卓平板市场，总得有人先站出来吧。既然不少用户需要安卓平板，小米愿意给行业做些贡献。库克说安卓平板都是垃圾，小米不服气，那我们就做给你看。至少能让用户在 iPad 之外多个又好又便宜的选择。

23. 作为一个有25年创业经验的IT老兵，我见过无数企业的荣辱兴衰。科技行业发展日新月异，任何企业，只要你不进取，都会遇到波折，这是行业规律。但是我认为，无论小米的未来如何，小米创立并实践的小米模式，一定可以持续。

24. 小米今天的成绩，除了大势，还有一点至关重要，那就是"进取之心"。进取之心，就是不满足于现状，有旺盛的求知欲和强烈的好奇心，勇于挑战更高的目标，坚持不懈，并为之付出超乎寻常的努力。

25. 选择印度是因为印度的市场规模很大。全球除中国以外，只有印度有十亿以上人口。印度经济正处于起飞阶段，相较中国市场的大量同质化竞争，印度智能手机市场仍较为温和，因此这里就是小米突破国际市场的第一站。

26. 整个智能手机的工业都有很多难题，现在处于整个技术的瓶颈期，比如电子和电芯技术，这是整个消费电子最慢的，不仅要解决技术创新，还要解决可靠性和量产问题，不容易。另外，专利的挑战，专利战是小米成人礼。这个成人礼怎么过呢？小米明年预计要申请1300项专利，其中300项国际发明专利，现在关键是时间太短。我们最需要的就是时间，我们要把发明想法变成专利，才能在这一轮竞争中持有门票。

27. 过去五年是小米生态链的布局，未来五年则是优化，现在牌都摆到桌面上了，小米的布局已经完成，小米会把完整的逻辑分享给行业。

28. 小米式创新，不止是小米一家公司的创新，可能是所有中国制造业的创新：过去三十年，中国制造业的推动力是人口红利，低成本，低价格；小米模式则证明了，运用互联网思维，以互联网技术为基础，依靠新的商业运营模式，再加上创新式的产品模式，中国制造业将会出现巨大的"创新红利"空间。与人口红利的相比，创新红利的空间更大，更持久，更健康。

29. 我觉得最大的不一样是我比他们更早地确立了人生的梦想，并且付出了实践。这就是我给大家的第一个建议，要永远相信梦想的力量。今天，大家即将走上人生的征程，尽早地确立梦想和目标，并且尽早地去付诸行动，我觉得这是人生的开始。

30. 我自己参与了金山软件的创办，深知创业的艰难，那是什么启发我退休以后再创业的呢？是在我在快40岁的时候，有天晚上做梦醒来，觉得自己好像离梦想渐行渐远，我问我自己是否有勇气再来一回。其实这个问题很难回答，我想了半年多的时间才下定决心，不管这次创业成功与否，我不能让人生充满遗憾。我一定要去试一下，看自己能不能创办一家世界级的技术公司，做一件造福世界上每一个人的事情，所以我下定决心要做这件事情。

31. 开心了才有激情动力，开心了才有创造的灵感，我们每一个同事开心了，用户就一定能开心，成绩就一定会有。

32. 业内有一句话说，世界上没有任何一家手机公司销量下滑后，能够成功逆转的。除了小米。

33. 前几年我们冲得太快，创造了现代商业史上的成长奇迹，但也提前透支了一部分成长性。所以，我们必须放慢脚步、认真补课，而且早补要比晚补好，文火慢补要比急火猛药好。

34. 我们通过手机为切入点，来实现我们的商业梦想，所以三年前我们开始了生态链计划，只要你产品做得好，我们就把你纳入小米生态链。

35. 做芯片的确很难，如果单独做一个芯片公司，我觉得10亿美元都搞不定。但小米的优势是，在我们决定做芯片的时候，小米手机已经有很大的出货量基础了。就算不少人认为做芯片九死一生，但小米仍然坚持要做。

36. 为什么我们要一直挑战最难的工艺？为什么要坚持探索？非常简单，因为我们是工程师。小米在七年前就是由一群工程师创办，我们一直期望做出极致的作品，做出与众不同的作品，做出伟大的作品。要达成这样的目标，我们一定要不怕困难，不畏艰难险阻，执着前行。在整个探索的过程中，不是鲜花，不是掌声，全部是汗水，全部是心血，只有你登到成功的那一刻，你才能享受到消费者的掌声。

37. 工程师是一群什么样的人呢？他们看起来很闷，他们不善言辞，就像我一样。但我们的内心非常的狂热，在做技术的时候我们是苦行僧，在做工艺的时候我们是受虐狂，谈到体验的时候吹毛求疵，但是做产品的时候我们野心勃勃。

38. 我们的商业模式和价值观经历了淬火般的考验，充分证明了其正确性和先进性，并坚实确立起了我们的模式自信、道路自信、文化自信和价值观自信。

39. 小米依靠的是"市梦率"，而不是市盈率。这个词可以说是专门为小米创造的。

40. 小米未来将成为全球几十亿人生活中的一部分。我们会更看重长期用户价值的维护，小米的商业价值和您的投资价值，也将来源且仅来源于用户价值的不断放大实现。小米走到了历史性的重要节点。面向未来，小米建立的全球化商业生态有着极具想象力的远大前景。

41. 小米要构建的绝不是一个封闭的商业帝国。小米也不仅是一家创新的科技公司，更是数字时代的生活方式的创立和推动者。让全球每个人都能享受科技带来的美好生活，要实现这一目标，1家小米远远不够，需要100家甚至更多的小米，一起建立起丰富而繁荣的新商业生态。

42. 每个人眼里的成功都不一样。我认为，成功不是别人觉得你成功就是成功，成功是一种内心深处的自我感受。我不认为自己是成功者，也不认为自己是失败者，我只是在追求内心的一些东西，在路上！

参考文献

1. 许晓辉、刘峰、魏雪峰：《梦想金山》，中信出版社 2008 年版
2. 陈润：《雷军传：站在风口上》，华中科技大学出版社 2014 年版
3. 陈润、唐新：《小米传：从 0 到 5000 亿的秘密》，中华工商联合出版社 2018 年版
4. 采文：《顺势而为：雷军传》，哈尔滨出版社 2014 年 9 月出版
5. 雷军口述、余胜著：《绝不雷同：小米雷军和他的移动互联时代》，广东人民出版社 2015 年版
6. 刘国华：《雷军：乘势而为》，新世界出版社 2016 年版
7. 侯姗姗：《小米生态链战地笔记》，中国法制出版社 2017 年版
8. 小米生态链谷仓学院：《口碑：雷军和他的小米之道》，中信出版社 2018 年版
9. 田旺、苍耳：《雷军：世界需要我的突围》，安徽人民出版社 2013 年版
10. 黎万强：《参与感——小米口碑营销内部手册》，江苏凤凰文艺出版社 2014 年版
11. 陈润：《超预期：小米的产品设计及营销方法》，中国华侨出版社 2015 年版
12. 李楚楚：《大道至简：雷军为什么能赢》，北京联合出版公司

2016年版

13. 孙建华：《雷军给年轻人的成功课：别在最该吃苦的年纪选择了安逸》，中国法制出版社2015年版

14. 杨鑫倢：《雷军：不要再叫我'中国的乔布斯'》，来源：澎湃新闻网（上海）2016年3月6日

15. 雷晓宇：《毕胜讲述乐淘创业三年：李彦宏和王朔教我的事》，来源：《创业家》，2011年4月28日

16. 雷晓宇：《多玩网总裁李学凌：在腾讯阴影下字号》，来源：《创业家》，2011年8月5日

17. 《雷军：四年里唯一的错误，就是把小米少估了一个零》，来源：《福布斯》，RussellFlannery，2014年12月5日

18. 袁莉：《小米：从挑战者到被挑战者》，来源：《华尔街日报》，2015年10月1日

19. 宋玮：《解密小米》，来源：《财经》，2015年4月1日

20. 陈润：《小米涅槃：雷军的'五年之狂''六年之痛'与'七年之痒'》，来源：新浪博客，2017年6月2日

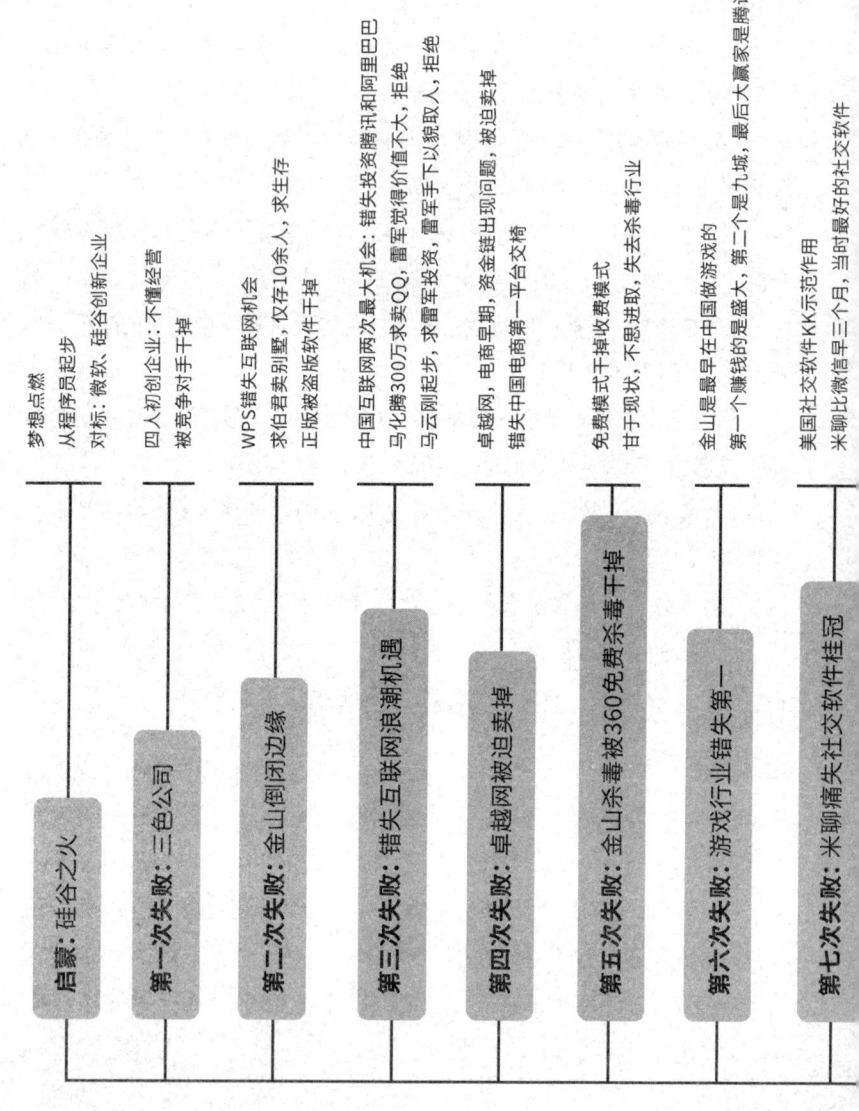